U0459515

大学生心理教育与管理研究

余国师 ◎ 著

吉林出版集团股份有限公司

图书在版编目（CIP）数据

大学生心理教育与管理研究 / 余国师著. — 长春 ：
吉林出版集团股份有限公司，2023.5

ISBN 978-7-5731-3194-2

Ⅰ．①大… Ⅱ．①余… Ⅲ．①大学生－心理健康－健
康教育－研究 Ⅳ．①G444

中国国家版本馆CIP数据核字（2023）第 072688 号

大学生心理教育与管理研究

DAXUESHENG XINLI JIAOYU YU GUANLI YANJIU

著　　者	余国师	
责任编辑	曲珊珊	
封面设计	林　吉	
开　　本	787mm×1092mm　　1/16	
字　　数	310 千	
印　　张	13	
版　　次	2023 年 5 月第 1 版	
印　　次	2023 年 5 月第 1 次印刷	
出版发行	吉林出版集团股份有限公司	
电　　话	总编办：010-63109269	
	发行部：010-63109269	
印　　刷	廊坊市广阳区九洲印刷厂	

ISBN 978-7-5731-3194-2　　　　　　　　　　　定价：78.00 元

前　言

大学生正处于身心全面发展的关键时期，又处于从学校到社会的过渡时期，自我意识的加强使他们开始比以往更多地关注内心的感受。第一，他们本身是容易产生较多心理冲突的群体；第二，对自我的较高关注使他们对于心理健康有着更高的需求和渴望。当发生心理冲突时，由于一些大学生心理冲突调适能力较差，可能使其不能科学对待，甚至出现心理障碍。近年来，大学生因心理疾病、精神障碍等原因伤害自己和他人的案例时有发生，给家庭带来极大的伤害，在社会上也产生了很坏的影响，引起社会的广泛关注和深刻反思。

面对新时期大学生出现的新特点、新问题，教育部党组日前印发了《高等学校学生心理健康教育指导纲要》〔教党（2018）41号，以下简称《指导级要》〕，对新时期高校如何提升心理育人质量提出了更明确、更具体的要求。《指导纲要》指出，要健全和完善心理健康教育课程体系，科学规范教学内容，创新心理健康教育教学手段，激发大学生学习兴趣，增强课堂教学效果，不断提升教学质量。

本书贯彻科学性、实践性、针对性、实效性原则，注重理论与实践相结合，根据大学生心理发展特点，运用心理学及相关学科的理论，针对学生成长过程中存在的心理问题进行分析，提出应对及调适策略。

本书参考引用了国内外心理健康领域专家学者的理论观点和研究成果，在此深表感谢.限于编者水平，本书可能还有不够成熟之处，恳请同行专家和读者批评指正。

目　录

第一章 绪 论

第一节 认识大学时代

有人说，大学是梦开始的地方，大学时代的梦想能够给予你一生的激情和力量，成就你最热爱的事业；有人说，大学是充满机会的地方，大学可以为你提供展示个性和创造力的平台，成就你生命中化茧成蝶的最美丽的蜕变；还有人说，大学是深厚的沃土、精神的家园，从中汲取的营养可以成为一生前行的动力。

谁不向往美好的大学生活呢？但不是每个人的大学时光都会留下美好的记忆呢？事实证明，并非每一位大学生都能够很好地把握这段人生中弥足珍贵的时光，为自己梦想的实现插上腾飞的翅膀。

那么，同学们怎样才能让自己的大学生活过得充实而有意义呢？其中有两个很重要的方面，一是对大学阶段要有一个全面、清晰的认识，二是要注重人格的自我完善和心理健康的维护。

一、大学阶段的变化与可能遇到的问题

相比中学阶段，进入大学阶段后，无论从学习生活环境、心理需求、社会角色要求等各方面都发生了根本性变化。在这个阶段，大学生仍然是以学习为首要任务，同时随着大学生生理和心理的发育，他们开始参与更多的社会活动，承担更多的社会角色，产生更多的心理需求，这些因素交织在一起，难免会给大学生带来各种各样的心理冲突，让他们在美好的大学时代体会挫折和痛苦。具体来讲，大学生可能遇到的困难来自以下方面。

1. 宽松的学习环境容易使缺乏自我管理能力的大学生丧失前进的目标和动力

从学习环境来讲，由于大学的人才培养目标是为社会培养专业人才，而中学则更侧重于奠定扎实的文化知识基础，为接受高等教育做准备，因此，大学的学习环境相比中学更加宽松，更加着重于个性化的培养。在这种环境下，有些刚刚

进入大学的同学往往会有"失重"的感觉，误以为到了大学，学习不再重要了，于是一下子失去了前进的方向和动力，陷入一种空虚无聊的状态中，整日以网络游戏为伴，或者是以交友、打扑克打发时间，到临近毕业时受挫，才后悔没有利用好大学的学习机会。

2. 在全新的大学环境中大学生容易出现环境的适应问题

从大学生的心理需求来讲，随着自我意识的觉醒，大学生期待被肯定、被信任，期待更多自我展现的机会。同时大学生期待群体中的归属感、异性间的情感体验。与此同时，大学生所承担的社会角色也更加复杂，期望自己是父母未来的寄托、老师认可的好学生、受同学拥戴的领袖、女孩眼中的"王子"。可以说大学生都是满怀着对大学时光的憧憬走进大学校门的，但是从"两耳不闻窗外事，一心只读圣贤书"的高中时代，一朝迈进这个多元文化价值观碰撞的大学校园，面对新的集体、新的生活方式和新的学习特点，一切都得靠自己面对处理时，一些大学生内心深处便产生了恐慌和对新环境的不接受。加之自理能力的不足、理想和现实的反差以及在人际交往、现实认可、生活适应乃至学习中遇到一点挫折或不快都可能使他们感到茫然无措，并由此产生失意、自卑、孤独、焦虑等心理问题。

3. 来自家庭的经济压力和未来的就业压力使大学生盲目焦虑

家庭经济环境对大学生心理的影响也不容忽视。经济上的窘迫往往使生活在贫困中的大学生极度敏感、自卑、脆弱。他们中的一部分人脱离群体，很少与其他同学交流，尤其对家境富裕、花钱大手大脚、过于张扬的同学怀有妒忌、鄙视和排斥心理。他们往往迫切希望充实和改善自己，但有时又要求过高、急于求成。在不能如愿时，有的人便会产生失望、消沉等悲观情绪，加重了心理负担。调查显示，56% 的贫困大学生的精神压力大，而认为没有压力的只有18%。

目前严峻的就业形势加重了学生的就业压力。面临就业，他们既向往又担忧，既对自己有很高的期盼，又怕自己失败。一方面他们渴望竞争，希望通过自己的努力寻找到理想的职业以证明自身的价值，另一方面竞争的激烈又不免使他们犹豫担心，害怕竞争中的失败，担心选择带来的风险，畏惧探索中的困难，自卑恐惧、焦虑急躁的心态不时出现，不少毕业生为之忧心忡忡。调查显示，"就业压力"在大学生心理压力因素中居第一位，占压力总值的72.8%。

4. 大学时期所遇到的人际关系的复杂程度要远远高于中学时期

大学生绝大部分需要住校，住在同一个宿舍里的几个人来自不同的地方、家庭，有不同的成长环境，不同的经济水平，不同的生活习惯，不同的作息时间，甚至不同的人生观、价值观、消费观等，如何正确面对这些差异？还有，大学学习的灵活性、生活的多元化、交往范围的扩大化，都给大学生带来了更复杂、更广泛的人际关系。有人说大学是个小社会，大学生处在从学校到社会的过渡阶段，如何和老师、同学甚至是社会人保持一个良好的关系，是除了专业学习之外另一个重要的学习和实践领域。

总的来说，进入青年初期的大学生，由于经历相对简单、生活阅历相对较少，纵然怀抱无限梦想，但学习和生活环境陡然变得复杂，往往使大学生难以从容应对，难免出现各种心理冲突，在失败和挫折中体验失落、品尝孤寂、体会烦恼、丧失信心。归纳起来，大学生在大学阶段遇到的主要问题有自我认识问题、学习问题、人际交往问题、恋爱情感问题、就业问题等。那么如何应对这些可能出现的问题呢？这就需要大学生树立心理健康意识，学会维护心理健康的有效方法，以促进自身全面协调发展。

二、维护心理健康、培育健全人格对于大学生的意义

首先，从大学阶段的任务看，学会维护心理健康、努力实现自身人格的完善是大学生的一项重要任务。如前所述，大学阶段是青年大学生走向社会的预备期，是人格逐渐走向成熟和完善的时期。同时，这个时期又是一个选择人生方向的时期，是一个积累的时期，更是一个充满变化的时期。因此，在这个时期，大学生能否在心理上得到充分、健康的发展，顺利完成由一名学生向一个独立的社会人的转变，将在很大程度上影响着他的学习、交友、就业，甚至是他的自信心和价值观。所以，除了学习专业知识和技能，在大学学习生活实践中学会维护心理健康、努力实现自身人格的完善，是大学生的又一项重要的任务。

其次，从现代社会对心理健康水平的要求看，维护心理健康、培育健全人格是社会对现代人的要求，是获得幸福人生的前提和基础。一方面现代社会的发展对心理健康产生着巨大的影响，使人们日益关注心理健康问题。随着信息时代的到来，科技发展、信息传递、观念更新、关系变动的速度快得令人应接不暇，飞速变化的客观世界给人们带来了巨大的心理压力和适应困难；日益加剧的社会竞争（如资源竞争、技术竞争、升学竞争、就业竞争等）使人们更加频繁地遭受着心理挫折。可以说，现代社会的心理健康问题日益普遍，从另一个角度讲，现代社会的发展对人类心理健康水平的要求日益提高。另一方面，心理健康日益成为获取人生成功和幸福的前提和基础。现代社会仅凭知识技能是远远不够的，还需要智慧、创新品质、乐观态度、坚强毅力、团队精神等重要的心理素质。美国教育家戴尔·卡耐基调查了社会各界的许多名人之后认为，一个人事业上的成功，只有15%是由于他们的学识和专业技术，而85%是靠他们良好的心理素质和处

理人际关系。1976 年奥运会十项全能金牌获得者詹纳说："奥林匹克水平的比赛，对运动员来说，20% 是身体方面的技能，80% 是心理的挑战。"

综上所述，当代大学生应该充分认识到心理健康的重要性，只有注重心理健康维护、注重人格的不断完善，才能够很好地把握这段弥足珍贵的大学时光，才能够让自己的理想乘风起航，才能够赢得幸福的人生，才能够担当起父母的重托、社会的责任。

第二节　如何学习和使用《大学生心理健康辅导》

一、《大学生心理健康辅导》的主要内容

（一）介绍心理科学和心理健康的基本知识

《大学生心理健康辅导》这本教材的编写目的就在于指导大学生正确面对大学生活中的环境适应、人际关系、恋爱问题、情绪情感的调节、学习成长与潜能发挥、人格发展等方面的问题，以达到提高大学生的心理素质，促进大学生的心理健康发展与人格健全的目的。因此，以心理学理论为基础，有针对性地介绍心理科学与心理健康的基本知识和维护心理健康的基本技能和技巧是本教材的首要内容。

（二）剖析大学生的心理特点和常见心理问题

《大学生心理健康辅导》主要是供大学生进行心理自我调适所用，因此剖析大学生的心理特点和常见心理问题成为本教材的又一重要内容。教材从心理现象的不同侧面对大学生的心理特点进行深入剖析，一方面分析大学生心理特点形成的生理条件和社会条件；另一方面，从大学生的心理发展规律分析大学生进入大学后心理状态的变化，包括个性、自我意识、情绪情感、思维方式的变化，从而使大学生正确对待在学习、交往、择业等方面出现的心理问题，客观评价自己、审视自己，有的放矢地调适自己的心理，提高心理素质。

（三）提供大学生心理调适的有效方法和途径

《大学生心理健康辅导》将为大学生提供心理自我调适的方法和心理辅导的途径。自我调适的方法主要用来帮助大学生通过自我感受、自我体验、自我评价来自行解决一般性的心理问题，特别是成长过程中出现的发展性问题，从而维护

心理健康。心理辅导是当大学生一时难以通过自身努力走出心理困境时，而求助于心理辅导中心的方法。本教材对心理辅导的方法也给予了一定说明。

《大学生心理健康辅导》还为大学生提供开发心理潜能、提高心理素质的方法，由于自我认知的局限性，每个人都会有相当一部分潜能没有被挖掘出来。通过学习《大学生心理健康辅导》，大学生可以通过科学的方法充分发现、发挥自身潜在的优势和能力，同时也可以通过心理训练的方法来使自身的弱势或不足得以弥补和提高，进而使综合心理素质得到全面提升。

二、如何学习《大学生心理健康辅导》

（一）认真学习基本理论知识

心理学理论是开展心理健康教育的理论基础，只有基于对各种心理现象和心理问题的科学研究，才能够建立完善的科学体系，才能够有效地指导实践、解决实际问题。因此，同学们在学习《大学生心理健康辅导》时，一定要掌握相关心理学理论，搞清心理现象或心理问题的本质、机制、内在规律，这样才能够对心理现象和问题有一个充分、清晰的认识，才能够科学地维护心理健康。

（二）在各项课堂活动中积极参与、充分体验、深入思考

《大学生心理健康辅导》是心理学理论在心理健康维护中的应用，其重点在于使学习者掌握维护心理健康的基本技能和技巧，所以本课程首先是一门体验性的课程。在教学过程中，往往会通过各种形式的课堂活动，让学习者产生充分的情感体验、充分认识自己的心理状况。因此同学们只有积极参与各项课堂活动，充分体验心理感受，之后通过思考和总结，才能收到良好的学习效果，实现自我提升。

（三）掌握并运用各种心理调适方法解决实际问题

《大学生心理健康辅导》是一门实践性很强的课程。既然学习这门课程的目的就是为了维护自身的心理健康，那么在学习时不仅要注重掌握心理调适的方法技巧，更要把这些方法技巧应用到自己的学习和生活中去，指导自己的行为。

总之，同学们应该认识到本课程的研究和应用的对象是人的主观世界而不是客观世界，追求的目标是人的自我完善和提升，其最终目标是幸福人生的获取。因此，同学们在学习本课程时需要把握三个重点，一是立足完善、悦纳自己；二是全心投入、认真体验；三是将反思、总结、实践、提升四个环节循环往复，渐进提高。

第二章　心理健康理论研究

第一节　人类困境与心理学

一、人类困境

我们会在某一天体验到快乐和创造力，而就在第二天我们一点都没有减少绝望和自我挫败的倾向。"困境"一词指人类无法逃脱的、截然相反的情况与自相矛盾的境地。为了逃避某一方面，困境或导致僵局、障碍以及另一方面的一种狂乱的过度发展，心理障碍与问题将人们带进心理治疗诊所与咨询室。20世纪，心理学专业取得了巨大发展（美国心理学会会员由1918年的387人跃至1978年的46 000多人），这并不是心理健康工作本身有多么辉煌，相反，这应该归功于在一个像我们这样的时代人们所体验到的强烈的内在问题。反过来想，心理健康工作在这种增长中是否存在着巨大的风险？几十年前，心理学家中有一些人曾经预测，由于过度的信任和信仰，公众必将产生反对心理治疗的反应。人们指望能从心理学中获得关于爱、焦虑、希望、绝望这些问题的答案。他们得到的答案是什么？要么是过度简单化的乌托邦，要么就是可以用于任何事情的测试，或者就是抛出语言来解决问题的技术手册。美国心理学家、哲学家威廉·詹姆斯（William James）曾写信给他的朋友："心理学是一门该死的学科，人们所可能希望了解的一切，在那里都完全找不到答案。"詹姆斯是在他花费了12年写成《心理学原理》（1890年出版，心理学领域最为伟大的著作之一）之后愤怒地写下这些话的。显然，詹姆斯并不反对心理学。事实上，直到1910年逝世，他一直都在为心理学领域做着重大的贡献。可以这样理解，他的观点反映了人在困境时对心理学的持续期待与失望。然而，一切还在继续。

缜密的思考（这里的思考指的是解决问题、推理、进行复杂的阅读或是任何需要付出努力的脑力劳动）需要了解事实。当我们仔细审视生活，就会意识到：

从幼年开始，我们所接受的教育更多地倾向于观察和了解外部世界，我们并不擅长如何向内看、发现和了解内在。因此我们在渴望了解别人和世界的同时，对自己（尤指内在心理）而言却依然是个陌生人，由于缺乏对自己内在心理的了解，与人的关系并不那么称心如意，生活中也常常感到失望。我们或许懂得在外部世界中，如何采取行动是恰当的，但却不知道如何让内在心理活动安静下来。

二、吊诡的心理学与出路

"心理学"这个字眼意味着对心灵（psyche）或灵魂的研究。在微软词典的"心灵"词条中，自我：阿特曼，灵魂，灵性；主体性：更高的自我，灵性自我，灵性。心理学的基础深深扎根于人类的灵性和灵魂之中。在 16 世纪的德国，心灵与逻各斯（logos）——道和术——合起来形成了心理学（psychology）这个词。不论后来多少研究者使用这个词，psychology 仍然符合《新普林斯顿评论》在 1888 年所做的定义，意指"关于心灵或灵魂的科学"。

1850 年 10 月 22 日上午（这是心理学历史上的重大日子），费希纳在心理感受和物理刺激之关系的定量研究中，发现心灵和身体的关联法则。费希纳的法则很快就广为人知，它表述为 $S=K \log I$（心理感受与物理刺激的对数成正比）。它的重要性在于："在这个世纪初期，伊曼纽尔·康德预言说，心理学绝不可能成为科学，因为我们不可能通过实验来测量心理过程。借助费希纳的工作，科学家们首次能够测量心灵。到 19 世纪中叶为止，科学方法被运用到了心理现象当中。日后，威廉·冯特会将这些最初的创造性成就协调并融合起来'铸造'成心理学。"基于费希纳的研究，心理学登堂入室成为一门科学，同时也打开了公众诟病心理治疗效果的"潘多拉魔盒"。

英国的诺贝尔奖获得者 P.B. 米德沃尔（P.B.Medawar）称心理学是一门"非自然的科学"，他还列出了这门学科的一些错误：相信测量与计算本质上是值得赞扬的活动；对归纳法优越论进行了完全让人怀疑的混杂——尤其是认为事实先于观念……拉尔夫·纳德（Ralph Nader）1976 年在美国心理学大会上提到，这些测试（普林斯顿教育考试服务中心的大学入学考试，类似于我国的新生心理测试）是不准确的，而且他们宣称这些学生不合格，严重伤害了这些未来的大学生，那些测试的指导者应该认真地进行深刻的自我反省。心理学既想进入科学，又想保持对心灵完整觉察的模棱两可的困境，以似乎无所不在的简单化倾向，使很多心理工作者最终失去了"这些事发生在其身上的人"，留下的仅仅是所发生的、悬在半空中的"事情"（实验材料），而可怜的人类在这个过程中却被丢失了。我们以为我们所抓住的那个人，只不过是种种抽象的总和，而不是人本身。就实际而功利的目的而言，所有这些所谓的科学抽象物，似乎已经绰绰有余。但是那真正的人却根本不在此处，当我们拉起科学这个网时，某些东西业已从精致的网缝中流失。一如当我们心情烦闷时，被人问起因何事而起，如实回答却被回复："多大点事儿啊，至于吗？"换句话说，无论何时，当我们把完整无缺的觉知分成主、客或自、他时，心里就会开始感到恐惧、挫败和愤懑，而这无法用实验或工具测量……所有这些事实都在有力地提醒我们：现代心理学必须重回源头，采用经验的、科学的标准，不否认灵魂和灵性，寻找心灵最深处的语言，尽力阐释它们，帮助人类缓解精神的不安。

（一）基础：基本原理

心理学研究人类意识及其在行为中的表现形式。意识的功能包括感知、欲望、意愿和行动。意识的结构，包括身体、心智、灵魂和灵性。意识的状态包括正常状态（如清醒、做梦、睡眠）、变异状态（如非常意识、冥想）。意识的模式包括美学的、道德的、科学的。意识的发展贯穿了前个人、个人、超个人的全部范畴，贯穿了潜意识、自我意识、超意识的全部范畴，也贯穿了本我、自我、灵性的全部范畴。意识的关联性和行为特征指的是意识的客观外在世界，以及具有共同价值观和观念的社会文化世界彼此互相影响。

心理学史上，最大的问题在于：在众多异常丰富的、多侧面的意识现象中，不同的心理学流派往往只侧重了解其中某个方面，却称只有这个方面值得研究（或者甚至宣称只有这个方面是真实存在的、有价值的）。若盲人摸象式地看待前人研究显然会陷进"入宝山而空手回"的优越情结。换个角度来看，如果所有观点都是事实的重要组成部分呢？如果它们对完整的意识领域都拥有正确却片面的见解呢？不管怎样，将前人研究结果的结论汇聚起来，会极大地改变我们对意识本质的看法，而更重要的是，也会让我们清晰地知道意识可以发展成什么样子。尊重并接纳人类意识的每种合理特征，是在今天还没看清"大象"全貌的最优路径。

（二）基本层次

长青哲学的核心是：现实是由各种不同的存在层次、存在和认知层次所构成的，涵盖了物质、身体、心智、灵魂和灵性。每一个更高的纬度都超越并涵盖了较低的纬度。"存有巨巢"是长青哲学的脊柱，也是整合心理学的重要内容。

灵性既是最高的层次（自性的），也是所有层次的不二根基。在最近的300年间，就意识存在的常见层次而言，长青哲学几乎毫无例外地达成了跨文化的一致，当然，就这些层次的划分数目仍存在着很大的差异。心理学位于第三个层次。它既受物质和生理学的影响，又作为一个阶段性部分向个体灵魂和灵性的发展输送营养。个体在不同的人生境遇中可能会处于不同的意识层次之中，自身意识的各个侧面也可能处于众多不同的发展层次之中。古往今来的圣哲们所阐释的这些层次或子层次，并非形而上思考或琐碎抽象的产物。事实上，它们几乎完全是直接经验现实的结晶。从感官体验到心智体验再到灵性体验，存有居巢的层次仅仅反映了直接能够被经验所揭示出来的全部存在与认知范畴，涵盖了潜意识、自我意识与超意识。多年来，在全世界这些层次的发现由许多人共同完成，并被彼此所证实。

存有巨巢的存在，并不意味着社会的每个人都完全觉悟到了巨巢中的每个层次。在任何社会，觉悟到更高的灵魂和灵性层次的瑜伽士、圣人、智者始终是极其罕见的。普通人有相当长的时间都处于意识的1、2、3层次。人们通常会有一个惯性心理：自己体验到的才相信，没有体验到的更大或更高层次就很难相信。以静修为例，静修是被证明了的对人心理治疗有效果的一种方法，它要你以自己的直觉进行实验，如同所有杰出的科学，它是以直接的体验为基础，绝不是靠迷信或愿望。静修与数学一样都不是个人的经验。譬如没有任何感官或外在证据可以证明负一的二次方等于一，这个数学真理是被某个内在逻辑所证实的。外部世界无法找到"负一"这个东西，只能在自己的心里找到它，但这并非意味着它不是真相，同样也不能说它是无法被公开证明的内在知识。它被一群训练有素的数学家证实为一项真理，数学家懂得如何在内在进行这场逻辑的实验，因此真不真便由他们来决定。同样地，静修也是一种内在的知识，这种内在的知识可以被一群训练有素的静修高手公开证实，只因这些人深谙内观意识的逻辑。在东西方任何一个社会中，都不会随便找一些人来证明毕达哥拉斯定理，而是由那些训练有素的科学家来表决这项真理。如果你很仔细地观察自己的内在心理，你会发现内心世界与外部世界根本是一体的——但这必须是由你或任何一个关心这个结论的人去亲自体验的真理。经过6 000多年的实验，我们可以充分证实某些结论，立下某些意识的定理，这些意识中关于灵性的定理就是长青哲学的精髓。当然这需要克服的最大障碍是伟大贤哲和冥修者们所说的话抑或普通人听不懂的，也觉得不可信的话。这么做，当然不是为了使普通人对于意识的知识推向"不可知、不可信"的地步，只是为了觉知生命本来的样子，而非偏安一隅生出好坏、比较等偏见傲慢的残缺心理。心理健康的状态是活在当下、此心安处，而让心安住在每一个当下需要有全景、更为整合的知识。真正地整合这些关于心理的知识，有助于化解一个重要的问题，那就是叔本华所说的"世界之结"，即身心问题。

第二节　心理健康与生活

一、身心问题

身心的区分问题至少就像文明那样古老，身心的分裂是现代与后现代意识的特有病变。在身心关系这个问题上，我们面临着极难克服的困境：心灵（意识、感受、想法、觉悟），即左侧领域，在纯粹用右侧方式（肉体和大脑）描述的世界中毫无立锥之地。所以，心灵就成了"机械中幽灵"。于是我们被两个似乎绝对却自相矛盾的真理冲击着心灵：直接经验的真理明白无误地告诉我，意识是存在的；科学的真理同样也明白无误地告诉我，世界是由基本单位（夸克、量子、原子等）的排列组合构成，不具有任何意识，不论怎样重新排列组合这些毫无心智的基本单位，都无法产生心灵。

关于这个问题人们提出了许多解决方案，其中最著名的就是二元论和物质主义（科学唯物主义）。二元论的观点在现代社会初期（从笛卡尔到莱布尼茨）非常具有影响力，但此后式微，物质主义抬头，逐渐成了现在主导性的观点。物质主义（科学唯物主义）宣称，只有一个被物理学和其他自然科学描述出来的物质宇宙，这个物质宇宙的任何地方都不产生和存在意识、心灵、灵性体验或觉悟，或者说这些充其量是不具备任何真正实在的机能或副产品。后期，二元论主张，世界上至少存在着两种实体：意识和物质。两者都不能被还原成对方，同时，它们会"互动"（又名互动论）。然而这样的话，二元论者就不得不面临一个古老的难题：两个本质上不同的事物如何能够影响对方呢？大家都知道，幽灵能在不破坏墙壁的情况下轻松穿过。可是，幽灵般的心灵究竟是怎样对肉体产生影响的呢？二元论者无法解释清楚。

唯心主义认为，心灵和身体都是灵性的形式，所以它们并非不相容的实体，而仅仅是同一事物的两个不同侧面。借此，他们解决了这个问题，也令人满意，但前提是承认灵性，但是大多数现代和后现代心理学家都不承认灵性，因此这个观点很少被提及和讨论。

关于身心问题我们想了解的是：目的、意图、计划、决策、压力和价值观等无形事物是如何使身体发生变化的（比如，为什么意识到自己骑马过了康斯坦斯湖就吓死了）？很显然二元论和物质主义（科学唯物主义）不能让我们获得这种知识。一部分原因在于这两种观点的假设都采用了平行的理论模式，再怎么修改也无法解决。若是采用全息的方法，以意识的存有巨巢来看这个问题就可以容易地解释这一点了。

身体既包含生物有机体中的大脑、脑干、边缘系统（即第1、2层），也包含可感身体的主观感受、情绪和知觉。也就是说，身体位于心灵之中，大脑位于身体之中。这一点在平行理论中是悖论，在全息的存有巨巢中就成了互通有无的意识层次，是一个事物的两个方面，是一个树叶的两个面。在日常生活中，我们观察类似树叶这样的事物并对此有明确的共识，将两者联系起来不是问题。相反，问题在于：我们不能在认知层面完全理解这种真正不二、多元真实的解决办法。因为如果我们说主体和客体是某个根本现实的两个侧面就会引发这样的悖论：既然我们不能说这个根本现实仅仅是"主观的"和"客观的"混合物，那它到底是什么呢？要么这个根本现实具有主观和客观的性质，要么它就不具有，若是它具有的话，它就不是真正根本的；如果它不具有，它就不是真正和谐的。龙树和其他圣哲都坚定不移地认为，身心问题是无法在认知层次上获得解决的。此外，若能够真正采用认知的方式理解这种"不二"，也许很多心理学家早在很久以前就明白了，身心问题如果不分的话也就算不上是个问题了。

二、心理健康研究鲜为人知的一面

正如斯蒂芬·茨威格在《人类群星闪耀时》中写到的那样：没有一个艺术家一天二十四小时始终是艺术家的。没有一个心理健康的人一天二十四个小时始终是心理健康的。人太过多样化且独特，生活境遇有如此多变，因此没有什么理论能够包含所有人的区别和差异，甚至界定何谓"正常"都是困难的。

尽管科研探索有了突飞猛进的发展，然而遗憾的是，对于大脑功能为什么会发生紊乱，精神活动为什么异常至今仍未弄明白。由于病因不明，精神病的诊断还做不到病因诊断，只能依赖现象加以判断。治疗也仅仅是缓解症状，无法做到完全治愈。典型的症状学或现象学诊断不是科学的诊断，科学诊断的唯一标准是病因学诊断。几千年来，我们一直试图在心理疾病和健康之间划一条清晰的线，不幸的是，我们都失败了。

心理健康或疾病是我们在心理上为人生做的"意义命名"。在社会文化中，健康似乎意味着好的、正确的、善的、美的，疾病似乎意味着批判的、恐惧的、错误的、羞辱的、变态的、不道德的。社会文化眼中的病态，往往比疾病本身更具有破坏性。当某一社会文化把某种疾病视为不好或负向时，往往是因为恐惧或无知。在人们还不了解肺结核是节杆菌引发之前，结核病人通常被视为性格懦弱而被结核病菌逐渐耗尽能量；再譬如淋病，纯粹以病理来看，它只是生殖系统附近的组织被淋球菌感染，然而社会文化在病理之外还会赋予它"意义命名"，例如人们认为得淋病的人是肮脏的、变态的、不道德的，一个简单的疾病就会变成充满罪恶感的"心病"。宁愿被冠以有害与负面的"意义命名"，也不愿承受不清楚某项疾病真正原因的"无知"，因为无知通常会助长恐惧，接着助长对这个病人负面的价值判断。结果，这个人不但饱受疾病的折磨还成了令人失望的人。

以抑郁症为例，由于病因不明，只有通过个体的描述和现象加以判断，是典型的现象学诊断（非科学诊断），但抑郁症患者往往被冠以性格懦弱、被动和高自杀率（不负责任）而陷入深深的内疚和自责。不知何时，我们可以忽略抑郁症这个"命名"，而关注后面的人，以及这个人在全部生命中的生离死别、爱恨情仇还有他寻求解脱的灵性诉求。

三、心理健康之路

（一）心理健康的内涵

心理健康是人与自己、他人和世界的和谐相处状态。其中，与自己的和谐相处是心理健康的基础和核心。

心理学的研究内容是人类意识及其在行为中的表现形式。那些意识发展到灵性不二阶段的人几乎都会认同：意识与物质、内在与外在、自我与世界、主体和客体都是一个事物的不同现实和特征，是真正的"多样统一"。

肯·威尔伯从意识层次存有巨巢推演出了意识结构、演化点与心理治疗的相互关系。我们站在巨人的肩膀上，从全景角度来理解心理健康和疾病会更好些。人类的成长和发展必须经过一连串的阶段和次第，每一个阶段的发展，有时会很好，有时会很糟。若是一切都很顺利，那么心理就是健康的并进入到下一个阶段，但如果这个阶段的发展一直很糟，各种病症就会衍生出来。心理问题发生在哪个阶段和次第就会出现相应类型的心理疾病。

每一个发展阶段都会面临一些心理难题，如何克服这些难题，可以决定它的结果是更健康还是更混乱。在发展的每一个阶段，自我作为其心理的统领官，首先需要认同和接纳它所处的阶段，接着必须通过所处阶段的考验，无论是学习语言或是学习上厕所。为了进入下一个阶段继续发展，自我必须不再认同前一个阶段或摆脱它，才有空间晋升到更高的阶段。简而言之，自我既需要完全充分地接纳当前阶段，又能同时在充分接纳完成的基础上向上发展，然后整合这两者。

多年来，治疗心理问题的不同方法一直在发展，每一个特殊的问题都有比较妥当的治疗方法。

心理健康标准是动态的，心理学的原始概念即蕴含在解释人性变化的知识之中。我们很难以恐惧和无知去定义和区分什么是健康、什么是疾病，因为心理健康者与自己、他人和世界的和谐相处须是由个体自己或任何一个关心这个结论的人去亲自体验的。

一般意义而言，心理健康标志着人的心理调适能力和发展水平，但究竟什么是心理健康，却至今尚未有定论。《简明不列颠百科全书》将心理健康解释为："心理健康是指个体心理在本身及环境条件许可范围内所能达到的最佳功能状态，但不是十全十美的绝对状态。"心理学家英格里士（H.B.English）的定义为：心理健康是指一种持续的心理状态，当事者在那种情况下能有良好适应，具有生命的活力，而且能充分发展其身心的潜能，这乃是一种积极的、丰富的情况，不仅是免于心理疾病而已。社会学家 W.W.Boehm 认为：心理健康就是合乎某一水准的社会行为，一方面能为社会所接受，另一方面能为本身带来快乐。国内有学者认为，心理健康是个体内部协调与外部适应相统一的良好状态。也有学者认为，心理健康乃是指个体在各种环境中能保持一种良好的心理效能状态，并在与不断变化的外界环境的相互作用中，能不断调整自己的内部心理结构，达到与环境的平稳与协调，并在其中渐次提高心理发展水平，完善人格特质。

综合国内外学者的论述，我们认为心理健康是指个体内外协调、积极向上的良好心理状态。个体能够与社会环境保持良好的关系，其生命充满活力，能充分发挥其身心潜能，实现生理、心理和社会三方面良性互动。

但是当我们在对心理健康进行理解时，还应注意到心理健康概念上的相对性和心理发展水平上的层次性。首先，心理健康是相对于在不同的社会文化背景、民族特点、意识形态、价值观以及个体的年龄特征而言的，人们对心理健康内涵的理解也是不同的，在某一社会环境下、某一年龄段被认为是正常的行为，在另一个社会环境或年龄段就会被认为是不正常的。其次，对心理健康的界定存在发展水平上的差异，总的来讲，心理健康是指一种高效而满意的、持续的心理状态，但在健康与不健康之间并没有一个截然的分界线，有学者认为心理健康水平大致分为严重病态、轻度失调、常态和很健康四个等级。在这里，从常态到很健康是一种趋向，即正常心态的人如何从"正常"的心理向更为"健康"的心理转化，如何从一般健康的心理水平向更健康的心理水平转化。

（二）心理健康的评价标准

所谓心理健康的评价标准，是衡量心理健康状况的尺度。没有这样一把尺子，就难以判断一个人的心理状况处于怎样的水平上。关于心理健康的评价标准的研究和论述，中外学者都提出过许多见解，但至今未形成统一的标准。

第三届国际心理卫生大会（1946 年）所明确的心理健康标准是：身体、智力、情绪十分调和；适应环境，在人际关系中彼此谦让；有幸福感；在工作和职业中能充分发挥自己的能力，过有效率的生活。

马斯洛提出的 10 条标准是：具有适度的安全感；具有适度的自我评价；具有适度的自发性与感应性；与现实环境保持良好的接触；能保持人格的完整与和谐；善于从经验中学习；在团体中能保持良好的人际关系；有切合实际的生活目标；适度地接受个人的需要；在不违背团体的原则下能保持自己的个性。

台湾学者黄坚厚认为心理健康有 4 条标准：乐于工作；能与他人建立和谐的关系；对自身具有适度的了解；和现实环境有良好的接触。

北京大学王登峰教授提出有关心理健康的 8 条标准：了解自我，悦纳自我；接受他人，善与人处；正视现实，接受现实；热爱生活，乐于工作；能协调与控制情绪，心境良好；人格完整和谐；智力正常；心理行为符合年龄特征。

通过对心理健康标准的描述，我们认为心理健康的标准只是一种相对的衡量尺度，很多学者对心理健康的标准提出了自己的认识。清华大学樊富珉教授认为："心理健康的标准是一种理想尺度，它不仅为我们提供了衡量是否健康的标准，而且为我们指明了提高心理健康水平的努力方向。每一个人在自己现有的基础上进行不同程度的努力，都可以追求心理发展的更高层次，不断发挥自身的潜能。"

归纳中外学者对心理健康的标准的研究成果，我们认为健康的心理应包括以下几个维度的基本特征，即自我接纳、与他人的积极关系、环境控制、自主性、生活目标、个体成长。

自我接纳感即人对自我和对过去生活的认可和接纳。对自己持积极的态度是积极的心理健康机能的主要特征，它通常被认为是心理健康最常见的标准，心理健康的人最重要的特征就是自我认可、自我接纳。

与他人建立积极关系，即具有爱他人与被他人爱的能力。自我实现者被描述成具有很强的同情心和对人类、对自然具有爱心，能热爱他人、承认他人并与他人能保持良好关系是成熟的标志。

自主性即具有独立性和自我约束性，自主性机能发展充分的人不以别人的喜好来看问题，而是根据自己的标准做出评价。

　　环境控制即一个人超前于环境，并通过身体或精神活动创造性地改变环境的能力。个体有能力选择和创设适合自身发展的环境，这被定义为心理健康的特征之一。人生的成功在于最大限度地获取环境中的各种机会。

　　生活目标即一个积极生活的人会在不同的发展阶段创设不同的发展目标，这会让生活有目的、有方向感，使人感到生活有意义。

　　个体成长即个体要不断成长，不断充实和自我实现。人在不同时期面临不同的挑战和任务，发挥自身潜能、实现不断成长是人生发展的最高层次。

第三章　大学生心理健康教育概述

随着社会的发展，高等教育大众化的到来，中国大学生心理健康问题越来越值得我们关注。我们越来越强烈地感受到，心理健康已成为大学生成长、成才的重要影响因素，健全的人格发展和健康心理素质的培养已成为高校不容忽视的教育内容。

第一节　心理健康概述

一、健康的含义

健康并不是某种固定的状态，它会因社会、心理、生理等因素的影响而发生变化。人活着，就得活动，就得适应。适应的程度决定着人的健康水平。但对健康的这种认识，并不是一开始就有的。从祭天求神、讨长生不老药，到积极地预防各类疾病，人类经历了漫长而又痛苦的岁月。这个过程，具体可分为两个阶段。

（一）健康的生理学模式

开始，尽管人们追求健康，但对健康的理解往往是片面的，即把健康理解为躯体健康——仅仅从生理学意义上去理解、追求健康。如《辞海》（1989 年版）对健康的解释是"人体各器官系统发育良好，功能正常，体质健壮，精力充沛，并具有良好的劳动效能的状态。通常用人体测量、体格检查和各种生理指标来衡量"。如一个人的体温在 36 ~ 37℃，低压 60 ~ 90 毫米汞柱、高压 90 ~ 130 毫米汞柱，心率 60 ~ 80 次 / 分，内外科检查也没有发现什么疾病，那么医生就会给出身体健康的结论。正是在这种理解的基础上，我们的先辈通过不懈的努力，发明了保证人类健康的三大法宝：免疫接种，杀虫消菌，抗菌药物。借助这三大法宝，在相当长的时间里，我们确实维持了人类的"良好的劳动效能的状态"，预防了人类常见的疾病，消灭了不少已困扰人类几千年的疾病。但是随着科学技术的发展，人类的进步，特别是随着三大法宝一次次地失效（如免疫法尽管可以预防各种传染病，但无法防止像心血管系统疾病、消化系统疾病这类身心疾病），人们逐渐意识到，仅仅从生理学角度去认识健康是无法达到预期目的的。健康不仅仅是躯体无疾病。一个身体强壮的心理疾病患者也如同一个身体病患者一样，是无法从事健康人能正常进行的工作、学习与生活的。同样的，一些身心疾病患者光用药物是无法治愈的。因此，健康的"生理—心理—社会"模式应运而生了。

（二）健康的"生理—心理—社会"模式

健康的"生理—心理—社会"模式认为，我们不能简单地从生理学角度，而应该从生理、心理和社会适应角度去解释健康。例如：1948 年，世界卫生组织（WHO）提出，"健康是一种身体上、精神上和社会适应上的完满状态而不是没有疾病和虚弱现象"。1978 年 9 月，国际初级卫生保健大会发表的《阿拉木图宣言》重申：健康不仅是无疾病和体弱，而且是身心健康、社会幸福的完美状态。1989 年，世界卫生组织又一次深化健康概念，把健康定义为：一个人只有在躯体、心理、社会适应和道德四个方面都健康，才是完全健康。个体只有在这四个方面都健康时，才能算真正完全的健康，才能进行高效的工作和学习。

这说明，健康不但是没有身体缺陷和疾病，还要有完整的生理、心理状态，良好的社会适应能力和道德健康。为了保障健康，我们不仅要讲究个人卫生、环境卫生、饮食卫生、生理卫生，以预防各种疾病和发育不良，还要注意心理卫生，以预防精神病、神经症、变态人格及各类心理障碍、身心疾病和行为适应不良等。道德健康是指人在自然界及社会生活中应当遵循一定的规律、规则和规范，有健康、积极向上的信仰，有高尚的品德与情操。现在，越来越多的人认识到：没有疾病并非一定是健康，没有疾病，仅仅是健康最起码、最低的要求。健康的目标是追求一种更积极的状态，更高层次的适应和发展。

二、心理健康的含义

（一）心理健康的由来

心理健康的概念是从心理卫生的概念延伸过来的。心理健康是指心理的各个方面及活动过程处于一种良好或正常的状态。心理卫生则是指维护与增强人的心理健康的活动与方法。

最早从事心理卫生工作的是精神科医生，其研究内容也较狭窄，主要是治疗精神病患者。2000 多年以前，塞尔萨斯就主张用音乐、静默、读书、水浴、在花园中散步等方法治疗精神病患者，但没有人响应。精神病患者在很长时期中都受到惨无人道的对待。他们在社会上遭人嘲笑、戏弄，甚至被说成"神鬼附身"，被捆绑吊打，人们认为打得越凶他们就越有治愈的希望。有些精神病患者进入精神病院就像进了监狱一样，院墙高筑，锁链桎梏。20世纪初，美国人比尔斯（Clifford W.Beers，1876—1943）18岁，就读耶鲁大学商科，他目睹其兄癫痫病发作时昏倒在地、四肢抽搐、口吐白沫的可怕情景，担心自己也会有这种病，于是终日惶恐不安。24岁时，终因精神失常跳楼，经人救起后被送往精神病医院进行了为期三年的治疗。他经历了当时精神病院中种种非人的待遇，目睹了病友们遭受的不可言状的痛苦，立志要将自己的余生贡献给精神病人，并终生从事预防精神病工作。病愈后，1908年，比尔斯将自己在病中的所见所闻写成了一本自传《一颗找回自我的心》，书中呼吁要改变对精神病人的的看法。此书的发行在美国引起了极大轰动，掀起了心理卫生运动，心理健康开始受到很多国家的关注。1909年，美国全国心理卫生委员会在纽约成立。随后在世界各地，如加拿大、法国、英国、比利时、巴西、匈牙利、意大利等许多国家也相继掀起了心理卫生运动，并建立了全国性心理卫生组织。1930年在美国华盛顿召开了第一届国际心理卫生大会，有53个国家的3042名代表参加，当时的中国也派去了5名代表。大会产生了国际心理卫生委员会，并确立了其宗旨：完全从事于慈善的、科学的、文艺的、教育的活动，尤其关心世界各国人民的心理健康的保持和增进对心理疾病、心理缺陷的研究、治疗和预防，以及全人类幸福的增进。由此可见，最初心理卫生只是改进精神病院，促使对精神病人做早期诊断、治疗的一种社会运动，随着它的发展，它要解决的问题越来越多，其包含的内容也越来越广。今天，心理卫生泛指对一般人的心理健康的维护，防止及治疗各种心理疾病，提高人类的健康水平。

（二）心理健康的定义

心理健康是健康的重要内涵。1946年的第三届国际心理卫生大会将心理健康定义为："所谓心理健康，是指在身体、智能以及情感上，在与他人的心理健康不相矛盾的范围内，将个人心境发展成最佳状态。"世界卫生组织联合会将心理健康定义为："身体、智力、情绪十分调和；适应环境，人际关系彼此能谦让；有幸福感；在工作和职业中能充分发挥自己的能力，过着有效率的生活。"美国心理学家英格里士认为："心理健康是一种持续的心理状况，当事者在这种情况下能良好地适应，具有生命的活力，且能充分发展其身心潜能。"美国精神病学家麦灵格尔认为："心理健康是指人们对于环境及相互间具有最高效率及快乐的适应情况。不仅是要有效率，也不仅是要能有满足之感，或是能愉快地接受生活的规范，而是需要三者具备。心理健康的人应能保持平静的情绪，敏锐的智能，适于社会环境的行为和愉快的气质。"我国心理学学者陈家麟认为："心理健康是指旨在充分发挥个体潜能的内部心理协调与外部行为适应相统一的良好状态。"

综上可见，心理健康可以从广义与狭义两个角度去定义。从广义上讲，心理健康是指一种高效而满意的、持续的心理状态，在这种状态下，人能做出良好的反应，具有生命的活力，而且能充分发挥生命的潜能。从狭义上讲，心理健康是指人的心理活动的基本过程内容完整，协调一致，即认识、情感、意志、个性、行为完整和协调，能适应社会。心理健康是心理活动的各个方面都健康，包含了知、情、意、行、个性，以及自我意识和人际关系等方面。具体来说，心理健康的人，在认识上，能够正确认识世界、自我和他人；在情绪情感上，拥有积极乐观的情绪，能够有效管理自己的情绪；在意志上，有坚强的意志品质；在与人际环境关系上，能与他人建立良好的人际关系，保持独立健全的人格。

人的心理活动，又称心理现象，复杂而又丰富多彩，每个人无时无刻都在进行着心理活动，感受着自己的心理活动。心理活动包括心理过程和个性心理两个方面。心理过程是不断变化着的、暂时性的心理活动。个性心理是每个个体所具有的稳定的心理活动。

心理过程包括认识过程、情感过程和意志过程三个方面。其中认识过程是基本的心理过程，情感和意志是在认识的基础上产生的。认识过程是指人在认识客观事物的过程中，为了弄清客观事物的性质和规律而产生的心理现象。比如，我们听到声音，看到光亮，尝到味道，闻到气味，摸到物体的软硬等，这就是感觉。在这些感觉的基础上，人能辨认出是雨声还是汽车的喇叭声，是苹果或是鲜花，等等，这就是知觉。在离开了刺激物的作用之后，原来听过的话语，看过的图形，做过的事情仍然能想起来，这就是记忆。人不仅能通过记忆把经历过的事物回想起来，而且还能想出自己从未经历过的事物，如形成小说里所描写的人物形象和场景，这就是想象。凭借人所特有的语言，通过分析、综合、判断事物的本质及其发生、发展的规律，这个过程就是思维。感觉、知觉、记忆、想象和思维等心理活动统称为认识过程。情感过程是指人在认识事物的过程中所引起的人对客观事物的某种态度的体验或感受。人在认识客观事物时，并非无动于衷，常常会产生满意或不满意，愉快或不愉快，热爱或厌恶等态度体验。意志过程是指由认识的支持与情感的推动，使人有意识地克服内心障碍与外部困难而坚持实现目标的过程。人的心理健康与否，往往首先反映在认识、情感、意志上。

个性心理包括个性倾向性和个性心理特征。个性倾向性是决定个体对事物的态度和行为的内部动力系统，是具有一定动力性和稳定性的心理成分，比如需要、动机、兴趣、理想、信念和世界观等个性倾向性使每个人的心理活动有目的、有选择地对客观现实做出反应。个性心理特征是个体身上经常表现出来的本质的、稳定的心理特征，它包括能力、气质和性格。能力是表现在完成某种活动的潜在可能性方面的特征。气质是表现在心理活动的动力方面的特征。性格是表现在完成活动的态度和行为方式方面的特征。个性心理特征影响着个体的行为举止，集中体现了人的心理活动的独特性。个体在观察的深刻性、全面性方面，在记忆的敏捷性、巩固性方面，以及在思维的灵活性、迅速性方面的差异，属于能力上的差异。个体在脾气、内外向方面的差异，属于气质上的差异。个体在待人处世及克服困难的决心和毅力上的差异属于性格上的差异。

心理过程和个性心理这两个方面是密切联系着的。个性心理以心理过程（认识、情感、意志）为基础，没有心理过程，个性心理就无从形成。人的个性心理的形成和发展，是在一定的社会影响和教育下，通过心理过程反映客观现实而逐渐定型化的结果，是个体社会化的过程。同时已经形成的个性心理又反过来制约每个人的心理过程，并在心理过程中表现出来。

三、衡量心理健康的标准

古今中外不同历史时期、不同文化背景、不同学派的众多学者都对心理健康标准进行了界定和阐释，提出了许许多多富有启发性的观点。但由于研究者所持的心理学理论、考察的角度不同，导致采用的划分依据也有所不同，目前来说比较公认的衡量心理健康的标准有以下几种。

（一）统计学标准

根据统计学的常态分布曲线，认为处于总体平均标准范围内者为心理正常，偏离者就是异常。其依据是众数原则。众数原则是基于两个假设而建立的：首先，在任何时候，组成社会的大多数成员是健康的，不健康的永远是少数；其次，社会是健康的，不健康的永远是个体，也就是说，社会成员中绝大多数人的心理行为是正常的，偏离这一正常范围的心理行为可视为异常。

（二）社会学标准

以生活适应为标准，以个体是否表现与社会生活环境及需要相一致的情感、言语、思维、行为等为依据，判断人们的心理正常与否。

（三）医学标准

根据临床诊断，即以本人或他人是否观察或检测到某些心理疾病的症状和致病因素，判断人的心理健康状况。

（四）心理学标准

以发展心理学研究成果为依据，将个体与相同年龄阶段心理发展的特征相比较，发展和达到的水平相当者为正常，比同龄人明显低者为异常。

叶一舵（2001）对上述标准进行了评价："如果要从这些标准中'提取'若干人们都比较认同的合理要素的话，那应该是医学标准的客观性，统计学标准的方法论，社会学标准的社会性和宏观性，心理学标准的个体性和主体性（能动性）。在这些合理要素中，医学标准的客观性虽然合理，但其适用范围较窄，无临床症状或病因者并不能被认定为心理健康者，因而这一'临界'标准实际上也不具有普遍适用的价值。如此说来，有价值的'依据'便是其他三种'标准'（统计学标准、社会学标准和心理学标准）的合理因素。"

虽然各研究者从不同角度探讨心理健康标准时存在分歧，但在以下几方面形成了基本的共识。

第一，心理健康标准是动态的，不是静态的；是相对的，不是绝对的。心理健康是一种状态，更是一个过程。人的心理健康状态处于不断变化之中。一个心理健康的人并非各方面都合乎标准，进行心理健康评价时，要考察较长一段时间内持续的心理状态，偶尔出现的不健康状态，并不意味着被考察者心理就一定不健康。人的心理健康水平可分为不同等级，是一个从健康到不健康的连续体，并且心理健康与否很难找到确切的区分界限，更可能只是程度上的差异。

第二，心理健康标准既要注重个体层面，又要注重社会层面。人的个体性与社会性并非截然对立，无法融合。若摒弃个体性谈社会适应，可能会让个体为提高"社会适应"水平而学着去钻营取巧、阿谀奉承，导致人性异化；若摒弃社会性谈个体发展，天马行空、我行我素的人也绝不是教育所要达到的培养目标。因此，单纯地注重社会性或个体性都是不可取的，必须二者兼顾。既要从行为是否有利于个体发展和满足个体需要来评价，又要从行为与社会环境的一致性来考察。

第三，心理健康标准既要注重适应标准，更要注重发展标准。生存与适应是发展的前提与基础，发展则是人类追求的理想与目标。适应是个人不断调整身心，在现实环境中维持一种良好有效的生存状态；发展则指向更高水平的适应，指向更成熟、更丰富、更健全的心理品质。适应水平通常侧重个体与环境关系现状的维持，发展水平则指向个体与环境在未来可能达到的关系状况。一个完整的心理健康标准的制定，应该既考察适应状况，又考察发展状况。从教育的社会价值及个人价值来看，更应给发展标准以更多的关注。

四、大学生心理健康的标准

我国专家根据心理健康的一般标准，针对我国大学生群体的年龄、文化水平、心理特征、社会角色特征，提出了大学生心理健康标准。

（一）智力正常

智力正常是大学生学习、生活、工作的最基本的心理条件，是大学生胜任学习任务、适应周围环境变化所需要的心理保证，因而也是衡量大学生心理健康的首要标准。一般来说，通过了高考选拔，足以表明大学生的智商是正常的。衡量大学生的智力，关键是看大学生的智力是否正常、充分地发挥了效能。大学生智力正常且充分发挥的表现是：强烈的求知欲望和浓厚的学习兴趣，乐于学习，智力结构中各要素在其认识活动和实践活动中都能积极地参与，并能正常地发挥作用。

（二）情绪稳定

情绪稳定即有稳定、积极的情绪状态，具体包括以下内容：（1）积极的情绪多于消极情绪，一般表现为乐观开朗、充满热情、富有朝气、满怀信心，善于自得其乐，对生活充满了希望；（2）情绪稳定性好，善于控制和调节自己的情绪，表现为既能克制约束，又能适度宣泄，不过分压抑，使情绪的表达既符合社会的要求，也符合自身的需要，在不同的时间和场合能恰如其分地表达；（3）情绪反应是由适当的情景引起的，反应的强度与引起这种情绪的情景相符合，能保持良好的心境。

（三）意志健全

意志品质包括自觉性、果断性、自制性和坚韧性等方面。自觉性指对行动目的是否有明确的认识，尤其指能否认识到行动的社会意义，主动以目的调节和支配行动。果断性是指一个人是否能够明辨是非，迅速而合理地做出决定和执行决定。自制性是指是否善于控制和支配自己的行动。坚韧性是指意志行动中能否坚持决定，百折不挠地克服困难以及排除障碍，完成既定目标。意志健全者在挫折和困难面前，能采取合理的应对方式，能在行动中控制情绪和言行，既不顽固执拗、轻率鲁莽、三心二意、言行冲动，也不优柔寡断、畏缩不前、胆小怯懦、惊慌失措。

（四）人格完整

人格是个人内在的动力组织及其相应行为模式的统一体。人格完整是指有健全统一的人格，即个人的所想、所说、所做都是协调一致的。大学生人格完整的主要标准是：（1）人格的各要素完整统一；（2）具有正确的自我意识，不产生自我同一性混乱；（3）以积极进取的人生观作为人格的核心，并以此为中心把自己的需要、愿望、目标和行为统一起来。

（五）正确认识与悦纳自我

大学生要能够正确而全面地认识自我，正确地评价自我，既能认识和欣赏自己的优点，也能承认和接纳自己的缺点；既不放松对自我的要求，也不苛求自己；既不盲目自满，也不妄自菲薄放弃可能的发展，积极定位自我，确定自己发展的方向，自信乐观，使理想的我和现实的我达到统一。

（六）人际关系和谐

人是具有社会性的，可以说过群体生活、与人交往是人类的天性，只要有人类存在的地方，就一定有人与人之间的交往活动。人与人的交往包括认识、情感和行动三个方面：认识方面表现为互相认识和理解的程度，它是人与人之间关系的基础；情感方面表现为彼此之间融洽性的各种不同状态，如喜爱或不喜爱、好感或恶感、妒忌或同情、共同感受和不同情调等，这也是人与人之间相互联系的纽带；行动方面表现为在各种共同活动中是否协调一致，这是人与人之间相互交往的结果。大学生健康的人际关系应具有以下特点：（1）别人能了解他，他也能了解别人，通过相互交往，彼此之间有什么长处和短处、优点和缺点，应该是知道的。如果大学生生活在集体中，总把自己的思想感情封闭起来，独来独往，别人不了解他对事物的观点和态度，就不正常了。如果大学生只关心自己的利益，对别人的痛苦和欢乐、兴趣和爱好漠不关心，也不可能与别人相处得好。（2）受到他人的悦纳，在集体中是受欢迎的，起码不被看成多余的或有害的。当然，任何一个人都不可能被所有人喜欢，获得所有人的信任，但对多数人来说，他应该是一个有益的人，他的存在应该能给集体、别人带来某种好处，如果大家都不愿意和他亲近，而希望同他疏远，他的心理就可能有某种缺陷。（3）在集体中有自己的朋友。人们在时间、空间上的结合，并不能说明他们在心理上有联系。因为有些结合可能是被动的，没有共同的思想基础，彼此交往只是由于某些偶然的因素。如果人们相互交往时具有共同的理想和目标，并采取协调一致的行动，并渗透喜爱、好感等情绪因素，就可能发展成为亲密的朋友。

（七）社会适应良好

能够正确地认识环境并正确处理个人和环境的关系。心理健康的大学生应能与社会保持良好的接触，对社会现状和未来有较清晰正确的认识，思想和行动都能跟上时代的发展步伐，与社会的要求相符合。在环境发生变化时，能够对环境进行客观的认识和评价，并积极主动地调整自己的需求与愿望，既符合新环境的要求，同时也能使自己得到充分发展。这里所讲的适应，不是被动、一味地迎合，甚至与不良风气、落后习俗同流合污，而是在认清社会发展趋势的基础上，主动适应社会发展的要求，不逃避现实，更不妄自尊大、一意孤行，与社会需要背道而驰。

（八）心理行为符合大学生的年龄特征

大学生是处于特定年龄阶段的特殊群体，大学生应具有与年龄和角色相应的心理行为特征。一个大学生的心理行为经常和自己的年龄不符，是心理不健康的表现。作为大学生，言行举止既不要有与自己的年龄不相符合的幼稚，逃避责任，逃避生活，甚至逃避爱情和家庭，沉溺于自己的幻想中，拒绝长大，也不必刻意追求老成。

第二节　大学生的生理和心理特点

大学阶段是人生生理和心理发展的重要转折阶段，在这个阶段，大学生不仅生理上将会发生很大变化，而且在心理上也正面临着一个逐步向成年人过渡的发展过程。本节就大学生的生理和心理特点进行探讨。

一、大学生的生理特点

大学阶段正处于青年中期（18～23岁），从生理学角度讲，这个时期人体各系统的生长发育渐趋缓慢，亦渐趋成熟，其身体的外形基本定型，但也没有完全定型，如果注意增加营养和体育锻炼，身高仍会有一定的增长。伴随身高增长的是体重的增加，体重的增加主要与内脏、肌肉、脂肪和骨骼的发育有关。一般情况下，男生的肌肉比女生更为发达，女生的脂肪在体重中的占比更大。身体形态上看，男生肩胸宽阔、上臂粗壮、下肢和骨盆较窄细，躯干较短、四肢较长；女生肩胸较窄、上肢较细、骨盆较宽、躯干相对较长、四肢相对较短。

在生殖系统方面，男女大学生的性机能发育已基本成熟，随着青春期男女第二性征的显著变化，男生喉结突出、声带增宽、嗓音低沉、须毛丛生、每月会有1～2次遗精；女生乳房隆起、声带变长、嗓音变细。

大学生在其他生理机能方面，如循环系统、呼吸系统、能力代谢等均处于最终完善状态，生命处于青春的旺盛时期。此外，大学生的大脑和神经系统的发育也基本成熟，脑重量达到1 500g左右，大脑皮质的沟回组织已完善和分明，脑皮质神经纤维髓鞘化，增长和分支接近完成。脑细胞处于建立联系的上升期，皮层细胞活动增加，兴奋和抑制过程有较好的平衡，联络神经纤维活跃，大脑皮层的发育迅速，为思维的发展创造了良好的物质基础。

二、大学生的心理特点

身体的生长发育是心理发展的物质基础，伴随着生理发育的成熟和社会活动的展开，大学生的心理发展呈现出如下特点。

（一）思维的逻辑性、独立性和批判性明显增强

一方面神经系统的成熟，使大学生智能的发展处于顶峰时期，另一方面随着大学期间知识量和专业训练的增加，以及广泛的社会实践活动，都为大学生的思维发展奠定了良好的基础。大学生的思维发展首先表现为抽象逻辑思维的发展，逐步善于进行系统的论证性的思维活动，在思考问题或与人讨论问题时，不满足现象的罗列和已有的结论，而是要求有理论深度，并试图探求事物的本质和规律。与此同时，大学生思维的独立性和批判性也在逐步增强，试图独立思考问题，通过自己的思维来认识和加工信息，对周围事物的认识会持有批判的态度，勇于发表自己独特新颖的观点、提出自己的质疑，尝试用新的方法解决问题，思维有一定的创造性。但是，我们也必须看到，大学期间同学们对问题的认识非常容易受到情绪的影响，过分掺杂情感色彩，加之阅历不深、经验不足，因而认识问题难免有偏激、冲动、主观、固执的倾向。

（二）自我意识不断增强

生理机能的成熟以及身体发育达到高峰后逐步定型，对于心理的特殊影响就是促进自我意识的发展，包含两个方面，一是对自己体型、仪表、体力方面的综合看法；二是对智力、情操以及人格等方面的看法。这两个方面是相互联系、相互统一的。因此，处于青年期的大学生又进入了"第二个镜像阶段"，我们会发现，无论是出于自我欣赏还是自我反感，很多同学都会在镜子前耗去大量时间，希望

从镜子里发现自己身体的变化，同时内心交织着自我评价的情绪体验。这种现象说明，大学生开始把目光投向认识自我、要求深入了解和关注自己的发展，对自己的容貌、内心活动、个人品质都表现出强烈的兴趣和高度的关注，总想了解"我长得好看吗？""我是一个怎样的人？"，并在这种不断的自我感觉、自我观察的基础上进行自我评价，同时也极为关注别人对自己言行的评价。大学生的自我体验也更加细腻，自我控制的能力也在不断加强。

大学生在社会活动增加、自我意识增强的同时，越发认识到自我价值，希望承担更多的社会角色，进而表现为自尊心、自信心、好胜心和独立感的增强。同时，在大学生自我意识发展的过程中，还存在不稳定的情况，在自我评价方面容易有过高和过低两种倾向；在自我体验方面，容易出现自尊和自卑并存的现象。此外，大学生思考问题时也往往容易过分关注自我，出现以自我中心的现象。

（三）情感丰富、强烈，但具有不稳定性；情感表现富有特色

大学生生理机能的发展正处于人生的巅峰状态，无论精力和体力都非常充沛，洋溢着生命的青春活力。伴随着校园生活的展开、自我意识的增强以及社会性需求的增加，其情感也日益丰富和强烈，其中对自我认识的态度体验和爱情的情感体验成为重要内容。就情感的体验而言，大学生对情感的体验更加丰富而深刻，对友情、爱情、亲情、自尊感、自卑感、成就感、失败感、满足感、失落感、崇高感、卑劣感……的体验更加深入；就情感的表现形式而言，由于对情绪控制能力的增强，内隐性的情绪、情感表达逐渐成为主流，逐渐学会"喜怒不形于色"，而是通过写日记、向朋友倾诉等形式体现出来。但从总体情况看，大学生情绪的稳定性相对较弱，容易受到环境变化的影响。

（四）大学生的个性基本形成，但有很大的可塑性

如前所述，个性是指一个人总的精神面貌，它是在个人漫长的生活过程中逐步形成的，反映了一个人区别于他人的独特的、稳定的心理特征。到大学阶段，一个人的个性已基本形成，他的气质、能力、性格以及价值观和自我意识已经具备了区别于他人的独立特征，并以自己独特的行为方式存在。每一位同学都是一个不同于他人的独特的"我"，但这个"我"还不是一个相对稳定的"我"，而是一个变化性相对活跃的"我"。因此，在大学阶段学习心理健康知识，对于大学生的自我完善、自我发展有着极其重要的意义。

三、大学生的心理健康评价标准

结合心理健康的内涵以及大学生心理发展的年龄特点，我们认为可以从以下方面来把握大学生的心理健康状况。

（一）能否有效地学习、工作和生活

如果一位大学生乐于学习、工作和生活，能够将自己的智慧和能力有效地运用其中，取得一定的成绩，并因此收获喜悦和满足，转而进一步激发学习、工作和生活的兴趣，那我们可以说他的心理健康状况是良好的。如果对什么事情都不感兴趣、干什么都心烦意乱，或者感到效率低、运气不好、苦闷失望，甚至取得了成绩都不能感到快乐，那就说明有存在心理健康问题的可能。因此，我们可以把能否有效地学习、工作和生活作为判断大学生心理健康的一个最为简单、直接的指标。

（二）能否建立客观的自我认识，进而与环境保持协调一致

一般来讲，心理健康状况良好的大学生能够体验到自己的价值，了解自己、悦纳自己，并能做出客观的自我评价，既不会因为自己的优势和长处而感到沾沾自喜，也不会因为自己的不足而自卑、自怨、自责，而是能够确立合乎实际的理想和目标，保持积极的生活态度，不断努力发展自己的潜能。同时，他们还能以客观的态度对待周围的人和事，能和社会保持良好的接触，能够不断根据环境的变化，调整自己的思想、目标和行动，以保持和环境的协调一致。

（三）能否建立和谐的人际关系

人生活在世界上，总是会和各种各样的人发生关系，通常情况下，人都是喜欢过群体的生活。心理健康的大学生有自己的朋友，乐于与人交往。在与他人相处时，其肯定的态度（尊重、信任、友爱）往往多于否定的态度（憎恨、怀疑、嫉妒），关心他所在的集体，并会尽力做出自己的贡献。如果一个人不能以宽厚、诚恳、谦虚、友爱的态度与他人相处，而代之以敌视和仇恨，只关心自己、不关心别人和集体，那么就应该考虑他的心理健康状况。

（四）是否具备完整的人格

健康的人格特征是有机统一的、稳定的，即他的所思、所想、所说、所为都是以他的稳定的人生观和信念为中心统一起来的，并能够把自己的愿望、需求、动机、目标、行动完整和谐地表现出来。换言之，如果知道一个人的人格特征，

就可以预见他在某些情况下的行为。相反，如果一个人的行为表现不是一贯的、统一的，那么就有可能是心理健康的问题。

最后，仍然需要特别强调的一点是，心理健康是一个连续体，健康与不健康之间没有一条分界线，不存在一个绝对健康和不健康的标准。也就是说，一个心理健康状况良好的人，并不是绝对不存在不健康的心理状态，一个有心理疾病的人，他的心理过程也并非都是不正常的。从发展角度讲，人的一生都处于成长过程中，而大学时期更是成长的黄金时期，遇到这样那样的心理困惑是不可避免的，重要的是寻找解决问题的途径，努力实现自我完善和提高。

第三节　大学生的心理健康与保健

一、大学生心理健康的状况

大学阶段是一个人身心发展趋于成熟的重要时期，大学生的各种心理活动非常活跃，但大学生自我调节能力还不够完善，加上社会经济的转型、学习生活环境的变迁、人际关系的复杂化、学业与就业的竞争，又面临学业、情感、经济等诸多问题，许多大学生表现出不适应，严重者会引发心理疾病，影响健康成长。

当前大学生心理健康状况与特点表现在以下几个方面。

（一）大学生的心理健康状况不容乐观

近年来的调查表明，全国大学生中有 10.0%～30.0% 的人存在不同程度的心理问题，常见的心理问题包括人际关系问题、恋爱问题、学习问题、情绪问题、就业问题、神经症等。如顾晓雯（2013）对 1100 名大学生的心理健康状况调查表明，有严重心理问题者占 28.4%，有某种心理问题者占 37.7%；李琳（2013）对 2953 名大学生的调查表明，有某种心理问题者占 22.8%，有严重心理问题者占 6.5%；王丹妮（2014）对 1009 名大学生的心理健康状况调查表明，大学生 SCL-90 各因子均分除人际关系因子外，均显著高于国内青年常模，说明大学生心理健康状况比同年龄的其他青年差；鲁玮等人（2017）对 6100 名大学生的调查表明，心理健康状况不佳者达 5.4%。

（二）大学生心理问题有着明显的阶段性

一年级集中表现为对新生活的适应问题，兼有学习问题、专业问题、人际交往问题；二年级出现的问题主要为人际交往、学习与事业、情感与恋爱；三年级集中在自我表现发展与能力培养、人际交往、恋爱与情感问题；四年级则以择业问题为多数，兼有恋爱问题、未来发展和能力培养问题等。

（三）各种心理问题对大学生健康的危害越来越大

有的学生孤僻自闭、情绪失常、焦虑抑郁，有的甚至以结束自己生命或他人生命的方式来寻求解脱。据北京市16所高校统计，因心理问题和心理疾病休学、退学的人数分别占总的因病休学、退学人数的37.9%和64.4%，因病死亡的17例中有9例为患重性心理疾病而自杀，占52.9%。王玲也曾对广州某师大一年级新生进行调查，发现有19人有自杀倾向，占大学生总数的1.4%。

（四）大学生主动寻求心理咨询帮助的意愿较弱

出现心理问题时，大学生可以有三种解决途径：一是自己解决；二是寻求朋友帮助；三是求助于专业心理咨询机构。姚斌等人（2011）调查发现，大学生在出现心理困惑时，57.7%的学生选择独自面对，较少寻求帮助，特别是很少寻求专业帮助。在寻求帮助时更倾向于寻求非正式的帮助，如向朋友和家人求助，而不愿寻求正式的帮助，如教师、咨询师和心理医生的帮助等。且求助行为存在性别差异和城乡差异：男生独自面对的比例明显高于女生，而女生求助教师、家长和同学的比例高于男生，尤其是求助教师、家长的比例是男生的2倍多，而且女生更多地感受到来自同学的帮助。来自农村的学生更倾向于独自面对问题。城市和农村在教育资源、生活环境等方面存在较大差异，而且来自城市的学生中独生子女较多，来自农村的学生经济条件较差，较少有音乐体育等方面的特长，在与城市学生的比较下容易产生自卑心理，因为自卑而怯于求助。还有研究发现，不同年级大学生求助的对象不同，大一学生的求助对象主要是家人，大二为朋友，大三是朋友及恋人，大四学生对心理问题倾向于自己解决。对于大学生心理困惑较多而不愿寻求帮助的情况，一方面，高校要开展有针对性的心理健康教育，增强大学生对求助行为的主观认可。另一方面，大学生也要认识到，有了心理困惑积极寻求帮助是快速解决自身问题的有效办法，要培养自己有问题寻求帮助的习惯。

二、影响大学生心理健康的主要因素

大学生心理问题的发生是多因素综合作用的结果。如刘蓓（2013）对某高校大学生的调查研究表明：父母的教育态度差、性格内向、焦虑程度高、不易与人相处的人格特征以及负性生活事件是造成当今大学生心理问题的三大主要因素。张远等人（2010）对 2034 例大学生的研究表明，是否独生、母亲职业、父亲职业、父母婚姻状况等家庭因素及黏液质、内外向等人格特征是影响大学生心理健康状况的主要因素。由此可见，影响大学生心理健康的因素是多方面的，一般可以分为内在因素和外在因素。从内在因素来看，大学生的心理问题往往与他们性格内向及情绪不稳定的人格特征有很大关系；从外在因素来看，主要是家庭和生活事件等。

（一）影响大学生心理健康的内在因素

1. 遗传因素

人类受精卵继承来自双亲的 23 对染色体，这些染色体传递由脱氧核糖核酸（DNA）组成的遗传信息。这些 DNA 片段构成了基因，目前已知是由 10 万个基因控制着人体的生长发育和功能。基因位于染色体上的不同位置。心理卫生学的大量研究资料表明，大学生的某些心理健康问题的产生，与其有心理健康问题的父母的某些遗传基因有着不可否定的联系。德国精神病学者卡尔曼研究表明：父母均为精神分裂症患者，子女发病率为 68.1%，其中一方有精神分裂症，子女发病率为 16.4%，家庭无精神病患者，子女发病率为 0.9%。若双亲都是抑郁症患者，子女发病率提高到 50.0% ~ 75.0%。行为遗传学发现，乐观快乐等积极的人格特征也同样具有遗传性。我国心理学工作者对 22 对同卵双生子和 18 对异卵双生子进行了 20 多年的追踪研究，结果发现神经衰弱、抑郁症、疑病症、性格内向、性变态的遗传率较高。

2. 人格特征

刘蓓（2013）对某高校大学生心理健康影响因素的研究表明：大学生心理问题的发生多有一定的人格基础，如性格孤僻、内向，容易出现焦虑、愤怒、抑郁、敏感、冲动、脆弱等情绪反应，与人不友好、不近人情、对他人漠不关心、难以适应环境的大学生心理问题发生率高。大学生的学习生活是紧张的，遇到的来自学习、情感、生活、就业等方面的压力也很多，性格内向和孤僻的大学生遇事比较容易出现消极情绪，自身的调节和控制情绪的能力又比较弱，同时由于不喜欢和不擅长与他人交往，排解消极情绪的途径不多，获得的社会支持不多，长此以往，就容易导致心理失衡，从而诱发心理问题。

（二）影响大学生心理健康的外在因素

1. 家庭因素

影响大学生心理健康的因素很多，其中家庭环境对大学生心理健康状况起重要作用。

（1）父母教养方式是影响大学生心理健康的重要因素，不同的教养方式会产生不同的影响。父母教养方式分为四种类型：权威型（父母坚定、热情，并考虑孩子的意见）、专制型（不考虑子女的要求）、溺爱型（父母允许孩子为所欲为）和忽视型（既不对子女提出要求也不考虑子女的需要）。研究表明，权威型教养方式的大学生心理健康水平高于专制型教养方式的大学生（凌四宝等，2003）。在成长过程中，父母过多控制的教养方式会加重子女人际关系困扰，对子女经常采取控制态度的父母，会伤害子女自尊心、自信心，使子女产生不信任感和自卑感并导致在成长中泛化影响其心理健康水平。如果父母对孩子充分理解，给予温暖，就会对孩子的心理健康产生积极的影响。如果父母对孩子过多干涉，就会对孩子的心理健康产生消极的影响。

（2）家庭结构也会影响大学生心理健康。单亲家庭学生更易于形成极端人格。离异家庭学生的心理健康状况总体上差于普通学生。入学前在家庭有亲生父母照顾的大学生心理健康状况优于由祖父母、外祖父母或其他人员照顾的大学生，由父母亲自照顾的子女能获得更加健康成长的环境。

（3）父母文化程度对大学生心理健康的影响。近年来有关父母文化程度与大学生心理健康的研究成果显示，父母的文化程度高，大学生呈现出不稳定的情绪特征的概率也高。其中母亲文化程度很高和较低的大学生子女都表现出一定的心理健康问题，而且以高学历母亲为甚。

（4）父母婚姻状况对大学生的心理健康有明显的影响。父母离异比正常家庭的大学生心理健康的总体水平差，并且父母离异比父母去世的大学生更具敌对情绪（曾美英等，2008）。除此之外，家庭经济情况、父母职业、家庭关系、家庭气氛、父母对子女的期望等也都会影响大学生的心理健康。

2. 学习生活环境的变化和形成的压力

影响大学生心理健康的外在因素有的是在学生考入大学以后出现的，可以分成环境的变化和压力的形成。新生入学后，学习生活环境的变化对他们是一个挑战。这些变化包括居住环境、语言环境、人际关系、学习方法、角色地位、学习目标等。心理学研究表明，个体遭遇的应激性事件影响越大，心理健康水平越低（张晨艳等，2015），这是因为应激性事件会消耗个体的心理资源，从而降低其对心理健康的保护，引发个体的负面情绪及适应问题。大学生的心理应激主要表现为新生的新鲜兴奋感和不适应性。根据以往的经验，环境的变迁虽然较少导致严重的心理问题或过激行为，但可以成为各种压力形成的因素之一。主要表现在以下几个方面。

（1）学习压力。从小学到中学，学习的主要目的是考大学，教师时刻关注着学生，学生虽然辛苦，但有明确的目的和方向。而进入大学后，学习主要靠自己，学习内容、学习方法、学习环境、师生关系甚至学习目的都发生了很大变化，这往往使得刚进入大学的学生无所适从，学业期望难以达到，不再时刻受到教师关注，不再有父母的精心呵护，学习压力增加，接下来部分学生容易产生焦虑、自卑、嫉妒、自闭甚至攻击转移等情绪，进而可能产生心理问题。

（2）情感压力。进入大学以后，学生的人际交往逐渐广泛，不再像原来那么单一。地域不同的同学、背景不同的老师和相识不久的异性开始进入学生的交际圈。这一时期的学生渴望获得友情、师生情和爱情等情感体验，但因缺乏经验，再加上独生子女以自我为中心的生长环境，这些情感体验不容易在短期内获得满足，容易产生孤独等心理问题。其中特别需要引起重视的是学生间的异性交往。由于多数大学生已经进入成人阶段，学习也不像中学时那么辛苦，竞争也不像高考时那么激烈，且多数父母不再反对子女接触异性，大学生的爱情开始在校园中成长，但当他（她）们遇到失恋的挫折时，因缺乏家长的指导，容易产生心理障碍，如不及时化解疏导，可能发生极端事件。

（3）生活压力。进入大学后，部分学生特别是家庭贫困的学生不再希望依靠父母，渴望在经济上自立。尽管国家有奖、勤、助、贷等资助政策，但并不能完全满足其需要。大学生不再像中学时穿校服、吃食堂或回家吃饭，年轻人的好胜攀比心理和虚荣心使得部分学生希望像家庭条件优越的学生一样穿得体面，吃得像样，特别是在异性和恋人面前花钱大手大脚，使得这部分学生生活压力很大，容易产生心理负担，影响心理健康。

（4）就业压力。影响大学生心理健康的外部因素以就业困难为最多（王佰庆等，2014）。随着全球金融危机的蔓延和高校毕业生人数的增加，大学生就业困难已经是不争的事实。很多大学生从一进入大学就开始规划自己的职业教育，考虑前途和就业问题。这样做一方面对大学生优化知识结构有利，另一方面也加重了学生的心理压力，使得他们大学四年有可能均处于焦虑烦躁中，从而对前途失去希望，对生活缺乏信心，甚至自暴自弃，影响学业完成。

3. 社会因素

大学生对社会的了解很少，在当今社会竞争压力下，理想主义在严峻的社会现实面前只能破灭。紧张的学习生活使大学生身心疲惫，严重影响他们的心理健康。

（1）社会支持对大学生心理健康有一定的影响。研究表明，社会支持良好的大学生，其心理健康状况也较好，而社会支持较差的大学生，其心理健康状况也较差。更好地利用社会支持有益于自身的心理健康。人的心理发展及生活的各方面都时时刻刻与这个社会发生着紧密的联系，人的成长离不来社会的支持（程素萍等，2009）。

（2）校园文化环境也会影响大学生的心理健康。校园文化能够陶冶大学生的情操，良好的校园环境有利于大学生树立正确的人生观和世界观。校园文化建设还有利于规范大学生的行为，培养他们的人文素质，创造和谐的人际关系。在校园建设中，宿舍管理和宿舍人际关系也同样会对大学生的心理健康产生重要的影响。和谐共处、互相关心、互相帮助的宿舍人际关系有利于塑造出利他、自信的人格，有利于学习社会经验，有利于思想品德的修养。而不良的人际关系则会使人孤独忧郁，甚至与人交往时产生恐惧，长期持续下去可能会引发严重后果，引发心理障碍。

（3）网络对大学生的心理健康既有积极的影响，也有消极的影响。一方面，网络丰富了大学生的信息来源，扩展了人际圈，并且使得大学生的创造性得到很好的发挥，增强了大学生的自信。另一方面，网络上的信息良莠不齐，过度沉迷于网络也会危害大学生的心理健康。当今社会，"低头族"越来越多，大学生的交流方式大多是通过互联网进行的，久而久之，他们也就不善于与他人打交道，严重者会失去社交能力。有些大学生沉迷于网络游戏，往往线上情绪饱满、异常亢奋，线下情绪低落、意志消沉，个人易产生焦虑、孤傲和压抑等心理障碍。有些大学生会渐渐地将网络上那个虚拟的"自己"带进现实，导致心理扭曲，严重者还会发展为更严重的心理疾病。

三、大学生心理健康的自我维护

大学生的心理健康状况不容乐观，各种心理问题对大学生健康的危害越来越大，因此，每个大学生都应增强关注自身心理健康的意识，学习心理健康的知识，提高维护自身心理健康的能力，在必要时可以进行自我调节和自我适应。

（一）增强关注自身心理健康的意识

目前，有些大学生误以为心理健康教育和心理咨询只是针对有心理障碍和心理疾病的学生，自己没有心理障碍和心理疾病，所以不需要关注心理健康。实际上，虽然只有少部分大学生会出现心理问题和心理疾病，但许多大学生会出现成长过程中的心理困扰，出现发展性的心理问题，而当前高校开展的心理健康教育也有两个目标：一是教育者运用心理咨询理论与技术帮助全体大学生化解心理矛盾、减少心理冲突、缓解心理压力、心理素质，保持良好的心理状态，形成良好的人格品质，促进人格成熟和全面发展的发展性目标；二是针对出现心理问题的学生开展心理咨询的补救性目标。发展性目标要达到的是促进学生心理发展和预防学生出现心理问题的目的，这就要求每个大学生都要增强关注自身心理健康的意识。一是通过各种途径学习心理健康知识，了解心理健康的标准，及时发现心理不健康的症状，如重视在高校开设的大学生心理健康教育课程的学习，通过该课程系统学习心理健康知识，课外阅读提升自身心理健康水平的书籍，积极参加学校组织的各类心理健康讲座；二是积极参加学校组织的为提升大学生心理健康水平而开设的各类体验活动，如拓展训练、人际关系团体心理辅导等，通过体验活动，客观而正确地认识自我、接纳自我、调节自我，从而达到自我成长的目的。

（二）提高维护自身心理健康的能力

大学生可以通过多种途径、多种方法来维护自身心理健康。维护自身心理健康既可以自助，也可以向周边同学、家人、老师和专业心理咨询机构求助。

1. 学会自我心理调节

情绪对于心理健康来说是至关重要的，几乎每一种心理疾病都有一定的异常情绪表现。稳定而良好的情绪状态，能使人心情开朗，轻松安定，精力充沛，对生活充满乐趣与信心。相反，如果一个人情绪波动大，患得患失，喜怒无常，处于不良的情绪状态中时自己又不善于调节和控制，则会导致心理失衡，甚至导致心理疾病。

学会管理和控制自己的情绪，可以尝试以下自我心理调节的方法。

（1）主动宣泄不良情绪

过分压抑只会使情绪困扰加重，而适度宣泄则可以把不良情绪释放出来，从而使紧张情绪得以缓解，让人变得轻松。因此，遇有不良情绪时，最简单的办法就是"宣泄"。合理宣泄情绪是指在适当的场合，采用适当的方式、方法来宣泄心中的不良情绪。宣泄，应该是合理的，要表现得有理、有度，既不损害自己，也不给他人带去伤害。在宣泄过程中，必须增强自制力，不要随便发泄不满或者不愉快的情绪，要采取正确的方式，选择适当的场合和对象，以免引起意想不到的不良后果。既不能不顾他人利益，也不能不顾自己形象，不分时间、地点、场合随意发泄。比如，如果大学生喝完酒后大哭大喊，摔砸公物来发泄自己的不快，那么这既不能调控好自己的不良情绪，还会造成严重的结果。

现实生活中，合理宣泄的方式、方法很多。可采取的形式之一是写。可以通过写日记、搞创作的形式开展。我国古典文学中最长的一首政治抒情诗《离骚》，就是屈原通过升华的宣泄写出来的。第二是述。向家人、老师、朋友倾诉，甚至可以用过激的言辞抨击、谩骂、抱怨恼怒的对象，或是尽情地向至亲好友倾诉自己的不平和委屈。也可以到空旷的山林原野，拟定一个假目标大声叫骂，发泄胸中怨气。一旦发泄完毕，心情也就随之平静下来。第三是动。通过体育运动、劳动等方式来尽情发泄。参加剧烈运动可以使体内啡肽分泌增多，不良的情绪容易由运动带来的快感代替。在大学校园里，有很多适合大学生运动的场所，可以充分利用，释放情绪。

（2）积极的自我暗示

暗示是运用含蓄的、模棱两可的语言、形象、想象等，通过多次重复来达成一定的心理效果。这个概念最初由法国医师库埃于1920年提出，他的名言是"我每天在各方面都变得越来越好"。心理学上所讲的"皮格马利翁效应"也称期望效应，也是一种暗示。心理学实验表明，当个人静坐时，默默地说"勃然大怒""暴跳如雷""气死我了"等语句时心跳会加剧，呼吸也会加快，仿佛真的发起怒来。相反，如果默念"喜笑颜开""兴高采烈""把人乐坏了"之类的语句，那么他的心里面也会产生一种乐滋滋的体验。由此可见，言语活动既能唤起人们愉快的体验，也能唤起不愉快的体验；既能引起某种情绪反应，也能抑制某种情绪反应。

暗示有自我暗示与他人暗示之分，又有积极的暗示与消极的暗示之分。消极的自我暗示会强化我们个性中的弱点，唤醒我们潜藏在心灵深处的自卑、怯懦、嫉妒等，从而影响情绪。积极的自我暗示，可以松弛过分紧张的情绪，也可以激励自己。例如，情绪激动时，可以通过自我默诵"冷静""不发火""制怒""镇定"来调节自己的情绪。不少大学生的墙头、床上贴着"镇定""三思而后行""静""我能行"等条幅，就是针对自己的弱点用书面语言提醒自己。如在遭遇困难时，用"天将降大任于斯人也，必先苦其心志，劳其筋骨，饿其体肤""胜败乃兵家常事""塞翁失马，焉知非福""坏事变好事"等词语来宽慰自己，以便从懊恼、焦虑中解脱出来，使消极的情绪合理化。

（3）转移注意力

转移注意力法就是把注意力从引起不良情绪反应的刺激情境转移到其他事物上去或从事其他活动的自我调节方法。当不良情绪出现时，头脑中只有一个兴奋点，这时候如果另建一个新的兴奋点，就可以抵消原来的兴奋中心，情绪就可以逐渐平静，使不良情绪得以解脱。这种方法，一方面中止了不良刺激源的作用，防止不良情绪的泛化、蔓延；另一方面，通过参与新的活动，特别是自己感兴趣的活动，而达到增进积极的情绪体验的目的。当出现情绪不佳的情况时，要把注意力转移到自己喜欢做的或感兴趣的事情上去。例如外出散步、看电影或电视、读书、打球、下棋等，换换环境等，有助于使情绪平静下来。

（4）食物调节法

学会利用饮食来改变情绪，因为不同的食物对情绪有不同的作用。比如菠菜富含维生素 C，是一种降压物质；鸡蛋富含能提高注意力和记忆力的胆碱；香蕉含有一种能帮助人脑产生羟色氨的物质，可以减少人不良激素的分泌，使人安宁、快活；燕麦、蔬菜、牛奶和瘦肉等含维生素 B1 的食物和洋葱、大蒜、海鲜等含硒较多的食物可以提高抗压能力。我们可以据此调整饮食习惯，选择一些健康食品，帮助自己调节情绪。

（5）利用感觉反馈机制寻找快乐

美国心理学家詹姆斯 1884 年对情绪进行了解释。他认为个体受到刺激产生情绪时会引起植物性神经系统的活动，并由此产生机体生理上的变化，情绪就是由对自己这个生理变化的认识而引起的。他说，"我们因为哭，所以愁；因为动手打，所以生气；因为发抖，所以怕"。情绪主观体验的产生和机体生理和行为表现的变化密切相关，相互影响。我们可以通过改变情绪的生理和行为表现来调节情绪的主观体验。

研究表明，假装的微笑组比皱眉组报告更多的愉悦。假装的表情可以使人感到恐惧、愤怒、悲伤和厌恶。在不同高度的桌子上写字，形成不同的坐姿，影响被试的情绪体验。大声谈论焦虑事件，被试会更焦虑；用缓慢的、微弱的声调谈论与悲伤相关的事件，被试会更觉悲伤。

2. 寻求社会支持

人总是处于一定的社会关系中，有效的社会关系和网络构成了社会支持系统。所谓社会支持是指一个人通过社会关系所能获得的能减轻心理应激反应、缓解精神紧张状态、提高社会适应能力的影响。社会支持包括信息支持（帮助个体认识到引发困境的事件，并找到解决困境的资源和策略）、工具支持（提供实质的服务、财力支持以及特殊援助）、情感支持（用关心、安慰等让个体感觉到自己的价值）三个方面。心理学研究表明，社会支持良好的大学生，其心理健康状况也较好，而社会支持较差的大学生，其心理健康状况也较差，尤其是在遇到挫折时，寻找有效的社会支持，是维护和促进心理健康的重要途径。

目前大学生的社会支持主要来自三个方面。

第一，家庭是最重要的社会支持系统。张磊（2008）通过对北京五所高校的在校大学生进行问卷调查发现，当今大学生的社会支持来源有家庭、朋友、亲戚、同学、老师、其他人等，其中来自家庭方面的社会支持最高。婴幼儿期的亲子关系决定了个体对世界和他人的态度，也决定了人是否有安全感，无论是物质方面还是精神方面，父母通常是孩子最大的支持者。所以，当面临压力和挫折时，大学生可以向家人求助，可以获得来自家庭成员的理解和支持，可以从家庭成员中汲取战胜困难的勇气和力量，减轻压力，缓解焦虑，帮助大学生重塑信心。

第二，同学、朋友是社会支持系统的重要组成部分。家庭固然是重要的支持系统，但毕竟离得有点远，而同学就在身边，一起学习和生活，朝夕相处，寻求同学朋友的帮助比较方便。如果有了开心的事情，就可以与朋友一起分享；有了烦恼和痛苦，也可以与朋友一起分担。有些问题及时得到了解决，不会积郁在心。另外，大学生大多有交友的愿望，在与同学交往中能学会怎样与别人相处，因此，保持良好的同学关系，获得更多的朋友支持和帮助，是维护自身心理健康的重要途径。

第三，辅导员、班主任和任课老师也是社会支持系统的重要部分。大学生在遇到学习、生活中的一些问题时，及时向辅导员或班主任甚至任课老师求助，尤其是学业或就业方面的问题，老师见多识广，知识经验丰富，人脉资源丰富，解决问题的思路更多、方法更多，因此其给出的建议往往会更有价值。

3. 寻求专业帮助

大学生要主动学习心理健康和心理问题方面的知识，正确认识心理健康和心理问题，树立科学的健康观，掌握一些心理问题的鉴别方法和常用的心理调适方法，以科学、理智的态度对待心理问题，发现有心理困扰时，主动、积极、及时地到学校心理咨询机构进行心理咨询。如果发现有心理疾病，还应该到相关医院进行心理治疗。所谓心理咨询是由受过心理咨询训练的专业人员，运用心理咨询理论和技术，针对来访者的各种适应与发展问题，采用会谈技术，与来访者建立相互信任的咨询关系，帮助来访者觉察自己，帮助来访者找到自身的问题，并加以引导和改变，帮助来访者消除心理问题，增进心理健康，发挥自身潜能，有效地适应社会生活环境的过程。目前高校都设有大学生心理健康教育中心或心理咨询中心，为学生提供个别心理咨询、团体心理咨询、电话咨询和网络咨询等。和家庭、同学、朋友或任课老师相比，心理咨询机构的咨询老师在心理问题上提供的帮助更专业、更有效，所以，大学生如果出现心理困扰，可以积极地向心理咨询老师寻求帮助，而不是一直困扰着甚至使其变得越来越严重。同时，高校也要建立及时发现学生心理问题机制，如班级里设立心理委员，学校定期对心理委员和寝室长开展心理健康专业知识培训，经过培训的心理委员和寝室长能及时发现身边同学的问题，可以及时帮助同学求助心理咨询老师。

除了心理问题，当大学生出现心理疾病时，更要及时转介到相关医院进行心理治疗。近年来，大学生中出现抑郁症、焦虑症的比例有上升趋势，尤其是患抑郁症的学生自身非常痛苦，大多有轻生的念头，如不加干预是很危险的，如能及时求助专业机构，通过药物和心理咨询相结合的治疗方法，抑郁症是完全可以治愈的。

第四节　大学生异常心理与心理辅导

一、大学生常见的心理问题

（一）对大学生活的不适应

初入大学，没有尽快适应大学生活环境。进入大学以后，许多大学生由于环境的改变出现矛盾和困惑的心理。中学教师有时候为了激励学生刻苦学习，高考取得好成绩，把大学生活和学习描绘得非常美好，学生也将这种大学美好当成奋斗的目标。但真正进入大学后，发现事实并非如此，在人才济济的象牙塔中，自己缺少独立自主的生活能力，在内心产生恋家、失落的不良情绪。

被动学习，没有尽快适应新的学习方式。进入大学之前，学习上有家长和老师的关注，如有放松或成绩下降，家长和老师会加紧看管。在大学里，没有了家长和老师的时刻关注，学习以自律为主，这使大学生在大学期间学习成绩波动很大。另外，有些学生所读专业不是自己喜欢的专业，对教授的课程也不感兴趣，导致学习动力不足，对学习提不起兴趣，明知不对，但是难以改正，这样容易产生学习焦虑。

以自我为中心，难以适应大学生群体生活。有一些大学生是独生子女，在家长的呵护下成长，缺乏独立的人际交往技巧和经验，在与人交往中以个人为中心。进入大学后，由于生活习惯和个性的差异，在人际交往中往往会出现矛盾。大学生一旦在人际交往过程中受到挫折，容易引起对大学生活的不适应，并且陷入苦闷、焦虑之中，或者逃避现实，沉迷于虚拟的网络之中。

（二）学习心理问题

学习是大学生的重要任务，大学学习阶段是人生的重要时期，影响着大学生的未来发展。与中学相比，大学阶段的学习内容具有更强的专业性和职业性，大学开设各个专业的最终目的是满足社会各行各业对专业或专门人才的需求，自学是大学生学习的最主要方法。同时，大学阶段的学习不再是简单的记忆，而具有较强的探索性和不确定性，注重培养大学生的独立思考能力。学习内容、学习方法和学习侧重点的转变使得一些大学生无所适从，尤其对大一新生而言，容易在学习中产生不同程度的困扰和心理障碍。学习动机过强和对所学专业没有兴趣是大学生产生学习心理问题的主要原因。学习动机过强的大学生通常无视自身的条件和现实状况，为自己设定过高的目标，成就欲望过于强烈，对自我的期望过高。这类大学生一般因学习过于勤奋，且争强好胜，情绪时常处于紧张状态，容易导致学习注意力不集中、学习疲劳、学习焦虑和考试焦虑，甚至导致严重的焦虑症。

（三）失恋导致的情感问题

大学生一般处在 18 ~ 22 岁的年龄段，这是一个人身心不断趋于成熟的阶段，也是一个人身心发展的重要时期。在这个年龄段，大学生的生理发育已基本成熟，随着年龄的增长，对人际交往尤其是与异性交往的心理需求不断增强，因此，这个时期的大学生男女双方都从内心被异性吸引，渴望用各种方式接近异性，追求纯洁的爱情是大学生正常的情感心理需求。但由于阅历浅，社会经验不足，在经济上不独立，大学生的人格还不够完善，心理也还不够成熟，通常对自己缺乏正确和全面的认识，对是非的认识较为模糊，情感丰富但不稳定是这一时期大学生心理特征之一。因此，这一时期的大学生谈恋爱大多带有盲目性，如果处理不当很有可能给恋爱双方带来烦恼和痛苦，严重者还将导致心理疾病，甚至轻生。

因失恋导致心理问题在大学生恋爱心理问题中最为常见。失恋是指恋爱一方突然中止恋爱关系或由于各种因素双方不得不中止恋爱关系。大多数失恋者能正确对待失恋，随着时间的推移，逐步淡化心理上的挫折感和心理创伤，也有一些失恋者不能理性对待感情受挫现象，不能及时排解失恋带来的伤痛和失落，导致心理失衡，产生心理问题。这主要是因为恋爱一方中止恋爱关系后通常会给另一方造成严重的心理挫折。高校心理咨询统计情况表明，失恋是大学生在校期间最严重的挫折之一，会使心灵受到惨痛的打击。失恋通常会引起一系列心理反应，主要表现为痛苦、烦恼、自卑、失落、悲伤、孤独，严重者还可使人感到绝望，甚至产生报复心理乃至轻生。因此，高校学生工作者不应把大学生情感问题简单化，大学生出现情感问题时应及时采取干预措施，及时排除和转移失恋带来的不良情绪，使其尽快恢复到正常的生活。

（四）遭遇求职挫折产生的心理问题

20 世纪末，根据市场经济的需求和高等教育发展的客观规律，我国高等教育思路进行了大的调整，教育体制由精英教育模式转向大众教育模式。这一教育模式的转变使得更多年轻人有机会接受高等教育，体现了社会主义教育为大多数人服务的宗旨，体现了教育的公平，是提高整体国民素质的有效途径。但大众教育为青年人带来机遇的同时，也带来了新的社会矛盾，即随着大学毕业生人数逐年明显增加，社会提供的就业岗位并没有明显增加，就业形势日趋严峻，加之高校的课程设置、教育内容与市场需求有一定差距，导致大学生就业问题成为新的社会问题，引起了各界广泛的关注。传统的精英教育理念一直把大学比作象牙塔，把大学生们比作天之骄子，大学毕业便意味着能够找到一份体面的工作，过上安稳富足的生活，实现麻雀变凤凰的华丽转身，这一思想根深蒂固。面对社会大环境的转变，大学生一时难以适应，在求职过程中遭遇挫折后很容易产生心理问题。尤其在金融危机的冲击下，全球经济出现较大滑坡，大学生就业遭遇了前所未有的寒冬季节，部分毕业生在求职受挫后，面对理想和现实的巨大反差，悲观消极，对未来感到迷茫和困惑，对社会、学校、他人产生不满情绪，甚至对人生产生了怀疑，出现心理危机。

求职受挫导致的心理问题一般表现为焦虑、自卑、嫉妒、冷漠等心理，严重者表现为抑郁和焦虑症状，如求职失败后心境持续低落，对日常生活丧失兴趣，自卑，自责，自我评价过低，容易疲劳，失眠或睡眠过多等，即是抑郁的主要表现特征；焦虑症状主要表现为遭遇求职挫折后持续的紧张不安，对求职过分担心和烦恼，满面愁容，眉头紧锁，坐立不安等。大学生在求职过程中一旦出现心理问题，会直接影响到求职的成功率，需要及时进行疏导和调节。

二、大学生常见的心理疾病

（一）心境障碍

心境障碍是以显著而持久的情感或心境改变为主要特征的一组疾病，主要表现为情感高涨或者低落，并伴有相应的认知和行为改变。所有的心境障碍都包含基本的抑郁或者躁狂的体验，有时可以只有其中一种，有时二者皆有。依据美国精神疾病诊断与统计手册（DSM-Ⅳ）的分类，心境障碍主要包括抑郁症、躁狂症、双相情感障碍等。

1. 抑郁发作和抑郁症

抑郁发作以显著而持久的情绪低落为主要特征，持续至少两周，包括认知方面的症状（如价值空虚和优柔寡断的感觉）和躯体功能失调（如睡眠模式的改变、食欲和体重的显著变化、身体能量的明显丧失），以至于即使是最简单的活动和最轻微的运动都要调动身体的全部力量。这个阶段的典型表现还有对生活毫无兴趣以及从生活中获得任何快乐（包括与家人及朋友的人际交往、在工作中和学习上的成就感）的能力的丧失（失去体验快乐的能力被称为快感缺乏或者缺乐症）。虽然所有的症状都是重要的，但躯体的改变（有时称为躯体的或者植物性的症状）伴随行为或情感的"关闭"（显示为在行为激活量表上得分较低），是这一类型心理障碍的核心特征。抑郁发作可分为重度、中度和轻度。抑郁症指的是经历了一次或多次抑郁发作，其间没有躁狂发作。

2. 躁狂发作和躁狂症

躁狂发作的典型症状是在情感方面个体表现为主观体验异常愉快或欢欣喜悦，感觉自己一切都是美好的，自己也感觉特别快乐。这种高涨的情绪通常具有一定的感染力，能引起周围人的共鸣。但是，这种情绪不是很稳定，有时候表现为欢乐愉快，有时候容易激动暴怒，甚至出现破坏及攻击行为。躁狂发作的另一个症状是思维奔逸，即他们的语速很快，而且很可能语无伦次，这是因为他们急于把太多兴奋的想法一下子全表达出来。活动增多也是躁狂的一个表现，表现为异常活跃好动，但都虎头蛇尾，常常对行为缺乏正确判断，随心所欲，给人以浮夸鲁莽的感觉。每天只需要很少的睡眠，制订一些不切实际的计划，而且他们认为可以实现想达到的任何目标。躁狂症是指躁狂发作时间持续一周以上，一般呈发作性病程，每次发作后进入精神状态正常的间歇缓解期，大多数病人有反复发作倾向。

3. 双相情感障碍

双相情感障碍是躁狂发作和抑郁发作交替进行的趋势，就像乘坐永不停止的过山车，可以从兴奋的巅峰跌入绝望的谷底。在情绪高涨的时候，个体表现为心情特别愉快，急躁，睡眠需要减少，健谈，能从一个想法跳跃到另一个想法。情绪低落时表现为无精打采，睡眠增多，活动减少。情绪高涨和低落持续的时间并没有规律，短的可能几天，长的可能几个月，甚至一年。除了这些，双相情感障碍在很多方面和抑郁症类似。

心境障碍是一组由遗传、神经生化及心理社会因素等多方面因素导致的心理异常。一级亲属中患有心境障碍个体的发病率要高于普通人群，但并不具有决定性意义。神经生物方面的因素主要是神经递质代谢异常及相应的受体功能改变。较多研究表明，5-羟色胺、去甲肾上腺素、多巴胺等神经递质功能活动降低与抑郁发作有关，其功能活动的增多与躁狂发作有关。应激性的生活事件与抑郁的发作有关，大学生中常见的负性事件有丧亲、失恋、学习压力、严重的躯体疾病等。心境障碍需要采用药物治疗与心理治疗相结合的治疗方法，因为大约有15%的抑郁症个体会选择自杀，所以患有心境障碍的大学生要及时向身边的家人、同学、老师求助，并尽早就医。

（二）焦虑障碍

焦虑是以生理性紧张的躯体症状和对未来的忧虑为主要特征的负面情绪状态，可以表现为一种不轻松的主观感觉，也可以表现为一系列行为（如看起来紧张、忧虑、坐立不安），或者是由脑引发的一系列生理反应（如心跳加快、肌肉紧张等）。焦虑障碍包括惊恐障碍、特定恐惧症、社交恐惧症、广泛性焦虑、强迫症、创伤后应激障碍。所有这些焦虑障碍都会伴随许多强烈、紧张、令人不适的情绪，如焦虑、抑郁、恐慌以及害怕，甚至会迫使患者做一些自己并不想做的事情，或者为了不再体验到这些不安的感觉，患者会开始做一些事情或逃避一些情境。而所有这些情绪都会妨碍正常的生活，使日常生活变得很困难，比如没有办法正常学习、工作、与朋友或同学相处、娱乐及休闲等。

1. 惊恐障碍和广场恐惧症

惊恐障碍是一种强烈的、间断发作的恐惧或不适感，并伴随各种躯体及认知的症状，包括心悸、胸痛、出汗、发抖、呼吸局促和皮肤感觉异常（如麻木、刺痛等），同时也有对死亡、失控或者发疯的恐惧。虽然所有的焦虑障碍都可能有惊恐发作，但不同的是，惊恐障碍会出现意外的、毫无征兆的、突发性的惊恐发作，经常性惊恐发作（最少有两次意外发作），且这种发作的激烈程度在 10 分钟内达到最高峰，随后一个月或更长时间里不断担忧这种情况再次发生，担心其后果（如死亡、心脏病突发、发疯、大便失禁）；或者因惊恐发作造成了行为上的改变（如工作减缓，频繁上医院做检查，晚上把电话放在枕边）。行为上的改变包含了无恐惧的惊恐发作。惊恐障碍可能伴有也可能不伴有广场恐惧症。广场恐惧症是指回避或者痛苦地忍受某些情境，在这些情境下，个体很难逃离，惊恐发作或类似惊恐症状发作时得不到救助，对类似惊恐感觉的焦虑促使广场恐惧症患者避免外出，或者出门时需要有人陪同。广场恐惧症对生活方式的限制有从轻微到严重程度的差异，严重的可能导致个体完全困居家中，或者没有人陪同无法离家半步。回避行为可能包括避免开车、逛商场，避免进电影院、教堂或寺庙、人多的场合、饭馆，避免乘坐公共交通工具、去理发店理发或美容，避免待在封闭或空旷的场合。广场恐惧症患者在居所的周围划定一个安全领域，不敢超越这个范围，这种情况并不少见。

2. 特定恐惧症

特定恐惧症被描述为受到特定事物、情境存在的暗示或预期某种特定的物体、情境的存在时，出现显著的和持续过度的不合理的害怕。此外，该个体还必须:（1）在每次遇到恐惧刺激时都感到惧怕（表现形式有惊恐发作、大叫、发怒）。

（2）辨认出害怕是不合理的或过度反应。（3）逃避／忍受刺激情境的出现，极度痛苦。（4）体验到明显的功能受损或对于患有恐惧症感到非常痛苦。（5）问题已持续至少 6 个月。

3. 社交恐惧症

社交恐惧症被描述为当个体在执行一项特殊任务并被他人监督时，他会变得非常焦虑。当众演讲是大多数人会发生此类关联反应的最常见的场合，还有如在午餐柜台或任何公共餐馆进食等，个体在知道会有别人旁观并且别人会对其行为进行评价的时候，他被要求做某些事情的时候，个体会非常焦虑。而当个体是一个人的时候，都不会出现困难，只有当其他人看着时行为才会变得困难。

4. 广泛性焦虑

广泛性焦虑是一个基本的焦虑障碍，以过度的、超出预期的担忧为核心特征，这种焦虑不是特定的威胁所导致的，而是一种没有明确的害怕对象却感到心慌、胸闷、不安的强烈的焦虑感受，或者是害怕生活中可能发生的危险。这种情绪体验的严重程度与引起焦虑的事件并不对称，区别于其他焦虑障碍，广泛性焦虑的患者更多地表现为对一些小的事情的过度担忧。如打了个喷嚏就担心自己会不会患上肺炎，继而担心会不会患上癌症。

5. 强迫症

强迫症以强迫观念和强迫行为为主要临床表现，给患者带来明显痛苦，耗费很多时间（每天超过一个小时），或对患者的日常生活、工作、学习、社交或人际产生明显影响。强迫观念是在病程的某些时间里不断和重复出现的闯入性的、不合适的、导致明显焦虑或痛苦的念头、冲动或画面。强迫行为是强迫观念引发的或依照需要严格遵守规则产生的重复行为（洗手、排序、检查）或精神活动（祈祷、数数、不出声的重复话语）。这些行为或精神活动是用来消除或降低不适，或减少乃至阻止可怕事件发生的，但是这些强迫行为没有现实作用，或者明显是过度的。

6. 创伤后应激障碍

创伤后应激障碍发生在各种极端的生活事件之后，如战争、强奸、酷刑、犯罪、车祸、事故、亲人的突然死亡等——所有这些都会使暴露于其中的一部分人发展成创伤后应激障碍，其症状以高度的焦虑、惊恐和经常性的抑郁为特征，除与事件相关的反复闯入性回忆和做梦以外，个体还可能体验到"闪回"，就像经历的创伤事件（至少一部分）又一次发生一样。个体描述这种经历就如事情又完完整整地再一次发生，这些闪回可能常含有各种感觉输入——与创伤事件有关的视觉、听觉、嗅觉、味觉和触觉——并引起他们的过度惊恐。创伤后应激障碍还会出现情感麻木，患者将其描述成不能感觉到任何积极的情绪，如爱、满足、满意或幸福。还会出现入睡困难、注意力难以集中、震惊反应的增强和易怒，对危险的高度警觉。

焦虑障碍患者在实际并没有危险存在的情况下，感到无法抑制的紧张、焦虑不安或恐惧，可能会采取极端行为以回避焦虑的来源。目前研究认为，焦虑障碍的产生与生物学因素、社会因素、行为因素、情感因素以及认知因素都有关系。目前对焦虑障碍采取药物治疗（抗抑郁药等）和认知行为疗法等来治疗。

（三）人格障碍

人格障碍是指人格的失调和夸张，在退缩或依赖性强的人身上，这些失常可能没有危害性，然而反社会人格的人无论在心理上还是在社交方面都有极大危害性。人格障碍的另一个特点是许多人处于临界性顺应障碍，大多数人格障碍的人能够应付日常生活，只不过以最起码的方式应付日常需要，就是说他们上学、工作、建立家庭，取得的成绩是有限的，不稳定的。他们过于被动地防卫，性情不稳定或自我中心，以致不能有效应付生活中各种各样的挑战。当一个人格障碍的人失业、家庭不和或受其他紧张状态威胁时，处于临界性顺应特征者往往趋于失败。精神分裂样人格障碍会变成精神分裂症患者，易波动的人变得抑郁或出现明显的情感障碍。换句话说，人格障碍显示出精神失调的高度脆弱性。

人格障碍分为三组或称之为族。A族，奇异、古怪的心理障碍，包括偏执型人格障碍、分裂样人格障碍、分裂型人格障碍；B族，反应强烈、情绪化或者是不稳定的心理障碍，包括反社会型人格障碍、边缘型人格障碍、表演型人格障碍、自恋型人格障碍；C族，焦虑或者是与恐惧相关的人格障碍，包括回避型人格障碍、依赖型人格障碍、强迫型人格障碍。

偏执型人格障碍：对他人普遍怀疑和不信任，以至于其他人的行为都被视为有阴谋的。

分裂样人格障碍：患者有从所在的社会关系中脱离出来的倾向，在与人交往的过程中感情表达的程度受限。

分裂型人格障碍：对亲密关系的严重不适及此能力下降，伴以认知和知觉的扭曲、怪异的行为为特征的普遍的社会及人际关系上的缺陷。

反社会型人格障碍：普遍存在的无视和侵犯他人权益的模式。

边缘型人格障碍：普遍存在的人际关系、自我评价以及情感不稳定性，常被一时冲动所支配的模式。

表演型人格障碍：普遍存在的过分情绪化行为以及过分寻求他人注意的模式。

自恋型人格障碍：普遍存在的夸张（在幻想中或者行为上）、渴求赞美、缺乏同情心的模式。

回避型人格障碍：普遍存在的社会适应不良、无能感以及对负面评价的高度敏感性的模式。

依赖型人格障碍：普遍存在的极端被照顾的需要，会导致过分顺从、黏人的行为以及对分离的恐惧。

强迫型人格障碍：普遍存在的追求整洁、完美以及心理上和人际关系中的绝对控制，不惜牺牲做事的弹性、开放性和效率的模式。

一般认为，人格障碍在儿童时期起源，一直延续到成年时期。人格障碍所表现的显著倾向很像正常性格上的发展特征。人格障碍是一个持续发展的过程，很难精确指出某一次具体的发作。不适当的人格特点随着时间的推移逐渐发展成不适当的行为模式，从而给受影响的人带来痛苦，并且引起其他人的注意。对于人格障碍的一项很重要的特征，即它的病程，到目前为止，我们还相对缺乏了解。

（四）精神分裂症

精神分裂症属于精神病的范畴。精神分裂症是指一组未明的精神病，多起病于青壮年，常有感知、思维、情感、行为等多方面的障碍和精神活动的不协调。

精神健康工作人员习惯于将精神分裂症的症状分为阳性症状、阴性症状和紊乱症状。阳性症状一般是指异常行为的比较主动的表现、正常活动的过量或扭曲的表现，包括妄想和幻觉。妄想是对现实的歪曲的想法，如有被害妄想的患者总觉得有人跟踪他，要故意害他，受妄想支配会出现逃跑行为。幻觉是缺乏周围环境输入信号的知觉体验，如周围环境中并没有声音，但患者却说自己能听到（幻听），环境中并没有的人和物，但患者说可以看到（幻视）。阴性症状是指在语言和动机方面缺乏正常的行为表现，包括情感冷漠、社会角色的丧失及思维和语言的贫乏。如对行使最基本的日常功能，如个人卫生、饮食、社会交往等都没有兴趣。紊乱症状则主要包括漫无边际的言语、不稳定的行为表现和不适当的情感。和一个精神分裂症患者对话是一件非常困难的事情。首先，他们缺乏自知力，即缺乏对他们所存在问题的意识；另外，他们有时谈话又毫无逻辑，从一个主题跳到另一个主题，即语言紊乱。不适当的情感表现为会在不适当的时候大哭或大笑。有的时候他们表现出怪异的行为，如藏匿一些东西，或在公共场合行为举止异常，包括各种运动的异常：可以是非常激动兴奋，也可以是一动不动。这些变化的一个极端，是患者极为兴奋，手舞足蹈，或是其手脚以固定的方式运动，而在另一个极端，患者将自己固定在某种姿势，好像他们一动就会发生某件非常恐怖的事情。对精神分裂症进行诊断时，需要显现至少两个阳性、阴性和 / 或紊乱症，持续至少一个月才能确诊。在诊断中可能会出现这种情况，即一个人有幻觉和妄想，另一个人则表现为语言紊乱和一些阴性症状，但因为症状的组合结果符合诊断标准，因此这两个行为表现明显不同的人会同时被诊断为精神分裂症。

目前普遍认为精神分裂症是一种多因素引起的疾病。主要因素有遗传因素、神经发育异常、异常生化改变等。研究也发现，社会心理因素与精神分裂症的发生存在相关，并且社会心理因素也对该疾病的病程和恢复有一定的影响。主要的社会因素是早期的心理创伤以及对个体产生重大影响的负性事件，但该类因素与影响精神分裂症发病的其他因素一样，都不能对该病的发生起决定作用。目前，精神分裂症的治疗以药物治疗为主，辅以心理治疗。

三、大学生心理辅导的理论与技术

心理辅导是专业人员运用心理咨询理论与技术来帮助来访者达到自助的过程。现代心理咨询从 20 世纪初产生以来，已涌现出许多心理咨询的理论模式。一般认为精神分析疗法、行为疗法、焦点解决短期心理咨询技术和认知行为疗法等是心理咨询发展过程中几个主要的理论与技术模式。

（一）精神分析理论与技术

精神分析理论是由奥地利著名精神病学家西格蒙德·弗洛伊德（Sigmund Freud，1856—1939）在 19 世纪末叶创立。弗洛伊德从治疗神经症（神经症，neurosis，旧称神经官能症，是一组主要表现为精神活动能力下降、烦恼、紧张、焦虑、抑郁、恐惧、强迫、疑病症状、分离症状、转换症状或神经衰弱症状的精神障碍）开始探讨神经症的心理学原因。在治疗神经症患者过程中，他发现病人当时经历的性冲突或者童年期精神创伤是所有神经症的基本病因之一，因而他提出采用自由联想、梦的解析等心理治疗的方法和技术，促使患者回想起童年期受挫的经历，从而治愈其心理障碍。精神分析理论中与心理咨询有关的内容有分域论、人格结构理论等。精神分析疗法的突出贡献在于它第一个对人类的潜意识心理现象做了系统探讨，它也是第一个正规的心理治疗体系，它的出现使心理咨询和治疗跨入了一个新的历史时期，对后来出现的各种心理疗法有重大影响。

1.弗洛伊德的精神分析理论

（1）分域论

弗洛伊德将人类的心理活动分为三个层次：意识、前意识和潜意识。意识是当前注意到的心理活动，可以感知外界的各种刺激。意识活动是遵循"现实原则"

来行事的，即合于社会规范和道德标准的各种观念才能进入意识。前意识是当前未曾注意到的，但一旦他人提醒或自己集中注意，努力回忆即可进入意识的心理活动。它介于意识与潜意识之间，潜意识的观念首先进入前意识才能达到意识界。前意识的作用是保持对欲望和需求的控制，使其尽可能按照外界现实要求和个人的道德来调节。潜意识又译为无意识，是不被人意识到的精神活动，人的日常行为都是受潜意识驱动的。潜意识里的心理活动包括大量与人的本能欲望、非道德的冲动相联系的观念或经验，因而受到压制，不被允许自由进入意识。潜意识虽然不能被人所觉察，但对人的行为有极重要的影响。弗洛伊德认为神经症症状行为的原因，大都要追究到潜意识之中。

弗洛伊德认为从人的失误中、准时醒来和做梦等可以证明潜意识的存在。如弗洛伊德的一位患者想从书桌抽屉里拿出银行储蓄本支付医疗费，可是无论如何也想不起钥匙放在哪里了。后来患者回忆说，当他要打开书桌抽屉的瞬间，舍不得取钱付费的想法在脑海中一闪而过，使他忘记了钥匙放在了哪里。如果我们入睡前暗示自己明天清晨 5 点参加会议，结果在 4 点左右就能醒来，不论是在睡梦中听到了他人的叫声或是做了被叫醒的梦，都是潜意识在起作用。这说明意识虽然入睡了，潜意识却处于非睡状态，故而在暗示指定的时间醒来。做梦能证明潜意识的存在。对梦的解析被认为是弗洛伊德最大的成就。他认为，梦是人类精神生活的延伸，通过解梦能够了解隐藏着的精神生活。他把梦分为显梦和隐梦。显梦是梦境本身，显梦含有隐藏的意味，这隐藏的内容叫作隐梦。隐梦是潜意识的愿望，它们在意识里很难被容纳，如果不改头换面就不能够进入到意识中来，愿望自然也就得不到满足。所以，梦的工作是使梦的隐意变成显梦的潜意识心理过程。梦工作的作用使潜意识中受压抑的本能欲望、情感和意念在梦中得到疏泄，使这种疏泄不致引起自我的过度焦虑和痛苦。

（2）人格结构理论

弗洛伊德认为人格由三部分组成：本我、自我、超我。

本我是人格结构中最重要、最基本的部分，由先天的本能和基本的欲望组成，因为这些本能和欲望不断盲目地、强烈地冲动着，以求满足机体的快乐，所以遵循着快乐原则。本我是人格中的生物成分，它存在于不被我们意识到的潜意识层里。

自我是在本我的基础上发展起来的。随着年龄的增长，儿童不断扩大和外界的交往，在本我需要和现实世界之间不断接通有效而适当的联络时，自我就从儿童的本我中逐渐发展起来。自我介于现实世界与本我之间，儿童随着年龄增大，逐步学会了不能凭冲动随心所欲，他们逐步考虑后果，考虑现实的作用，这就是自我。自我产生于儿童与外界现实的相互作用。它的一个基本作用是感知外部世界的存在，反映外部外界的事件、特点、要求。此外，它也感受产生于心灵内部的刺激，即反映本我和超我的要求。这样一来，自我便是集多重任务于一身的一个执行机构。弗洛伊德形象地把自我比喻为一个要侍奉三位主人的仆人。一方面自我要反映本我的欲望，并找到途径满足本我的欲望，另一方面自我要反映客观现实，分析现实的条件和自己的处境，寻找适合的满足本我欲望的对象、途径和方式。在它进行这些工作时，它又受到超我的严格监督，超我丝毫不体谅自我在本我和外部世界方面遇到的种种困难，为它的行为制定了若干明确的准则，如果自我不服从这些准则，超我就用强烈的自卑感和内疚感来处罚自我。自我周旋于三个主人之间，遵循现实原则行事，即客观真实地反映现实，斟酌利害关系，以现实可行的方式行事，必要时，推迟本我欲望的满足，或者以其他经过变形、化装的方式即通过自我防御机制满足之。

超我是人格结构中代表理想的部分，是在 4～5 岁开始发展的。超我具有评价、批判自我，限制本我的作用，它是在个体成长过程中，通过内化道德规范、社会要求而形成的。具体地说，儿童在与父母互动过程中，需要控制自己追求快乐的某些冲动，在父母的权威要求下，他不得不同化父母所代表的社会准则，最终就把父母的外在的权威内化为自己的内在权威。在开始的时候，父母通过命令、威胁、惩罚等方式把道德要求从外部强加给儿童。超我形成以后，它便代替父母的外在监督而对孩子的思想和行为进行内在的自我监督，即使父母不在，儿童也能从内部判断和指导自己的行为。超我包括两个部分，一个是良心，一个是自我理想。前者是超我的、惩罚性的、消极性的、批评性的部分，它告诉个体不能违背良心。例如它指导人该怎样行动，当其做了违背良心的事，就会产生犯罪感。后者是由积极的雄心、理想所构成，是抽象的东西，它希望个体为之奋斗，例如一个人希望将来成为一个什么样的人，就由自我理想引起。超我的突出特点是追求完美，所以它与本我一样是非现实的。任何与自我理想和良心相背离相冲突的经验都不被超我所容忍，它是苛责的，吹毛求疵的，超我大部分也是无意识的。若父母的教育方式不合理，过分严格或残暴，孩子人格结构中的超我会变得具有施虐性。如果具有这种超我，孩子会因受到苛刻的超我的严厉非难而陷入负罪感、忧郁和自卑的泥淖，这就等于这个人将一生在心理侍奉着严厉的批判者父母过日子。他们会因经常听到非难自己的声音而变得胆怯，会陷入完美主义，一生过着刻板的强迫性生活。超我有帮助自我的技能，有帮助评价和调节本我的欲望的机能，如果超我敌视自我，就会形成抑郁的人格。

在人格发展过程中，本我和外界现实之间，本我和超我之间，会经常出现矛盾冲突。这时，人就会感到焦虑，这些矛盾力量的会聚点集中于自我，焦虑是自我的焦虑，自我必须不断地协调解决矛盾冲突才能降低焦虑。自我在协调解决矛盾的过程中，逐渐发展出一些手法、技巧，那就是一些习惯性的反应方式，它们能不知不觉地在自我活动中起作用，使超我、本我各自得到满足，同时至少在主观上做到与现实相适应。这些手法技巧因而具有某种心理保护的功能，所以称为自我的心理防御机制，如压抑、合理化、投射、转移、酸葡萄、甜柠檬、躯体化等。安娜·弗洛伊德认为无论健康人还是神经症、精神病病人，都在无意识地运用心理防御机制，二者的区别仅在于是否运用恰当。如果运用得当，可以避免痛苦并与现实相适应；如果运用不当，虽然也可能在主观上减轻焦虑，表面上调和矛盾，但会以症状形式表现出来形成神经症。

2. 精神分析原理与技术

精神分析把潜意识的心理冲突看作神经症的根本原因。心理冲突发生在本我、超我、自我和外界现实之间，在这里唯一有认识功能的是自我，但神经症患者的自我不够强健有力，它在协调解决冲突中不能正常有效地发挥作用，不得已而采用了一些心理防御机制，从而形成了各种心理症状。又由于参与冲突的各方处于不同的意识层面，这种冲突本身又是无意识的，不能被患者所觉察，所以精神分析的重点是向患者揭示内在冲突的原因和冲突的过程，把这一系列无意识过程和材料经过分析、解释，让患者在意识层面得以了解和领悟。一旦患者知道自己得病的原因和过程，症状就有了一个合理的解释，自然会消失。因此，精神分析是促使无意识过程向意识转化。

依据以上精神分析原理，弗洛伊德提出了一些心理咨询的技术，分为收集信息的策略和干预策略两大类，前者以自由联想为代表，后者以解释为代表。

（1）自由联想

自由联想就是让来访者舒适地靠在躺椅上，让他集中注意力于头脑中"流出"的任何念头、意象或思想，不用意识指导思维，不对出现的东西进行任何评判，即时说出这些思想，不管出现的想法多么荒谬、没有意义、不道德或愚蠢等，也不管说出来会不会难为情遭批评、耻笑，他的任务就是报告出来。联想有完全随机性的，即咨询师除要求来访者进行联想外，不附加任何别的指导语。咨询师也可以采用指定联想的方式来运用自由联想。如当来访者谈到某件事、某个人、某种情绪体验时，咨询师要求他保持在这件事、这种情绪上进行联想。通过自由联想，咨询师根据所报告的内容对其心理障碍或行为问题进行分析和解释，直至从中找出访者无意识中的矛盾冲突，即病因为止。

（2）解释

解释是指咨询师在掌握大量材料的基础上，对来访者心理进行深刻分析，帮助来访者了解自己，从而领悟到所患心理障碍的原因而获得治疗。解释的目的是让来访者正视他所回避的或尚未意识到的东西，使无意识中的内容变为意识。解释这一咨询技术包括澄清、联结、反映和解析。澄清就是对来访者所讲的而咨询师觉得不清楚不明确之处要求来访者做进一步的说明。联结就是帮助来访者领悟咨询师已经发现而来访者意识到的各种联系，实质是帮助来访者用因果律去解释自己的各种行为和体验的产生。反映是把来访者所说的内容或情感体验经过组织后再以明确的形式反馈给来访者。解析是整个解释技术的核心，包括对移情、心理防御机制、梦的解析。移情是指在长时间的咨询过程中，来访者与咨询师的关系似乎变得越来越亲密，对咨询师表现出好感、顺从、崇拜，变得极容易相信咨询师的话。如果来访者与咨询师在年龄和性别上符合恋爱条件，这种场合的移情具有典型的异性爱的特点；如果是同一性别或年龄差距相当大，来访者会表现出敌视和贬低等负面移情。弗洛伊德认为移情是来访者幼年时对父母或他人的情感经历的重演，只不过用咨询师替代了儿时的情感对象，对移情的解析就是向来访者指出这一点。对防御机制的解析首先要识别出病人采用了什么心理防御机制，然后针对该机制的特点和作用过程予以解析。防御机制主要是无意识的，总是不同程度地与歪曲现实、自我欺骗相联系，虽然可以暂时免除或减轻痛苦和不安，但现实问题并没有得到真正解决，只能起到一种回避现实的作用，有时反而会使现实问题复杂化，甚至使人陷入更大的挫折和冲突之中。防御机制运用不当或运用过分，会影响个人对周围环境的适应。

（二）行为主义理论与技术

行为疗法是在行为主义心理学的理论基础上发展出来的一个心理咨询与治疗派别。它不是由一位研究者系统创立的一个体系，而是由许多人依据行为主义心理学理论分别开发出的若干种疗法集合而成的。行为疗法的理论来源有：经典条件作用理论、操作条件作用理论和社会学习理论。这三个理论都是关于有机体的学习发生机制和条件的理论。在行为主义看来，除遗传和成熟因素以外，学习是行为获得和改变的主要原因，无论是适应行为还是不适应行为都产生于学习。因此，行为疗法就是通过学习这一手段来消除和改变不适应的行为，获得适应的行为。

1.行为主义理论

（1）经典条件作用理论

巴甫洛夫通过对狗的实验发现，条件反射是有机体后天习得的反射，它的建立要有一定的条件，即要通过学习或训练，并以无条件反射为基础。例如食物进入口腔会引起唾液分泌，这是先天的无条件反射。如果狗在进食前或进食时听到铃声，并且铃声与食物对口腔的刺激多次结合，以后狗只要听到这种铃声就会流唾液，这就是条件反射。铃声刺激原来与狗的有关反应无关，但现在铃声具有食物即将出现的信号意义，变成了条件刺激，铃声与食物之间建立了暂时性联系。这种过程重复的次数越多，联系就越巩固。如果长时间不重复，或铃声之后不再出现食物，这种联系就会减弱或消失。因此，要使条件反射得以形成和巩固，必须具有以下条件：①条件刺激物（如铃声）与无条件刺激物（如食物）同时呈现；②它们的呈现在时间上要经过多次重复（强化）；③在条件反射形成和巩固过程中，条件刺激物与无条件刺激物的联系程度决定了学习行为的巩固或消退。

（2）操作条件作用理论

斯金纳用操作性条件作用来解释行为的获得，他认为，行为分为两类，一类是应答性行为，另一类是操作性行为。前一种行为是经典条件反射中由刺激引发的反应行为，后一种行为是个体自发出现的行为，这类行为对开始的刺激总是不了解的，有机体做出的反应被强化刺激所控制，在一个操作性行为出现之后，如果有一个作为强化物的事件紧随其后发生，那么该操作性行为发生的概率就会大大增加。箱内放进一只白鼠或鸽子，并设一杠杆或键，箱子的构造尽可能排除一切外部刺激。动物在箱内可自由活动，当它压杠杆或啄键时，就会有一团食物掉进箱子下方的盘中，动物就能吃到食物。实验发现，动物的学习行为是随着一个起强化作用的刺激而发生的。斯金纳通过实验，进而提出了操作性条件反射理论。斯金纳认为，人的行为大部分是操作性的，行为的习得与及时强化有关。

（3）社会学习理论

社会学习理论代表人物班杜拉认为，人类大量行为的获得不是通过条件作用的途径而是通过观察学习获得的。所谓观察学习是通过观察他人（榜样）所表现的行为及其结果进行的学习。观察学习的学习者不必直接做出反应，也不需亲自体验强化，而只需通过观察他人在一定环境中的行为，并观察他人接受一定的强化就能完成学习。观察学习表现为一定的过程，班杜拉认为这个过程包括注意过程、保持过程、运动复现过程和动机过程等四个组成部分。班杜拉也承认强化的作用，但不把强化看作学习的充分必要条件，即有强化会促进模仿学习，没有强化，学习也能发生。强化也可以是替代强化，即学习者如果看到他人成功和被赞扬的行为，就会增强产生同样行为的倾向；如果看到失败或受罚的行为，就会削弱或抑制发生这种行为的倾向。强化还可以是自我强化，即行为"达到自己设定的标准时，以自己能支配的报酬来增强维持自己的行为的过程"。

2.行为疗法

（1）放松疗法

放松疗法又称松弛疗法或放松训练，是按一定的练习程序，学习有意识地控制或调节自身的心理生理活动，以达到降低机体唤醒水平，调整那些因紧张刺激而紊乱了的功能的目的。一个人的心情反应包含"情绪"与"躯体"两部分。假如能改变"躯体"的反应，"情绪"也会随着改变。至于躯体的反应，除受自主神经系统控制的"内脏内分泌"系统的反应不宜随意操纵和控制外，受随意神经系统控制的"随意肌肉"反应，则可由人们的意念来操纵。也就是说，经由人的意识可以把"随意肌肉"控制下来，再间接地把情绪松弛下来，建立轻松的心情状态。基于这一原理，放松疗法就是通过意识控制使肌肉放松，同时间接地松弛紧张情绪，从而达到心理轻松的状态，有利于身心健康。经过放松训练，通过神经、内分泌及自主神经系统功能的调节，可影响机体各方面的功能，从而达到增进心身健康和防病治病的目的。放松疗法常与系统脱敏法结合使用，也可单独使用，可用于治疗各种焦虑症、恐惧症，且对各系统的身心疾病都有较好的疗效。

放松疗法分为三种：腹式呼吸放松法、肌肉放松法、想象放松法。

①腹式呼吸放松法

让横膈膜上下移动，由于吸气时横膈膜会下降，把脏器挤到下方，因此肚子会膨胀，而非胸部膨胀。为此，吐气时横膈膜将会比平常上升，因而可以进行深度呼吸，吐出较多易停滞在肺底部的二氧化碳；这是一种能吸入最多氧气的呼吸方法，并能刺激副交感神经系统，有助于放松、安定神经，改善注意力及排泄身体的废弃物。

具体可以按照以下步骤：找一个舒适的位置减轻束缚，坐或躺皆可；将双手置于肚脐前，两中指轻轻接触；由鼻子吸气再由嘴巴吐气，吸气时肚脐尽量往上顶，直到中指尽量分开；想象胸部与腹部之间有层横膈膜，想办法把横膈膜往下拉，横膈膜下降，胸部便会自然扩张，气体便会流入胸腔之内。

注意事项：吸气时默念"一秒钟、两秒钟、三秒钟、四秒钟"并暂停一秒，仔细感觉放在腹部的手会跟着上升一寸，并想象温暖且放松的气体流进体内。慢慢地吐气，将嘴噘成小圆状，吐气速度越慢越好，越慢越能产生安全、平静且放松的感觉，仔细感觉放在腹部的手会跟着下降，并想象所有的紧张也跟着释出。

②肌肉放松法

以"头部—躯干部位—手臂部位—腿部"的顺序进行，通过"集中注意—肌肉紧张—保持紧张—解除紧张—肌肉松弛"的方法使头、躯干、手臂、腿放松。

具体步骤：找到一个放松的姿势，使自己处于放松状态，可以靠在沙发上，也可以躺在床上，环境要保持安静，光线不要太亮，尽量减少其他无关刺激。

按照以下顺序放松。

头部放松：皱起额部肌肉，像老人的额头那样皱起，皱起眉头，然后放松；皱起鼻子和脸颊（可咬紧牙关，使嘴角尽量向两边咧，鼓起两腮，仿佛在极痛苦状态下使劲一样），然后放松。

躯干部放松：耸起双肩，紧张肩部肌肉，然后放松；挺起胸部，紧张胸部肌肉，然后放松；拱起背部，紧张背部肌肉，然后放松；屏住呼吸，紧张腹部肌肉，然后放松。

手臂部放松：伸出右手，握紧拳，让右前臂紧张起来，然后放松；伸出左手，握紧拳，让左前臂紧张起来，然后放松；双臂伸直，两手同时握紧拳，让手和臂部紧张起来，然后放松。

腿部放松：伸出右腿，右腿向前用力像在蹬一堵墙，让右腿紧张起来，然后放松；伸出左腿，左腿向前用力像在蹬一堵墙，让左腿紧张起来，然后放松。

③想象放松法

想象放松法主要通过唤起宁静、轻松、舒适情景的想象和体验，来减少紧张、焦虑，控制唤醒水平，引发注意集中的状态，增强内心的愉悦感和自信心。如想象自己躺在温暖阳光照射下的沙滩，迎面吹来阵阵微风，海浪有节奏地拍打着岸边；或者想象自己正在树林里散步，小溪流水，鸟语花香，空气清新。

这种技术首先要求采取某种舒适的姿势，如仰卧，两手平放在身体的两侧，两脚分开，眼睛微微闭起，尽可能地放松身体。慢而深地呼吸，想象某一种能够改变人的心理状态的情境。尽可能使自己有身临其境之感，好像真的听到了那儿的声音，闻到了那里的空气，感受到了那里的沙滩和海水。练习者身临其境之感越深，其放松效果越好。

（2）系统脱敏法

系统脱敏法主要用于矫治各种恐惧症和焦虑症。采用系统脱敏法的前提是一个人在愉快时身体是放松的，即不紧张的身体状态，而焦虑的时候身体是紧张的，一个人要克服焦虑和恐惧，首先要学会放松身体。根据这个原理，系统脱敏法分以下三个步骤。

第一步，学会放松，即教会来访者学会肌肉放松。最常用的放松训练是渐进式紧张——松弛放松法，它是通过循序渐进地放松一组一组肌肉最后达到全身放松的目的。在每一组肌肉放松过程中，要求先使这组肌肉紧张，这是为了使来访者知道什么是紧张，从而能更好地体会放松的感觉。

第二步，建立焦虑事件层级。把引起来访者厌恶、焦虑、恐惧的事件，按照轻重程度不同分层，一般按由轻到重的顺序进行分层。

第三步，实施脱敏。脱敏有两种方式，一种是想象脱敏，一种是现实脱敏。想象脱敏是在治疗室内想象焦虑情境，现实脱敏是实地接触焦虑情境。脱敏时先让来访者放松身体，然后咨询者用图片、幻灯片或言语指示向来访者呈现焦虑的对象，呈现的焦虑对象的程度由小到大，在要求来访者放松肌肉的时候，又要求来访者一边看所呈现的刺激，一边要求他想象焦虑的对象，当某一程度焦虑刺激呈现后来访者不再感到焦虑，就说明来访者对这一程度刺激的焦虑消除了，于是再逐渐上升焦虑刺激，直到过去最使来访者焦虑的刺激呈现也变为中性化为止。

（三）焦点解决短期心理咨询技术

焦点解决短期心理咨询（Solution-focused Brief Therapy，SFBT）是指以寻找解决问题的方法为核心的短程心理治疗技术，是 1987 年由 Steve de Shazer 和妻子 Insoo Berg Kim 以及他的同事在美国密尔瓦基的短期家庭治疗中心通过临床实务结合研究历程逐渐发展出来的。SFBT 的核心假设是：咨询目标是由当事人决定的，而咨询师之任务是以尊重的、合作的、不评判的姿态，在当事人的参照架构运作内，针对当事人目标，协助其建构出具体、正向化、行动化、情境化的小步骤，并平稳地一步步前进。

1.SFBT 的基本理念

（1）不关注事情发生的原因，不追究责任，关注问题解决，指向未来而不是过去。通过解决导向的对话，使当事人面对问题时，愿意去思考：对他来说，什么是有效的解决方法，以及这些方法是如何产生的。如此一来，当事人不会一直陷在问题里，从而能减少挫折感，增加自我效能感。

（2）秉持系统观的理念，谈话时不纠缠于对方的错误，而是通过探讨对方在什么时候问题不发生（寻找例外）作为突破口，与对方讨论寻找解决问题的方法。

（3）相信来访者是解决自身问题的专家。强调个案自身的资源，更强调尊重个案自身解决问题的能力，咨询师只是"引发"个案运用自己的能力及经验改变，而不是"制造"改变。

（4）非常重视当事人的成功经验、力量、资源。强调来访者的正向力量，而不是去看他们的缺陷；强调他们成功的经验，而不是失败；强调来访者的可能性，而不是他们的局限性。

（5）滚雪球效应。SFBT 看重小的改变，当小的改变发生，系统就和原来的不同了，只要维持小改变，就会累积成大改变。咨询师要引导个案看到小改变存在、看中小改变的价值，从而愿意促进小改变的发生和持续。

（6）SFBT 是以终为始的方法。通过与来访者讨论的方式使其明确自己想要达到什么目标，或达到未来满意的状态，以此为起点，引导来访者思考现在做些什么可以使他越来越接近目标。

2.SFBT 技术

（1）正常化或一般化（normalization）：指出来访者的情况具有普遍性，是一种发展阶段常见的暂时性的困境，而不是病态的、变态的、无法控制的灾难。把来访者的问题非问题化，试图用严重程度较低的词句，重述个案的语言，以降低个案的负面情绪。

（2）咨询前改变（presession change）：来访者第一次来访前已存在一些改变的事实，咨询前改变是来访者既存的力量与资源等待发现、提醒与开发。

（3）预设性提问（presuppositional questions）：对话中咨询师使用一些语言以产生暗示性，试图影响、改变来访者的知觉，引导来访者往正向、积极、解决方法的方向思考。

（4）刻度化提问（scaling questions）：利用数值的评量（如 0—10），协助来访者将抽象的概念具体化，使来访者可以清晰地看到自己的当下状态、未来状态以及改变状态。可以使短期目标、长期目标具体化。如在一个 0—10 的量表上，如果 0 表示非常不好，而 10 表示非常好，你对现状的评价量值是多少？

（5）振奋性的鼓舞（encouragement）：咨询师在来访者旁边为他喝彩、加油、支持与肯定，尤其是在来访者找到例外、解决方法时格外重要。只要是表达对来访者的支持都算是一种振奋性的鼓励。

（6）赞美（compliment）：对来访者表现正向力量、资源的地方，咨询师随时给予鼓励、赞美。赞美有三种：直接赞美是直接说出的赞美，如我真的很欣赏你的勇气；间接赞美是引用并说明别人对来访者的赞美，如听你老师说你作文写得很好；自我赞美是设法问问题，使来访者说出对自己的赞美，如你是怎么考得这么好的。

（7）改变最先出现的迹象（first sign）：小改变可以引发大改变，引导来访者从最先出现的改变迹象描绘，展开解决行动的步骤。

（8）奇迹提问（miracle questions）：经由介绍罕见的或奇特的奇迹问句，清楚地、戏剧性地表示开始建构解决方法的过程，通过奇迹提问来扩展来访者的思路，从而想象困扰自己的问题已经解决的时候自己的状态以及自己可以做的事情。

（9）关系提问（relationship questions）：来访者关于重要他人对他、对事件或对于改变的可能看法，扩展并改变来访者的知觉，协助来访者描述他期待的改变或理清咨询目标。

（10）例外提问（exceptional questions）：凡事都有例外，例外是来访者有资源和优势的地方。咨询师的责任是协助来访者找出例外，引导他去看抱怨的问题没有发生或没那么严重的时候，到底发生了什么事。

（11）任务 / 家庭作业（tasks/homework）：在每次咨询后，可以针对咨询情况，给来访者布置家庭作业，可以让他们寻找例外、进行自我探索、对已经找到的有效果的行为进行正强化，目的是强化咨询效果。

（12）EARS 询问（Eliciting Amplifying Reinforcing Start again）：在第二次以及后续咨询时使用，在发现例外之后，再次澄清来访者的咨询目标。

E（Eliciting）：引出例外、引导来访者讲出例外。

A（Amplifying）：扩大、详述例外，说明例外发生时与问题发生时二者有何不同，再进一步探讨例外如何发生，尤其是来访者在例外发生中的角色。

R（Reinforcing）：增强，赞许来访者在例外发生时所呈现的成功和力量。

S（Start again）：再次询问，探索例外，看看还有什么是比较好的。

（13）应对提问（coping questions）：咨询师导引来访者去看自己做了什么使情况没有变得更糟，即隐含来访者解决问题的力量与资源，看出、找出来访者在逆境中的生命力、韧性。当来访者无法确认任何例外时，可以使用应对提问，以发现来访者在此困境之中做了什么得以走过来。

（四）认知行为疗法

20 世纪 60 年代，时任宾夕法尼亚大学精神病学助理教授的医学博士阿伦·贝克在治疗抑郁症患者时，证明痛苦的、负性认知（主要是思维和信念）是抑郁症主要特点。贝克设计了一套结构化的、短程的、着眼于现在的针对抑郁症的心理治疗方法，用以解决当前的问题并矫正功能不良的（不正确的和 / 或没有帮助的）想法和行为，并将其命名为"认知疗法"。

认知行为疗法（CBT）的形式来源于贝克的治疗模型，治疗是基于这样的认知解释：人的情感、行为及生理反应受他们对事件的解释、评价所影响，情境本身并不决定人们的情绪，情绪更取决于人们如何解释这一情境，即自动思维和信念。治疗师寻找各种方法来引起患者认知改变，矫正其想法和信念系统，从而带来情绪和行为上持久的改变。

1. 自动思维及其特征

自动思维是面对某一情境而产生的迅速、简短、不易觉察、不加判断、认为是真实的想法。自动思维有以下特征：一是自动的，一般情况意识不到，如考试没考好，就会出现"我又考砸了"这样的自动思维；二是自动思维常常是简洁的，以速记的形式出现，如"哎呀，我又把事情搞砸了"；三是想法、画面，或者两者都有的形式，尤其是焦虑障碍者常伴随有画面；四是自发产生的，没有经过深思和考虑，如"他生我的气"；五是自动思维不全是错误的或消极的，常常会以问句形式出现（潜在思维），如"我怎么这么笨"；六是自动思维常常是绝对化的，如总是、绝对是、一直……往往反映其核心信念："我是个没用的人。"

2. 信念及其类型

每个人从小到大都在学习如何衡量自己，如何衡量别人，如何衡量这个世界，如何对未来期望。在这个过程中，渐渐形成了一些标准、规则和态度，就是信念。自动思维的背后往往有信念在操纵，尽管人们平时意识不到，却无条件地认可和接受，相信是真的。

自动思维从哪里来？要从更加深层的认知去挖掘潜藏于自动思维下的信息处理的模式—规则—态度。个体从儿童时开始形成，受众多人生经验的影响，最主要的是父母的管教和教育方式等。

信念分为中间信念和核心信念，中间信念是指个体形成的态度、规则和假设，一般表述为"如果……就……"或者"应该……"等，如"如果我这次考试考砸了，那我就完蛋了"，或"人应该有素质""老师应该公平""子女应该孝顺"。核心信念是指关于自己、关于他人和世界、关于未来的看法，如"我是一个毫无价值的人"。

自动思维的改变，会使症状得到较大的改变，但如果核心信念没有撼动的话，症状的改变是暂时的，不彻底的。所以要尽量辅助来访者修正中间信念和核心信念，一旦来访者开始这样做，就更具建设性和合理的眼光分析未来的情境及问题。

3. 识别自动思维

可以通过两条途径来识别自动思维：一是从情绪变化入手。情绪变化是引子，找到伴随情绪的想法，如有个大学生在课堂里听到老师讲到一个女孩自杀而老师说她太脆弱了就很愤怒，从愤怒入手寻找到其自动思维是"老师不懂那个女孩，凭什么这么说"。二是从情境入手，要区分想法与情绪，想法与事实。情境是在这个时间点才能抓到自动思维，找到那个时间点在做什么，唤起记忆，想象当时的情境，有画面出现，想一想当时的感觉是什么，有什么想法在脑子里闪过。

4. 挑战自动思维

（1）找证据：正反两方面的证据是什么？

（2）换角度：还有其他的解释吗？还有其他的可能性吗？

（3）最坏的概率：最坏的结果可能是什么？出现的概率是多大？为什么？

（4）好坏比较：换个想法会是什么？继续想下去会是什么？坚持原来的自动思维会怎么样？

（5）行动：做什么有利于让我的情绪平和？

（6）借力：如果是我的一个聪明的好友在此情境下，他会怎么想，会怎么做？

用符合事实的、现实的合理想法替代自动思维，如大学生通过上述挑战自动思维的方法，找到了合理思维是"老师只是举个例子而已"，她的愤怒情绪就变得平和了。

5. 识别信念

（1）在自动思维中寻找信念，即有时候来访者直接将一个信念作为自动思维清晰地表达出来，尤其是在抑郁的时候。如考试没有考好，来访者会这么想：我什么都做不好，我好无能啊。这就是一个核心信念。

（2）通过提供假设的前半部分，也许可以引出一个完整的假设，如用"如果……会……"的语句来识别信念，如问来访者：如果你每天不拼命看书学习，会怎么样？来访者会说：如果我每天不拼命学习，就会被别人超过，那样我就会感到好失败。

（3）在不同情境中寻找自动思维的共同主题（找规律）。

（4）使用箭头向下技术（最常用）。首先找出一个关键的自动思维，怀疑它可能直接来源于一个功能不良的信念，然后问来访者：假设自动思维是真的，那么它意味着什么？一直这么做，直到发现一个或更多重要的信念。问来访者一个想法对他意味着什么通常可以引出中间信念，而问来访者这个想法意味着他怎么样则通常可以揭示出核心信念。

6. 矫正信念

（1）找出一个值得工作的信念。当信念已被识别，需要判断这个中间信念是主要的还是次要的。一般情况下，为了使治疗尽可能高效，要聚焦在最重要的中间信念上。对于那些偏离主题的功能不良信念或是来访者只是有一点儿相信的信念，是不值得花费时间和精力的。

（2）利弊分析。让来访者去检验继续持有这个信念的好处与坏处是什么。

（3）构想一个新信念。在尝试矫正来访者信念之前，要确定它是一个核心的被坚信的信念，并且要在脑中构想出一个更适用的、更灵活的信念，它与不适的那个信念在主题上相关，但是对来访者而言更加现实和适用。并不是把新信念强加到来访者身上，而是以协作的方式，使用苏格拉底式提问（即咨询师在与来访者讨论时，不是直接告诉来访者新信念是什么，而是通过引导性提问，引发来访者反思，发现自己思考中片面和不完备的地方）来指导来访者，从而建构出一个替代的信念。也可以对来访者进行信念本质的教育，如信念是想法而不一定是事实。

（4）改变行动计划：行为实验。可以帮助来访者设计行为实验，即按照来访者的信念，实地去检验一下，验证信念是否正确。

要把信念的相信程度降到 0，通常不可能。一般情况下，当来访者对信念的相信程度低于 30% 时，或者虽然他们仍保留着一部分信念，但他们会继续矫正非适应性行为，在这些时候，信念就已经被削弱了。

四、大学生心理辅导的主要形式

目前在高校对大学生开展心理辅导主要有心理健康教育课程、个别心理咨询或辅导和团体心理辅导等形式。

（一）个别心理咨询

个别心理咨询是指咨询者与来访者一对一的咨询活动，主要采用会谈的方式，当然也可以通过电话、信函等其他途径进行。个别心理咨询的优点是具有保密性、易深入交流、可触及问题的本质。对来访者来说，由于没有别人在场，心理上有安全感，内心的顾虑较少，可以毫无保留地表达自己的真实思想，倾吐内心的秘密，所以咨询效果较好。

在个别咨询中，我们一般按照以下几个步骤进行。

1. 建立良好的心理咨询关系

咨询师初次与来访者见面，首先要与来访者建立信任关系。要做到尊重、温暖、真诚、共情和积极关注，尽快地与来访者建立良好的咨询关系。

尊重是指把来访者作为有思想感情、内心体验、生活追求和独特性与自主性的活生生的人去对待。咨询师通过创设安全、温暖的氛围，使来访者最大限度表达自己；使来访者感到被接纳；激发来访者的自信心，开发他的潜能；涉及来访者的事情，要充分征求来访者的意见，而不是帮他去做决定。

温暖是指来访者从咨询师的态度中感受到的情感体验，分为非言语性温暖和言语性温暖两种。非言语性温暖是指咨询师通过肢体语言来传达情感，如言语声调温和、目光接触、面带微笑、体态姿势放松等。言语性温暖是指咨询师的语言使来访者感到温暖，从来访者进门到结束后离去咨询师都应热情、周到，让来访者感到自己受到了友好的接待。

真诚是指咨询师真实地展现自我和诚恳地对待来访者，即咨询师是以真正的自我而非角色所要求的我出现在来访者面前，从而相当轻松、自由地投入到咨询过程中，而不是例行公事或刻意伪装自己。如不会因为维护面子不懂装懂，或强加于人，令来访者望而生畏，不敢讲真话。

共情，又称同感或同理，是指咨询师设身处地，像体验自己精神世界那样体验来访者精神世界的态度和能力，其核心是理解。

积极关注是指咨询师对来访学生的言语和行为的积极面予以关注，从而使来访学生拥有正向的价值观。

2.收集信息，判定来访者的问题

会谈是个别心理咨询的基本形式和手段，对咨询师来说，会谈所要达到的目的有两个：一是接收、理解来访者的言语和非言语信息；二是对来访者做出反应，通过发出言语信息和非言语信息来影响来访者的行为态度。因此，会谈的技术包括收集来访者信息的会谈技术和影响来访者的会谈技术。收集来访者信息技术又称参与性技术，包括倾听、询问、鼓励、重复、内容反应、情感反应、具体化等。同时咨询师还要善于采用非言语（包括面部表情、形体动作、声音特征、空间距离等）技术。采用收集信息的会谈技术收集来访者的信息，及早判断来访者的心理问题。

3.与来访者进行深入讨论，帮助来访者认清自己的问题

当咨询师基本搞清楚来访者的问题以后，就要采用影响来访者的会谈技术如解释、指导、暗示、自我表露、逻辑推论、影响性概括，与来访者就其主诉的问题展开深入讨论，以启发来访者辩证地、积极地认识其面临的问题。

4.结束咨询，反馈效果并讨论下一步的安排

经过系统的咨询，在来访者问题基本解决的情况下，就可以考虑结束咨询。在结束咨询阶段，咨询师可以让来访者反馈接受咨询的效果，并向来访者指出还有哪些需要注意的问题。

（二）团体式心理辅导

团体式心理辅导又称小组辅导，是指在团体领导者的带领下，团体成员（8～12人）围绕一些共同的问题，通过团体活动，借助团体动力，促使组员自我觉察与组员间的互相觉察，最终使团体成员达到自我认识、自我接纳、自我调节、自我发展的一种咨询活动。

1.团体的含义与组建团体

团体是指在一定的目标引导下，通过成员之间的互动，满足成员一定的心理

需求的组织。开展团体心理辅导时，首先要把招募来的组员组成一个团体，这个过程叫组建团体，组建好的团体应该具有以下四方面特征。

（1）团体必须具有共同目标

团体是为了一定的目的而存在的，组员聚在一起来实现他们独自一个人时没有办法完成的某种工作。在团体实现其目标的过程中，成员共同解决问题、分享观念、切磋技艺、寻求乐趣以及满足个人的群体归属感、心理安全感、自尊感和爱的需要。所以，开展团体辅导时所组建的常常是同质小组，即有着共同需要解决的问题，或者有着共同的愿景。

（2）团体是一个有序的组织

团体的有序性表现在三个方面。

一是团体角色，即团体内每个成员都要扮演一定的角色，如团体辅导中必须有一个带团的领导者，在他的带领下，同一时间内，团体辅导都会聚焦一个成员，即焦点人物，这个焦点人物就是此时此刻的主角，团体其他成员都要扮演配角，相当于"镜子"的角色，通过对焦点人物的回馈、接纳、支持等回应方式帮助主角更好地自我认识，自我接纳等。

二是团体规范，即为了保证团体目标的实现，团体成员都必须遵守一定的行为准则，也可以称为团体公约。

三是团体成员间的关系。团体成员间的关系呈现了人际关系建立的过程，即在团体从形成到团体工作以及团体结束的过程中，团体成员的关系是在不断递进的，从彼此陌生且有隔阂，即刚开始时互相还不信任、有阻抗到互相熟悉且接纳，直到亲密且信任，因此，组建团体阶段常常可以应用于团队建设。

（3）团体成员之间具有互动性

团体动力一词是勒温在 1930 年最早提出的，主要目的在于说明团体成员在团体内的一切互动历程与行为现象。团体动力意味着团体本身也就是一种动力和发展的过程。团体是具有社会互动的组织，具有目标性，遵循共同的规范，通过团体内成员的互动，消除团体的冲突，促进团体凝聚力的提升，从而使团队达成有效的目标。

（4）团体具有整体感

团体内的每个成员都认为自己是团体的一个重要分子，要与团体休戚相关、荣辱与共。他们对团体有归属感，团体不是个体的简单集合，而是成员之间互相依存的共同体。

2.团体心理辅导的独特优点

（1）发现普遍性

由于团体里所有组员都有着共同的问题，在交流中，每个成员都会发现他的问题不是独特的，其他人也有，这样在获得团体支持的同时降低了个体的焦虑。

（2）发现个人资源

在团体心理辅导中，在领导者的带领下，每个成员既是来访者，也成为帮助其他成员的"咨询师"，在活动中不仅获得自助，也有能力帮助组员。

（3）增进组员之间的人际关系

团体心理辅导中成员之间必须是互动的，个体在与组员互动中，不仅觉察自己，而且也觉察其他组员，对别人反馈，成员之间呈现人际关系的模式，组员从陌生且有隔阂到熟悉且接纳、亲密且信任。在团体中，成员学会了倾听、共情、支持等人际交往技能，如果能应用于团体外的日常人际交往中，可以改善其人际关系。

（4）团体成员能获得团体动力

团体成员在不断的自我揭露、回馈中产生归属感，在帮助别人的时候也会有成就感和自尊感。

3.团体心理辅导的三个阶段

（1）团体开始阶段

我们要在团体开始阶段完成组建团体的任务，将一群有共同问题但彼此陌生且有隔阂的人员组成一个有共同目标且彼此信任和互助的团体，团体内成员的人际关系要经历以下三个阶段。

①自我保护阶段

团体组建刚开始，由于成员彼此之间缺乏信任，他们会倾向于自我保护，对外界采取阻抗和心理防御。团体领导者需要通过与大家讨论，澄清团体的目标，建立团体规范，为团体成员创设安全的心理氛围。

②关系建立阶段

当团体成员感受到团体是安全的，他们会开始关注团体内的其他成员，有兴趣去了解其他成员，并与组内成员建立关系。团体领导者需要引入一些团体活动，以促进组内成员信任关系的建立，同时通过团体领导者的示范和引领，使团体成员学习相互尊重、真诚、温暖、共情、积极关注等建立关系的咨询技术。

③信任接纳阶段

团体成员彼此之间已经建立了信任关系，既开始对团体成员不设防地自我揭露，同时又能对其他成员进行倾听、反馈、共情、接纳和支持，团体成员都能服从团体的规范，并共同为达到团体目标而努力。

（2）团体工作阶段（互助合作阶段）

团体成员可以在领导者的带领下开展聚焦某一主题的心理辅导，每个成员都要扮演两个角色——来访者和咨询师，当团体聚焦某一成员时，该成员就是这一时刻的来访者，即焦点成员，其他成员在领导者的带领下要充当咨询师的角色，通过焦点成员的自我揭露和其他成员的反馈、共情、接纳与支持，帮助焦点成员更好地宣泄情绪、梳理思维、反思觉察，最终找到解决自己问题的方法。

（3）团体结束阶段（解散分离阶段）

当团体目标已经达成的时候，团体就需要解散，而此时团体成员彼此之间已经亲密无间，他们不仅对团体有归属感，而且会对团体产生依赖，希望可以一直这样保持亲密关系。因此，领导者需要设计一系列活动以达到以下目标：一是要处理成员的离别情绪，二是通过成员反馈总结团体辅导的收获与成长，三是引导成员将学习收获应用到团体之外的日常生活中。

第五节　大学生团体式心理辅导活动的组建

将团体心理辅导引入大学生心理健康教育课程中，我们需要组建团体，即将彼此陌生或不是很熟悉的成员组建成一个有共同目标且彼此信任和互助的团体。我们可以采用暖身、相互认识、破冰、团体拥有共同目标等活动达到组建团体的目的。

一、暖身活动

暖身活动可以起到营造轻松愉快氛围和积极的基调、调动全体成员积极性、集中成员注意力等作用。

（一）爱在指尖

团体成员围成一个大圆圈，然后成员按某一方向（顺时针或逆时针）1、2报数，将所有成员平均分成两组，报到1的成员向前走出一小步，然后向后180度转身，这样就将所有成员分成了两个同心圆，每个成员都与另一个成员面对面站立。团体成员不能说话，只能用手指数表达对对方的态度。领导者发出以下手势的口令："伸出1个手指是指我目前还没有与你做朋友的打算；伸出2个手指是指我愿意初步认识你，和你做个点头朋友；伸出3个手指是指我很高兴能与你相识，并且对你印象不错，希望能进一步了解你；伸出4个手指是指我很喜欢你，希望能与你成为好朋友，我真心真意地为你着想，并与你一起共享快乐和分担痛苦。"成员在听到领导者发出"开始"的指令后立即做出相应的动作，即两个面对面站立的成员要同时伸出自己的手指。

领导者发出动作的口令，成员根据对面人的反应再做出以下动作：如果两人伸出手指数目不一样，那么就不需要做任何动作，只要站着不动就可以了；如果两个人伸出的都是 1 个手指，那么就各自把脸转向自己的右边，并重重地在地上踩一下右脚；如果两个人伸出的都是 2 个手指，那么就微笑着向对方点点头；如果两个人伸出的都是 3 个手指，那么热情地握住对方的双手，并开怀一笑；如果两个人伸出的都是 4 个手指，那么两个成员就热情地给对方一个温暖的拥抱，然后两个成员相互认识。一次活动结束后，可以按内圈不动外圈旋转或外圈不动内圈旋转的方法重复多次，这样可以让场上气氛活跃，成员们也在活动中相互认识。

与人初次交往时，体态语言可提供 60% ~ 70% 的信息，人们在日常交往中对他人的第一印象主要来自动作、姿态、外表、目光和表情等体态语言，同时还会考虑年龄、经验以及自己的性格特点，选择看上去与自己相似的人做朋友。将心比心。通过活动，成员会懂得为了得到别人的认可，交到更多的朋友，应该主动敞开心扉，接纳、肯定、支持、喜欢别人，保持在人际关系中的主动态度，才能得到别人真心相待的道理。

（二）无家可归

团体成员围成一个圆圈，沿着顺时针或逆时针方向行走，成员不能说话，仔细聆听领导者发出的口令，领导者随机报出一个数字，成员要按照领导者报的数字去组团拥抱，如领导者喊"三人一组"，成员要迅速三人组成一组并抱在一起，落单的成员就成为无家可归者被淘汰，然后剩下的成员可以继续进行，直到场上人数只剩下 3 人为止。

该活动需要成员集中注意力并在听到数字后迅速反应，较好地起到了调动成员积极性的作用。同时，通过拥抱等肢体接触，打破团体开始阶段由于陌生感而造成的成员彼此间的拘谨，在短时间迅速地拉近成间的距离。

二、相互认识活动

（一）穿葫芦游戏认识你我

团体成员围成一圈，可以从任何一位成员开始介绍三个以上信息（我是谁，我出生在哪里，我生长在哪里，我求学在哪里，我喜欢的是什么，再加一个自由发挥），如介绍三个信息："我叫什么名字，我来自某某地方，我最喜欢的是什么。"然后从坐在他旁边的第一位成员来做以下接龙："我是坐在来自某某地方的最喜欢……的某某旁边的，我叫什么名字，我来自某某地方，我最喜欢……"然后是坐在他旁边的第二位成员继续接龙："我是坐在来自某某地方的最喜欢……的某某旁边的来自某某地方的最喜欢……的某某旁边的，我叫什么名字，我来自某某地方，我最喜欢……"然后是坐在旁边的第三位成员继续接龙，依此类推，每轮到下一位成员，他都要从第一位成员开始讲一直讲到他自己，直到最后一位成员，把前面所有成员的信息都重复一遍。

在该相互认识活动中，由于每位成员都在一遍一遍地重复前面成员的信息，而且在成员讲的时候其他成员可以提醒甚至可以一起说，所以，团体成员可以在较短时间内达到互相认识的目的。

（二）组对介绍

领导者事先准备好可以将团体成员分成两两一组的材料，如唱出相同的歌曲，在两张纸片上写上相同的歌名，随机抽取相同歌名的两个组员，通过唱歌的形式找到彼此，然后分成两人一组，让两人相互自我介绍并交流3分钟，然后回到团体中，由组员互相向团体介绍自己刚刚认识的伙伴，这个环节可以叫"互相吹捧"，即相互介绍时只介绍对方的优点，场上气氛热烈，可以达到较好的相互认识的效果。将团体成员分成两人一组的材料还有很多，如彩色的纸片、不同形状的树叶、写上数字的卡片等。

三、破冰活动

在团体成员相互认识之后，由于成员对团体还没有建立信任，彼此之间还存在着防御、隔阂、阻抗，所以为了打破这种成员彼此间的陌生感、隔阂和阻抗，需要组织破冰活动，即消除成员间彼此的陌生感和阻抗，使成员可以互相信任，可以打开心扉，真诚地交流，为形成团体凝聚力和进入团体工作阶段打下基础。

领导者让每位成员把自己比作某种动物，并将动物画在一张彩纸上，从任一位成员开始，向团体成员介绍：为什么把自己比作某种动物。其他成员需要认真倾听，听完后逐一四目相对，真诚地对该成员做如下反馈：刚才我听了你的介绍，我觉得你是一个……人。然后按逆时针或顺时针方向轮换下一位成员出来自我介绍，其他成员逐一反馈，直到所有成员都自我揭露和得到其他成员的反馈。

让成员把自己比作某种动物，这是一个投射。人们喜欢某种动物，一般有两种情况：一是该动物身上拥有的性格特征是我身上具有的，所以我喜欢它；二是该动物身上拥有的性格特征是我身上没有的，但是我希望拥有。通过这个活动，展示出来的是成员的自我概念，通过自我揭露和他人的反馈，促进自我了解，不仅觉察和揭露了自我知道的部分，而且也了解自己未觉知到的别人眼中的我，同时也增进了成员之间的信任。随着成员的轮换，每位成员都逐渐扩大了开放区，缩小了盲目区和隐私区，可以达到团体成员打开心扉、深入交流的破冰目的。

四、形成共同愿景活动

团体必须具有一个共同目标，所以，在组建团体阶段，要使得团体成员明确自己来团体想要达到的目标，只有团体成员都认同这个目标，才能形成合力。

领导者事先准备一张海报纸和一盒水彩笔。团体成员把每个人的手形画在海报纸上，形成某种有象征意义的图形，手形的中间写上每位成员的名字，团体成员经讨论后给自己的团体取一个名字，并写在海报纸上，然后写上一句诠释该名字的口号，全体成员一齐摆一个姿势并齐呼一下口号。

第四章　大学生的自我意识和心理健康

第一节　什么是自我意识

一、自我意识的概念

当我们思考自己是怎样的一个人时，头脑中浮现的种种关于自我的想法，就是我们所说的"自我意识"。那么，什么是自我意识呢？

当代各种各样的人，尤其是年轻人，当他们前往咨询师或者治疗者那里时，他们的问题会被诊断为一种"认同危机"——这个术语已经变得很陈腐。这一事实不应该使我们忽视这个现实，"现在，自我感是缺乏的。青少年的这些问题——我是谁？我将去向何方？生活的意义是什么？——没有最终答案"。（艾伦·威利斯）更让人难过的是，"即使我知道我是谁，我作为一个个体也产生不了什么影响"。（罗洛梅）

那些人们说："信奉这个神！信奉那个神！"神一个接一个，其实所有这些，都是他所创造的！他自己才是所有这些神……

他进入我们的世界，甚至进入我们的指甲里，像火焰蕴藏在火柴中，他像空气一样的存在，人是看不到神的，因为一旦被看到，神就不完美了。神用名字呼吸，用肢体交流，用眼睛欣赏，用耳朵聆听，用大脑思维，这只是神行为的名字，可是无论谁信奉这其中的哪一个，都是不完美的。其实人应该崇拜他自身，因为人是神的极大成者，人自身就是神的写照和诠释，就像我们听过的故事一样——《大森林奥义书》。

自我意识是指人特有的觉知现象，是人能够跳出来反省自己的能力。它使人能够超越具体的世界，生活在"可能"的世界之中。自我意识也是人类特有的反映形式，是意识发展的最高阶段，它是指个体对自己各种身心状态的认知、体验和愿望，以及对自己与周围环境之间关系的认知、体验和愿望。总之，自我意识就是自己对于所有属于自己身心状况的认识。

一个大二的女生对自己进行了这样的描述："我就是我，一个身高不足一米六的女生，身材还可以，容貌也还行，健康状况良好，尽管小时候容易生病，但现在很少生病。我来自河北，我有一个幸福的家庭。我喜欢交朋友，我喜欢运动、看体育比赛，我是一个好胜、表面看着坚强而内心很脆弱的女孩，自尊心很强，喜欢什么事情都做到最好。在别人眼里我可能是个一帆风顺的女孩，而我的成长却经历了很多不为人知的坎坷。我的理想是有一份稳定的工作，能嫁一个好老公。在学校里，我是一个优秀的学生……"从她对自己的描述中，我们可以初步了解到，她是一个身材中等、喜欢运动和结交朋友、努力向上的大二女生。如果结合自我意识来分析，我们对于该女生的自我描述又可以做出哪些具体的理解呢？自我意识都包含哪些具体的内容呢？

二、自我意识的内容

自我意识是意识的核心部分，是一个人在社会化过程中逐步形成和发展起来的，是个体意识发展的最高阶段。从内容上看，主要包括三个方面的内容，是由美国心理学家詹姆斯（James）提出的，生理自我、社会自我、心理自我是互相影响、紧密联系、相互作用的。

1. 个体对自己身体、生理状况的意识——生理自我

生理自我是指个体对自己身体的意识，也就是个人对自己的生理状况与特征的认识和评价，也可以称为躯体自我，包括占有感、支配欲和爱护感。例如：对自己的身高、体重、外貌和性别等的认识以及温饱饥渴、劳累舒适、生理病痛等生理状态的感受都属于生理自我，这些感觉大概在人三岁就开始形成。

2. 个体对自己社会属性的意识——社会自我

社会自我是指个体对自己在社会关系、人际关系中角色的认知，也就是个体对自己与周围关系的认识和评价，包括个体对自己在客观环境及各种社会关系中的角色、地位、权利、义务、责任等的意识。社会自我主要受他人看法的影响。如：与父母、同伴和老师的关系以及自己在这些圈子里的地位，生命中的重要他人，父母、老师和好友对待我们的态度都会极大程度地影响社会自我的形成。

3. 个体对自己的心理属性的意识——心理自我

心理自我是指个体对自己心理特征的意识，也可称为精神自我，包括对自己的心理活动、个性特征、心理品质等方面的认识。例如：对自己的感知、记忆、思维、智力、能力、性格、气质、情绪、态度和行为特点的认识和体验。心理自

我是个体自我意识的核心，在自我意识的发展中起着重要作用。心理自我随着个体的年龄、阅历、文化水平、心理水平等的发展而逐渐成熟。它使得个体根据需要，调节和控制自己的心理和行为，修正自己的经验和观念。

三、自我意识的结构

自我意识的结构是指自我意识包括哪些成分。由于自我意识既是心理活动的主体，又是心理活动的客体，它是涉及认知、情感和意志过程的多维度、多层次的复杂的心理系统，因此，自我意识从结构上看，主要包括三个方面的内容：自我认识、自我体验和自我调控。

1. 自我认识

自我认识也叫自我认知，是主体"我"对客体"我"的认知和评价。自我认识是自我意识的认知成分，包括自我感觉、自我观察、自我分析和自我评价等内容。自我认识主要解决"我是一个什么样的人""我为什么是这样的人""我的优点有……""我的缺点是……"这样的问题，如通过对自己容貌的审视，认为自己形象良好；分析自己的品性，认为自己诚实可信，等等。自我评价是自我认识的核心成分，它是个体在认识自己的行为和活动的基础上产生的，是通过社会比较实现的。现实生活中人们往往容易过高或过低地评价自己，这是因为一个人要想对自我进行一个客观、正确的自我评价是比较困难的。首先个体的自我发展是一个连续的、终生的过程；其次，个体在对自我进行评价时还会受到需要、动机、能力等心理因素的影响。

2. 自我体验

自我体验是主体"我"对客体"我"的情绪体验，是自我意识的情感成分，属于情绪范畴，它以情绪体验的形式表现出人对自己的态度，主要体现为"能够悦纳自己""对自己是否满意"等方面。个体的这种自我体验是在自我认识的基础上产生的一种情绪体验，这种情绪体验往往与自我认知、自我评价有关，也和自己对社会的规范、价值标准的认识有关，它包括自尊、自爱、自信、自卑、内疚、自豪感、责任感、优越感、成就感和自我效能感等。其中，自尊、自信是自我体验中最主要的方面。

3. 自我调控

自我调控是个体对自己的身心活动及与外界环境的调节和控制，它监督、调节自己的行为，调节、控制自己对自己的态度和对他人的态度。它建立在自我评价的基础上，受自我体验的影响，包括自我监督、自我激励、自我命令、自我调节和自我教育等内容，表现为自主、自立、自强、自制、自律等形式。其中，自我调节和自我教育是自我调控的主要方面。

自我认识、自我体验和自我调控三者之间相互联系、相互制约、相互统一于个体的自我意识之中。自我认识是其中最基础的部分，决定着自我体验的主导心境以及自我调控的主要内容；自我体验又强化着自我认识，决定着自我调控的行动力度；自我调控则是完善自我的实际途径，对自我认识、自我体验都有着调节作用。三方面整合一致，便形成了完整的自我意识。

四、自我意识的相关理论

自我意识作为人所特有的一种复杂的心理现象，并不是与生俱来的，个体的自我意识从无到有，最后达到成熟，经历了漫长的发展过程。个体的自我意识是在社会交往过程中，在与周围环境长期相互作用的影响下，逐渐形成和发展起来的，它起始于婴幼儿时期，萌芽于少年童年期，形成于青春期，发展于青年期，完善于成年期。不少心理学家对自我意识的发展进行了研究，许多心理学家对此也提出了一些精辟的理论。在心理学家们所提出的关于自我意识的众多理论当中，弗洛伊德的人格三分结构论以及埃里克森的自我意识发展渐成说是被其他学者广为引用的理论。

1. 弗洛伊德的人格三分结构论

奥地利著名心理学家弗洛伊德，精神分析学派代表人物，他的人格结构理论和人格发展理论中都强调了自我意识的健康发展是以后心理健康的关键，认为人格由本我（id）、自我（ego）、超我（superego）三部分构成。人出生时有一个本能的我，即本我，指原始的自己，它由先天的本能、原始的欲望所组成，处于最低层，只知道满足和释放而不知道约束自己，它遵循快乐原则，它像一个幼儿，容不得紧张、希望得不到满足，易冲动，无组织，非理性。自我是本我在与现实打交道的过程中分化出来的，因为本我是一种原始的快乐欲望，在现实生活中是行不通的，所以经过大脑思考就产生了一种自我的意识，让它来解决本我与现实的矛盾和冲突，这就是自我，它遵循现实原则来适应环境中的一些条件和限制，是人与外部世界的媒介，是一个人具有的符合现实生活的理智思维。超我是人格中最文明、最有道德的部分，它是社会道德的化身，遵循道德原则行事。

2. 埃里克森的自我意识发展渐成说

埃里克森是美国著名精神病医师，新精神分析派的代表人物。他认为，人的自我意识的发展持续一生，他把自我意识的形成和发展过程划分为八个相互联系的阶段，每一个阶段都由一种对立的冲突组成，并形成相应的危机，而且，每一阶段都有相对应的发展任务需要完成。如果危机或发展任务得到有效解决，就会增强自我的力量，使人的心理得到健康发展，更好地适应社会，同时为下一阶段的发展创造条件；如果危机或发展任务没有得到积极的解决，就会削弱自我的力量，人的心理健康就会出现问题，不能很好地适应社会，影响下一阶段的发展。这八个阶段的顺序是由遗传决定的，但是每一阶段能否顺利度过却是由环境决定的，所以这个理论又可称为心理发展社会阶段理论。这八个阶段具体如下。

（1）婴儿期（0～1岁）。

本阶段心理危机：基本信任对不信任。

本阶段基本发展任务：获得对周围的人和周围环境的基本信任感。

本阶段特征：当婴儿受到温暖、持续地照顾时，他就能建立起信任感；缺乏照顾或照顾不够则产生不信任感。

（2）儿童期（1～3岁）。

本阶段心理危机：自主性对羞怯和怀疑。

本阶段基本发展任务：获得自我控制感和意志力。

本阶段特征：当鼓励儿童探索自我和环境时，自主感得以发展；当儿童的探索受到抑制时，多产生羞怯感和怀疑。

（3）学龄初期（3～6岁）。

本阶段心理危机：主动性对内疚感。

本阶段基本发展任务：形成自主性，形成"一种正视和追求有价值目标的勇气，这种勇气不为幼儿想象的失利、罪疚感和惩罚的恐惧所限制"。

本阶段特征：当鼓励儿童进行各种各样的尝试时，他们的自主性就得到促进；如果父母嘲笑孩子或过度批评他们，就会使他们产生内疚感。

（4）学龄期（6～12岁）。

本阶段心理危机：勤奋对自卑。

本阶段基本发展任务：体验从稳定的注意和孜孜不倦的勤奋来体验工作的乐趣，获得能力。

本阶段特征：当儿童受到表扬时他们就会获得勤奋感；当他们所做的努力被认为是不充分的或差劲时，就会让他们产生自卑感。

（5）青春期（12～18岁）。

本阶段心理危机：自我同一性对角色混乱。

本阶段基本发展任务：获得自我同一性，进而形成忠诚的品质。

本阶段特征：处于这个阶段的个体要面临的一个关键问题是"我是谁"，拥有可靠和整合特征的个体被认为是达到自我同一性；无法建立稳定和同一特征的个体将会面临角色混乱。

（6）成年早期（18～25岁）。

本阶段心理危机：亲密对孤独。

本阶段基本发展任务：获得与朋友、配偶建立亲密关系的能力，形成"爱"的积极品质。

本阶段特征：建立一种承诺和亲密的人际关系，这个过程出现失败将导致孤独。

（7）成年中期（25～65岁）。

本阶段心理危机：繁殖对停滞。

本阶段基本发展任务：生育和指导下一代，完成文学艺术、思想观念和物质产品的创造，形成积极品质"关怀"。

本阶段特征：个体是社会中能够进行生产的成员，为社会做出贡献，为未来创造人口，这可以通过工作、努力抚养孩子来实现；与之相反是停滞，它的特征是个体过度关注自己的幸福或认为生活是无意义的。

（8）成年后期（65岁以后）。

本阶段心理危机：自我整合对绝望。

本阶段基本发展任务：对过去的人生能够进行整合，能安然地面对过去的胜利和失败，形成"智慧"的积极品质。

本阶段特征：整合是指当个体回头看自己所经历的生活时会有满足感，这使得他们能够有尊严地面对死亡；如果遗憾成为主导，那么个体会感到绝望。

由上述埃里克森的自我发展阶段理论，我们可以看出，其中第五和第六个阶段是大学生所处的阶段，这两个阶段的危机和发展任务是大学生特别值得关注的，尤其是第五个阶段。青年大学生正好处于自我同一性的建立于角色混乱的发展阶段，这个阶段青少年的发展任务是形成自我同一性而避免角色混乱；发展顺利就会形成自我认同、方向明确，发展不好就会产生角色混乱。那么，到底什么是自我同一性呢？

在埃里克森看来，同一性是指：①对个人未来的方向和个人独特性的意识；②对个人以往各种身份、各种自我形象的综合感；③一种对异性伴侣和爱的对象能做出明智选择的意识；④一种对未来理想职业的向往和作为社会负责任成员的意识。也就是说，"我已经是谁""我想成为谁""我应该成为谁"，这几个问题应该是连贯的、统一的，也即个人的内部状态与外部环境的整合和协调一致。这一阶段的青少年对周围世界有了新的观察和思考方法，他们经常考虑自己到底是怎样一个人，他们从别人对他的态度中，从自己扮演的各种社会角色中，逐渐认清了自己。此时，他们逐渐疏远了自己的父母，从对父母的依赖中解脱出来，而与同伴们建立了亲密的友谊，从而进一步认识自己，对自己的过去、现在、将来产生一种内在的连续之感，也认识自己与他人在外表上与性格上的相同和不同，认识现实的自己和理想的自己之间的关系。

自我同一性的确立，对于青少年的健康成长、较好地适应社会和实现自身的价值都具有重要意义。同时，这种同一性的感觉也是一种不断增强的自信心，一种在过去的经历中形成的内在连续性和同一感，是一个人心理上的自我。如果这种自我感觉与一个人在他人心目中的感觉相符，很明显这将为一个人的生涯增添绚丽的色彩。

青春期的个体还没有完全建立自我同一性的话，就会进入一个心理社会的合法延缓期。在我国，大学生大都处于合法延缓期。在大学四年里，很多学生开始积极地探索自我、积极地探索人生、思考人生的目的和意义。到了大三、大四，很多大学生就已经有了自己的人生目标和职业规划，并为自己日后走向社会努力锻炼和提高自己各方面的能力。

马西娅认为青少年的同一性有以下四种情况。

一是同一性混淆。处于这一状态的青少年对未来感到迷茫，不知所措，没有确定的目标、价值和打算，是最不成熟的同一性状态。曾经有这样一位同学，在大学期间转了三次专业，还是没有找到自己真正想要学的专业。

二是同一性强闭。处于这一状态的青少年对特定的目标、价值观和信仰及社会角色过早地接纳。如接受父母的包办，从小到大都按父母的旨意行事，没有自己的思想和行动。

三是同一性延缓。处于这一状态的青少年正经历着同一性危机，并积极探索自己的价值取向。现今的大多数大学生都处于这一状态。

四是同一性达成。处于这一状态的青少年已解决了同一性危机，对职业已有明确的定向。这类青少年会有自己的理想和人生目标，并为之努力奋斗。

许多研究发现，同一性达成状态是最成熟的同一性状态，处于此状态的个体表现出良好的适应性和健康心理；而同一性混淆状态的个体表现出严重的不适应问题（如焦虑、抑郁、和神经质）；同一性延缓和同一性强闭状态居于中间地位，延缓状态有高水平的开放性和对环境的适应性，但也有较高的焦虑水平；强闭状态有坚定的目标投入，但盲从权威，对环境的适应性差。成龙主演的电影《我是谁》中，主人公忘记了"我"的身份时痛苦、焦虑，而现实生活中，当我们回答不出"我是谁"的问题时，也会迷茫、焦虑、抑郁。大学生学习知识、技能的同时，找到自我、建立自我同一性尤其重要。

埃里克森总结了同一性危机的几个症状：①回避选择、麻木不仁；②对人距离失调，不能建立良好的人际关系；③空虚、孤独，迫切感、充实的时间意识消失；④勤勉性的扩散，不能专注于工作或学习；⑤对他人的评价特别敏感，以病态的防御抵抗他人的批评；⑥自我否定的同一性选择，破坏、攻击或自毁、自灭。

第二节　认识自我，发现你的秘密

一、乔韩窗口理论——认识自我的窗口

美国心理学家乔（Joseph）和哈里（Harrington）于 20 世纪 50 年代提出了关于人自我认识的窗口理论，他们认为人对自己的认识是一个不断探索、不断进步的过程，被广泛应用于理解和培养自我意识、个人发展、改善沟通、推进人际关系等各个方面。

每个人的自我都有以下四部分。

①自己知道、别人也知道的自我，是公开的自我（Public self）；

②自己不知道但别人知道的自我，是盲目的自我（Blind self）；

③自己知道，别人还不知道的自我，是秘密的自我（Secret self）；

④自己和别人都不知道的自我，是未知的自我（Unconscious self）。

二、多角度客观评价自我

全面认识自我是形成自我意识的基础，如果一个人能够全面、正确地认识自我，客观、准确地评价自己，就能够量力而行，确立合适的奋斗目标，并为实现这一目标而不懈努力。

1.通过自我反思和自我评价来认识自我

孔子曰"吾日三省吾身"，美国哈佛大学的加德纳教授提出了多元智能理论，在该理论中，他认为自省是一种非常重要的智能。通过经常的自我分析，我们可以了解自己的生理自我、社会自我、心理自我，如我们的身体特点（如相貌、体能等）、学业、智能、情绪特点、个性特点、社会角色、社会地位等，也可以了

解我们的现实自我和理想自我、可能自我。在自我分析时要注意当时自己的心理状态，要在自己相对比较平静的时候进行，尽最大努力做到客观、全面，避免"见树不见林"。

值得一提的是，在自我分析或自省进入较深的层面时，有的人可能会对进一步的分析产生阻抗。原因是，自我分析不可避免地既可能发现自己优势的、美的一面，也可能发现自己弱势的、丑的一面，这让有些人会感到心里不舒服或恐惧。因此很多人会终止自我分析，不敢再进一步。遇到这种情况，首先要建设性地处理好自己的负面情绪，在没有做好接受自己的一切之前，不要贸然深入。在处理好自己的情绪后，你可以自己再深入分析，也可以寻求专业人士的帮助，在专业人士的陪伴下深入自我。

2. 通过他人的反馈和评价来认识自我

仅仅通过自省来认识自我是远远不够的，"当局者迷，旁观者清"，我们对自我的认识和评价是以"我"为中心的，带有很多主观色彩，因此对自我的认识和评价往往是不客观的。我们还可以通过他人对我们的反馈和评价来认识自我。但这里需要注意的是，在接收他人的反馈和评价信息时要注意这个"他人"尤其是你的"重要他人"对你的反馈是否理智，对你的评价是否客观。

除此之外，也可以借助一定的工具来了解自我，如心理测评工具、自我探索问卷或活动等。

3. 通过与他人的比较来认识自我

不管我们是不是有意的，我们经常会拿自己和某个群体中的他人（可能是某个人，也可能是某个群体）进行比较来了解自我。这是一种迅速判断自己的有效方式。问题是，如果这种比较不全面、不恰当，也容易让我们对自我的认识进入盲目乐观或盲目悲观的境地。在这种方法中，比较对象的选择特别关键。比如，两位同学都拿到学校二等奖学金，其中一位同学对这个结果很满意，觉得全班拿奖学金的学生毕竟是少数，因此对自我的评价比较积极。而另一位同学与拿一等奖学金的同学进行比较之后，对自己的表现不是很满意。由此可以看出，同样才能与成就的人对自我的评价及认识可能不同。所以，在和他人进行比较时，要客观、全面，这样才能既可以发现自己的长处，也可以发现自己的劣势。

4. 通过自我比较来认识自我

人们不仅可以通过与他人的比较来认识自我，而且可以通过自我比较来认识自我，可以从比较自己的过去、现在和将来中认识自我。

5. 通过自己的活动表现和成果来认识自我

大学生在参与各方面活动中展现出自己的聪明才智、情感取向、意志特征和道德品质,通过全面参与社团的活动认识自己。用"实践是检验真理的唯一标准"来认识自己,检查自己在活动中的表现,因此在培养大学生自我意识的过程中,要帮助他们正确分析自己的活动表现和成果,客观地认识自己的知识才能、兴趣爱好等,进一步发挥自己的长处,同时弥补自己的短处。比如自己在哪些方面可以做到得心应手,在哪些方面需要付出加倍的努力才能做好,而在哪些方面即使使出了浑身解数却仍然难以企及别人轻轻松松就可以做到的高度,在哪些方面虽然现在做得不好,但有潜能可以挖掘。其中,尤其是重大的成功和失败的经历对自我认识有着深刻的影响。一般情况下,成功的经历会提升自我评价,失败的经历会降低自我评价。

第三节　接纳自我

一、自我体验的重要成分

(一)自尊

1. 什么是自尊

自尊是个人对自己的态度,它是自我意识中的核心要素,也是人格系统中的重要组成部分。林崇德认为自尊是自我意识中的具有评价意义的成分,是与自尊需要相联系的对自我的态度体验;自尊在自我认知基础上产生,有情绪成分,涵盖自我体验;自尊既有自我评价成分也有自我接纳成分,自我评价来源于自我认知,自我接纳是情绪体验后的反应,自我评价是自我接纳的前提,自我接纳是自我评价的结果,但又对其有反作用,自我接纳影响自我评价的积极性;二者不同步但又是密切联系、难以割舍的有机体,自尊感强表示肯定自己、信任自己、看重自己,自尊感弱表示否定自己、轻视自己。

2. 高自尊者的特点

一般地说,自尊感强的人具有下列特点:生活适应能力强、具有积极的情感、自主性强、富有独立性、具有双性化人格特点、自我知觉强、有恰当的目标、责任感强、能成功应对批评或消极反馈、很少进行批评和自我批评。而低自尊者的特点是:心理适应能力差、心理健康水平低(包括压抑、焦虑等)、饮食不协调、很难建立和维持稳定的人际关系、处理应激的能力差。高自尊者主要关注可以提升自我的信息,寻找各种机会来提升自我、展示自我。而低自尊者则倾向于自保护和避免失败、羞辱或拒绝。

心理学家认为，如果一个人没有健康的自尊感，就不可能挖掘自己的潜能；如果一个社会成员不尊重自己，那么这个社会就不可能健康成长。

3. 防御性自尊与真正的自尊

高自尊者一般有助于个体的心理发展和社会适应，但这种自尊应该是真诚的、稳定的、内外一致的。

有些人希望自己被他人接受，不愿承认自己拥有消极的自我感受，这种隐藏的消极自我感受和公开表现出的积极自我感受的结合就是防御性高自尊。这样的人虽然具有很强的自尊心，但当其受到挑战时，会表现出与强自尊行为特征不一致的行为方式，比如极易受到伤害、对批评过分敏感，当他们感到他们的能力受到质疑时，为了防御由能力不足引起的焦虑，就会自吹自擂，运用过度补偿这种方式来进行防御；或者会批评和埋怨其他人，把对自己的批评转向别人；或者是在工作中过分投入，希望创造出一系列不平凡的成就；或者是用威胁或不恰当的反抗行为来应对他人对自身价值的批评和威胁。

而具有真诚的强自尊者其自我价值感和自我接纳是自然而然的，不必夸张或不断寻求能证实其积极自我观的反馈。稳定的高自尊者具有积极的、架构良好的自我价值感，很少受具体的评价性事件的影响，对威胁性信息较少防御性和极坏的反应。真正的强自尊是一种架构良好的、安全的自我价值感，它不依赖具体结果的获得，不依赖其成就和他人评价，也不需要持续的验证。只有当一个人的行为是自我决定的，并且与自己内心的、核心的自我相符的时候，才能发展起真正的强自尊。总之，真正的强自尊者悦纳并看重自己，对别人没有优越感，不需要通过胜过别人或其他的条件来衡量自己的价值。不会轻易受到挑战，很少使用策略去抬高其价值感，因而会不防御地加工信息。对失败虽然也会感到失望，但不会破坏其整体的价值感和自我接纳。

（二）自我效能感与自信

自尊与对自我价值和自我效能的总体评价有关。美国斯坦福大学的心理学教授班杜拉（Bandura）提出了自我效能感的概念。

1. 什么是自我效能感

自我效能感是指我们对自己有效地组织和完成某一项特殊任务的主观评价，主要基于对自己能力的判断。这类似于我们平时所说的自信（在本书中，不把自我效能感和自信做过多的区分）。自我效能感指导我们生活中的很多事情，因为一般我们会在相信能取得期待成果时采取行动，而不会在我们认为会导致失败的方面采取太多的行动。个体的自我效能感之间有着很大的差异，比如，有的人在学习方面有较好的自我效能感，而在人际交往方面自我效能感较差；有的人在技能如舞蹈方面有较好的自我效能感，但在文化课学习中自我效能感较差。

2. 自我效能感与你

根据班杜拉的理论，如果我们预期将会有成功的结果时，那么这种效能感将成为一种执行任务的动力；如果我们预期不会取得成功，那么这种效能感将成为一种阻碍因素。这些效能感和预期将会决定我们在行动上的表现，进而导致产生一定的结果。比如，你想参与学生会干部竞选，如果你预期自己竞选成功的可能性很大，你就会在竞选前做许多准备，在竞选时由于预期产生的兴奋使你发挥正常，从而赢得竞选。

自我效能感通过选择、认知、动机、情绪和调节来运作。

自我效能感的强弱会影响我们选择什么样的事情去做。如果我们有较强的自我效能感，我们会去做很多种尝试。我们还会更多地选择与我们的能力或我们试图要培养的能力（因为我们相信我们在这方面有潜能，可以通过努力来培养）有关的事情。

在认知方面，强自我效能感个体在处理情境挑战时表现出拥有更多的认知资源，更富策略上的灵活性和有效性，运用长远眼光来组织他们的生活，倾向于选择对自己有利的机会而不是选择麻烦，设想成功的结果并以此来指导自己解决问题。

在动机方面，强自我效能感个体会设立具有挑战性的目标；预期自己的努力会带来好的结果；把失败归结为可控制的因素（如不够努力、策略不合适或环境不利），而不会把失败归结为不可控制的因素（如能力不足）；把阻碍因素看成是可克服的。因此他们会在从事某项活动时付出更多的精力，坚持到底，努力达到目标。

自我效能感让人们把潜在的威胁看成一种可控制的挑战，以减少对潜在威胁的焦虑和消极情绪，从而调节个体的情绪体验。自我效能感也可以通过以下策略来调节个体的情绪体验：采取以问题为中心的应对策略来改变潜在的威胁情境；通过寻求社会支持来缓冲应激所带来的影响；运用自我安抚的方法（如幽默、放松和运动）来减轻由潜在威胁情境引起的情绪唤醒。

自我效能感可以促进免疫系统的正常运作，可以使身体更健康；可以使个体面对应激的适应力更强；可以使个体的心理和社会适应能力更强。

二、接纳独特的你——自我接纳一小步，迈向自信一大步

（一）人为什么要接纳自我

一个人之所以自卑，主要缘于不能接纳自我，对自己的缺点、弱势、错误耿耿于怀。其实，每个人都是不完美的、有缺陷的。每个人都会犯错误，然而，很多人很难接受这个简单的事实。当发现自己的缺陷时，无视自己的优点；当发现自己的美丽时，又会忘记自己的痛苦和脆弱。由于不敢面对自己的缺陷，拒不承认真实的、不完美的自我。相反，我们为自己设计了一个面具自我。无论我们多么需要别人安慰、多么伤心，我们都迫切地向自己和他人保证"我很棒，我很能干，我能胜任"。我们为自己设计的面具自我可以表现为听话的孩子、勤奋自信的学生、乐观开朗的朋友等。无论这副面具以什么样的形式表现出来，其目的是遮盖我们的缺点与脆弱、痛苦，否认我们的平凡与渺小。但是，逃避现实只会耗费我们大量的精力，但如果我们勇敢地面对真实的自我就可以避免这种浪费。

奥格·曼迪诺说："每个人都是自然界最伟大的奇迹。自从上帝创造了天地万物以来，没有一个人和你一样，你是独一无二的造化。"诚然，有时候我们需要通过和他人的比较来对自己有一个定位，但这种比较是为了找到自己区别于他人的地方，找到自己的优势，而不是跟别人一较长短，总是拿别人的长处跟自己的短处比，或者总拿自己的长处跟别人的短处比。我们每个人都具有自己的独特性，因此，不要总拿自己的劣势和别人的优势比，因为你和别人不同！

一旦我们下决心时刻诚实地面对自己和他人，我们就为自尊建立了更牢固的基础。我们不会仅仅因为一次的失败而否认自己，也不会仅仅因为某个方面的出众而沾沾自喜，不会因为别人的一次否认而轻视自己，也不会时刻提防着别人在某方面比自己出色，不会时刻想着如何去证明自己比别人更优秀。因为，我就是我。

所以，一个心理健康的人、一个自信的人首先需要自我接纳。自我接纳指的是一个人对自身以及自身所具有特征所持有的一种积极的态度，即能欣然接受自己现实中的状况，不因自身优点而骄傲，也不因自己的缺点而自卑。当我们学会善待各个层次的、多个方面的内在自我，不再自我否定，那么我们就会敞开心扉，接纳他人和自然，我们的生活也就变得更加和谐幸福。

（二）有效接纳自我的方法

1.停止与自己的对立

停止与自己的对立也就是停止自我批评，停止对自己的不满和批判，停止对自己的挑剔和指责，不论自己的表现有多么糟糕，不论自己有多少不足，从现在开始，停止与自己对立，停止做自己的敌人，要学习站在自己这一边，站在自己人性的尊严这一边，学习维护自己的尊严。告诉自己："不论我的现状如何，我选择尊重自己的生命和独特性。"

2.停止苛求自己

要允许自己犯错，也要允许自己失败。不要因一次的错误或失败而不停地责备自己。而是要从错误以及失败中吸取教训，寻找错误和失败的原因，尽力使自己将来不再犯第二次错，不在同样的地方跌倒两次，把错误和失败当作学习的机会。要告诉自己："不论我做错了什么，我选择从中吸取教训，不再犯同样的错""失败不等于不能成功，只是还没有找到成功的方法，我选择从失败中站起来，去寻找另外的方法"。

3.消除否认或逃避自己的负性情绪

要允许自己有负性情绪，允许自己难过、伤心、焦虑，要学会与自己的负性情绪相伴，在此基础上去寻找产生负性情绪的原因是什么，如何解决。要告诉自己："不论我产生什么样的负性情绪，我选择积极地正视、关注和体验它""不论我产生什么样的负性情绪，我选择给予它建设性的解决"。

4.学习无条件地接纳自己

学习做自己的朋友，不论自己是不是漂亮帅气、是不是才华横溢、是不是魅力四射、是不是自信洒脱，要告诉自己："我选择无条件地接纳自己。"

总之，首先我们要接纳自我，然后才会有真正的自尊与自信。

第四节　大学生自我意识偏差及其调适

一、自我认识的偏差

（一）自我中心

适度的自我关注、自我分析有利于正确、客观地认识自己，有助于正确地意识到自己采取的行为和做法是不是不妥当，从而能够及时适当地调整自己不当的行为，克服自己的不足。但也有大学生对自己过于关注，不是"我的眼里只有你"，而是"我的眼里只有我"，一切以自我为中心，只顾自己的感受和想法，不考虑他人的感受，也不考虑对方的立场，即使是替别人着想也是站在自己的角度。在人际交往中，凡事都认为自己正确，总是抱怨，"为什么别人总是不能理解我呢？""他们应该想得到啊！"由此而筑起一堵墙，与同学相互对立，从而产生种种矛盾冲突。事实上，我们每个人都有自己表达情绪和想法的非语言信号系统，但因为在家的时候，家人会适应你的思维和行为方式，能理解你，但在学校里别人是看不懂或者理解不了你的行为方式，这样就会产生误差。大学生生活在集体宿舍里，每个人都必须学会与人相处。虽然人们有利己的倾向，但人们都讨厌别人做事只顾自己。在一个提倡合作的社会里，如果人人都想利己，那最终受损的仍是自己。

（二）从众

从众是一种普遍存在的心理现象，它是在群体舆论的压力下，放弃个人意见而采取与大多数人一致的自我保护行为。从众心理人皆有之，但如果过强，就会有碍心理发展。在自我认识过程中，"主观的我"是因"自省"而来的，就是"我如何看待我自己"；"客观的我"是因"人言"而来的，就是"我在他人眼里是个怎样的人"。"主观的我"和"客观的我"经过比较、匹配，最后形成一个"我"，这就是"现实的我"。"主观的我"和"客观的我"之间常常产生矛盾。有些大学生过于看重自己在别人心目中的形象，过于看重别人对自己的看法和评价，一味受"人言"所左右，也就是"从众"。

一位大学生这样自述："我是内向的人，我不喜欢打牌，而同宿舍的同学却非常热衷于打牌，常常会为此熬夜。起初，我总是不愿意参与他们的活动，可时间一久，我感到他们在疏远我，比如我一回到宿舍，他们正在进行的谈话就中止了，为此我感到很不安。现在，如果他们'三缺一'叫我时，我也会参与进去。尽管我不感兴趣，但又不愿拒绝，有时我在努力地参与其中时，又感到自己很堕落和空虚。我好像越来越不了解自己了……"由于患得患失，从而变得过分敏感、多疑、缩手缩脚，形成畏缩、胆小的性格，产生忧虑、抑郁、悲伤等负面情绪，对心理的健康发展不利。

二、自我体验的偏差

在心理学上，自我体验的偏差通常是指消极的自我体验，主要有以下几种。

（一）自卑

自卑是个体由于自我认知偏差等原因所形成的自我轻视和自我否定的情绪体验。表现为对自己认识不足，对自己的能力或品质评价过低，总认为自己多方面或某一方面不如别人，对自己不满，担心他人不尊重自己的心理状态。这种影响在性格内向者身上表现得尤为明显。

自卑源于不合理的认知，在大学生中常见。大学生产生自卑的原因有很多，例如，身体或生理上的原因，觉得自己身材矮小、外貌不佳；家庭经济等因素，觉得自己家庭条件相对较差；能力等原因，觉得自己技不如人；经历挫折的原因，觉得自己在学习上屡屡经历失败。表面上看，自卑都有客观上原因，但实质上，造成自卑更主要的是主观原因，个体没有正确地认识这些问题，对自己缺乏正确的认识和评价。由于"现实我"与"理想我"总是存在差异，有的学生在将"现实我"与"理想我"做比较，认为"现实我"与"理想我"的差距太大感到失望，总盯着自己的缺点、不足，从而痛苦、逃避、退缩，这就是自卑。此外，自卑往往也是自尊屡屡受挫的结果。当一个人的自尊需要得不到满足，又不能恰如其分、实事求是地分析自己时就容易产生自卑心理。

一般人常认为，自卑的原因是自尊心不强或者缺乏自尊。我们却认为自卑是一种畸形变态的自尊，几乎所有严重自卑者其自尊心都有一种病态的敏感。在现实生活中，那些自尊心表现得越外显、越强烈的人，往往自卑感也越强，他们一般性格内向、情感脆弱。虽然自惭形秽，却又特别害怕别人伤害自己的尊严，过分介意他人的评价，与人交往时不容许有一点对自己的侵犯，并且会千方百计地抬高自己的形象，保持自己的优越感。由于缺乏自知，很容易与他人发生冲突。

（二）自负

自负是个体自以为是、自命不凡的一种情感体验和情绪表现。随着时代的变迁，自信已成为当今大学生较为普遍的优秀品质，他们能独立思考，对自己的未来踌躇满志。但有些同学自信过度，就变成了自负。

自负常常产生于"现实我"与"理想我"的矛盾中，一般来讲，"现实我"与"理想我"总是不一致的，两者之间总是有着距离，如何看待这两者的距离直接关系着自我体验。当对缩短两者距离充满信心时，表明个体正处于积极体验之中，即认为自己可以努力提高"现实我"以实现"理想我"。但有些学生自信过度，过高评价自己，在生活与学习中，处处显示自己的优越感，希望超过别人，这种膨胀过度的自信即是自负。自负的人往往目空一切，过分相信自己的能力，听不进师长的教诲，听不进同龄人的意见，一意孤行，骄傲自大。由于缺乏自知之明，自负的人容易失败，也容易受伤害。

三、自我控制的偏差

与自我体验相对应，在心理学上，自我控制的偏差是指消极的自我控制，主要有以下几种。

（一）逆反

逆反是指个体在生理基本成熟、心理迅速走向成熟而又未真正达到成熟的时候，渴望在思想上、行动上乃至经济上尽快独立，从而表现出较强的独立意识。在人类自我意识高涨的两个时期会出现逆反心理，而大学生处在合法延缓期，也会出现逆反。从本质上讲，逆反心理是青年人试图确立自我形象、寻求自我肯定、强调个人意志的一种手段，也是青年时期心理发展的自然要求。由于在这个时期，他们的智力发展虽已达到成熟，但阅历有限，经验不足，容易感情用事，甚至出现偏激的行为。

否定父母、否定老师、否定学校的各种管理体制，觉得周围的一切都是不合理的。逃课旷课、沉迷网络虚拟世界、听不进老师家长的劝说，甚至在明知道老师家长的话是正确的情况下，依然我行我素。曾有位同学这么说过："我知道我爸说得很有道理，按他说的做我肯定能取得很好的成就，但我就是不想听他的，他让我往东走，我偏要往西去！"这是典型的逆反者的内心写照。过分的逆反会影响大学生的心理发展和人格成熟，是不容忽视的自我意识缺陷。

（二）放纵

在大学里，不管是学习还是生活都依赖学生的自我管理、自我教育，要过好大学生活，需要高度的自觉性。与中学生相比，大学生在自我控制上开始有了明显的自觉性、主动性，但是大学生最大的特点是感情易冲动，对待问题容易偏激和情绪化，往往是理智让位于情感，自我控制能力不足。放纵是指大学生不能约束自己的行为和克制自己，"跟着感觉走"。例如，一些大学生平日里觉得"好听"的课就去上，"不好听"的课就不去。明明确立了一个目标，却缺乏恒心与决心，在困难面前望而生畏，虎头蛇尾，半途而废。还有一些大学生认为在中小学寒窗苦读十余载，如今考上大学，总算解放了，不再需要埋头苦读，只求"60分万岁"，消极懒惰。

（三）盲目攀比

现在好多大学生都是家里的独子或者独女，都被爷爷奶奶、外公外婆、爸爸妈妈宠着他（她），有什么好吃的、好玩的都会先让他们得到，逐渐养成了我是独一无二的习惯。到大学之后，在集体环境中更是要做最好的那个，如果比的是学习或者能力方面还好，可偏偏是在一些物质或者享受方面盲目攀比要做最好的。某某同学买电脑了，我也要买；某某同学买了件很漂亮的衣服，我要买更好看的；某某同学换了个 iPhone10 手机，我得买 iPhone11；某某同学交了女朋友或男朋友，我也要谈恋爱，并且找个更漂亮的或更帅的……

我们说，自制、自律、自觉等是积极的自我控制，而放纵、逆反等则是消极的自我控制。自制力强的人，常会控制自己的情绪，做事有计划性，自我发展方向明确。自制力弱的人，常会不顾场合宣泄一番，逆反、放纵和盲目攀比都是消极的自我控制，都会给大学生的健康成长带来消极的影响。

从以上分析我们可以看到，大学生自我意识发展过程中所出现的偏差或缺陷，主要可以归结为自我认识评价的两个极端，即过高地估计自己或过分地贬低自己，并基于此而形成消极的体验或行为控制，从而导致问题的发生，说到底是其心理还不成熟的表现。这是由其身心发展状况和成长背景决定的，并不是某个人的缺点，而是整个年龄阶段的特征。同时，我们也清楚地意识到，这些发展中的缺陷，是可以也是能够调整的。

第五章 适应大学生活

第一节 大学生适应阶段及困扰

一、新生适应反应及其阶段

大学生活，从一定意义上来说，真正开启了青年人独立生活的大门。所有的一切都蕴含着新意：新的环境、新的人际圈、新的学习方式、新的发展任务，以及新的自我。刚进大学的你，是否因为远离父母家乡而感到焦虑，是否因为没有朋友而感到孤单，是否因为全新的学习和生活方式感到茫然？如果是，请不要急于否定现状，因为你并不是唯一有这样体验的人，这是新生适应反应，是大一新生都要经历的一个适应阶段。新生适应反应是指一系列与大学新体验相关的心理困扰，包括孤独、焦虑和抑郁等情绪反应。一般来说，大部分新生面临新生适应问题时，会以尝试交往新朋友、调整认知让自己快速融入校园生活中。但也有部分学生在适应和调整过程中，问题没得到及时解决，遗留下来，甚至激化，导致更为严重的心理问题。

人们在受到危险、持续性压力或出乎意料的外界情况变化时，会引起一种情绪状态反应，我们称为应激反应，表现为生理、情绪、认知、行为等多个方面的变化。不要害怕，这是人类在应对危险时的一种自我保护本能，是正常的反应，它在提醒我们做好准备去避免那些可能的威胁。一般来说，学生面对新环境的压力时出现的应激反应分为三个阶段。

（1）警觉期。表现为焦虑、尝试调动自身资源。一些新生在适应阶段出现逃避行为，如总请假回家、高频率地给家里打电话、厌学、网络成瘾等，这其实是处于应激反应的警觉期，需要家庭、学校、老师和同学的支持。

（2）抵抗期。表现为情绪低落、抑郁等。需要好好梳理当下所面临的压力，积极寻找应对资源，调整情绪，也要注意保持健康的饮食及合理的作息时间。

（3）衰竭期。如果抵抗期过长，又没有有效的措施来应对，机体就会进入衰竭期。如有的学生产生退学的想法，甚至引发较为严重的心理问题。如果出现以下症状，如长期持续的焦虑、低落、悲伤，且已经影响了正常的社交、学习和生活，长期处于一种无力感，没有明显理由地感到绝望或是抑郁，无法与他人建立友谊，非病理性头痛、腹泻、皮疹、胃痉挛等，则需要寻求专业心理咨询机构的帮助。

二、大学新生常见的适应困扰

（一）生活环境不适应

进入大学后，新生面临的第一个巨大变化就是生活环境的转变。大学生来自天南地北，由于地域上的差异，气候、饮食、习惯，甚至语言都不相同，再加上进入大学后，由原来依赖父母的家庭环境过渡到相对自立的集体生活，生活环境和生活方式的巨大转变，会使他们遇到很多困难或感到不适应。心理上容易产生孤独感，因而出现想家、思念亲人、怀念老同学等现象，并由此可能产生各种烦恼，出现焦虑、抑郁、敌对、低落的情绪，严重者会影响心理健康。另外，一些学生表现出不良的生活习惯，诸如熬夜、打网游、睡懒觉等，大部分时间都浪费在消遣活动中，对学习逐渐失去了兴趣。时间长了，很多学生几乎淡忘了在大学期间的重要任务。

（二）学习方式不适应

大学的学习较以往在学习目的、学习内容、学习方式和学习要求上都存在差异。进入大学后，从前以教师为主导的教学模式变成了以学生为主导的自学模式。大学更强调启发性、研讨性、自学式教育，课堂讲授时间相对较少，覆盖内容相对较多，讲课速度快、跨度大。课堂讲授知识后，学生不仅要消化理解课堂上学习的内容，而且还要大量阅读相关方面的书籍和文献资料。自学能力的高低成为影响学业成绩的重要因素。大学新生一般自我控制能力较差，容易受别人的影响，有时会有意无意模仿高年级学生或周围同学的做法，诸如"他们打游戏我也打""他们谈恋爱我也得谈恋爱"，久而久之便失去了自控能力。有的大学生经受不住失败的考验，因为考试成绩差导致自信心丧失，出现破罐子破摔的消极情绪。许多新生入学后遇到的不适应首先就表现在学习安排上的不知所措，即不知如何安排课余时间，他们一方面抱怨课程太多，另一方面又抱怨课后没事做，这实际上是他们不善于独立学习的一种表现，这种表现在独生子女身上显得尤为突出。

（三）人际关系不适应

处于青春期的大学生，有着强烈的自尊、认同和归属的需要，非常渴望从朋友那获得情感共鸣，但往往由于青春期的闭锁心理，当他们与大学里的新同学接触时，总习惯拿高中时的好友标准来加以衡量。由于心理上有对老朋友的依赖，常常会觉得新面孔不太合意，因此大学生宁愿采取被动接受的态度，从而阻碍了同学间的沟通和交流。此外，由于班级和宿舍里的同学分别来自不同地方和不同的家庭，他们在思想观念、价值标准、生活方式、生活习惯等方面都存在着明显的差异，在遇到实际问题的时候往往容易发生冲突。因此，对大学生来讲，建立新的人际关系不仅是环境要求，也是个体逐渐走向成熟和向成人转化的必要条件。这就要求大学生首先要清楚认识到新的人际关系的特点，同时，还要逐渐掌握各种处理人际关系的技巧，从而在从原先较为简单的人际关系向较为复杂的人际关系过渡的过程中，更好地适应。从这个意义上讲，大学生应逐渐摆脱以自我为中心的思维方式，逐渐学会设身处地为别人着想，并在此基础上建立起独立、协调的新的人际关系。

（四）理想与现实的落差

进入大学前，许多学生想象的大学都是校园风景如画，教室宽敞明亮，师生团结友爱，处处欢歌笑语，充满诗情画意。然而，进入大学，经历短暂的兴奋期之后，却发现现实中的大学并非自己想象的那么美好。有的学生感觉到自己所考的大学与自己梦想的大学相去甚远；有的学生因为自己高考失利，或者是填报志愿时受到老师、家长的左右，所上的大学并非自己所愿；有的学生对自己所学的专业不甚了解，或者根本就不是自己选择的，因而没有兴趣，也学不进去。这些理想与现实的落差，致使一些学生常常怅然若失，忧心忡忡，情绪低落，感到前途迷茫，困惑失望。

第二节　大学生适应新生活的策略及时间管理

一、新生适应大学生活的对策

（一）做好学业规划

大学与基础教育阶段有显著不同，道德成长、个性生长、独立思考等都融入了大学生五彩斑斓的世界。但毋庸置疑，大学生的主要任务还是完成学业，而科学有效的学业规划能让学生拨开迷雾、找准方向，迈向踏实求学的坦途。

大学生做学业规划，其目的在于预见整个大学学习生涯的全貌，从而不至于对大学学习茫然失措，也不至于整个学习生涯虎头蛇尾。大学生的学业规划目的，可以从两个方面加以考虑：一是完成专业培养目标；二是为更高层次学习做好准备。大学阶段的课程大多数是基础性质的，还没有进入专门学问场域，如果学生有在大学毕业后进一步提升的需要，应当在入学之初做好规划，为高一层级的学历学习或进修做好准备。

（二）建立社会支持系统

大量研究表明，社会支持能够有效缓解压力对个体健康和心理状态的负性影响。在面临新生入学压力时，如果能够得到亲人、好友、老师、同学、心理咨询师等多方面的支持，则更容易克服入学适应不良等问题。新生入学，常常会由于人际关系复杂、交往受挫而引发自卑、孤僻等心理问题。相对于中学的人际关系，大学人际关系显得比较复杂，这主要是大学生来自不同地区，生活习惯、家庭背景、性格，甚至语言等有一定差别，造成交往复杂困难。另外，在大学，学习不再是唯一目标，大学生行为目标多元化也是导致人际关系复杂的一个诱因。大学生在人际交往中应坚持真诚待人、宽容待人、平等待人的原则并掌握交往的技巧。

（三）掌握自我心理调适方法

情绪调节的所有策略，在某种意义上都可以被看作一种积极的应对方式，虽然调节情绪并不能解决问题本身，但通过调节情绪却能更好地处理状况。大学生在身心发展过程中，有意识地掌握一些常用的自我心理调适的方法，是非常必要的，如呼吸减压法、冥想、积极心理暗示等，对缓解焦虑和心理压力是非常有帮助的。

二、有效管理自己的时间

卢梭曾经说过："生活本身没有任何价值，它的价值在于怎样使用它。"大学的生活丰富多彩，除日常的教学活动之外，还有各种各样的文娱活动、社团活动等。大学课余生活给了大学生充分安排时间的主动权，它意味着，大学生应该有更大的责任感，进行一些对自己有价值的活动，去充实这些时间。所以大学生要合理安排自己的时间，有效把握好每一分钟。

要合理安排时间，首先对自己在近期内的活动有一个理智的分析。看看自己近期内要达到哪些目标，长远目标是什么，自己最迫切需要的是什么，各种活动对自己发展的意义又有多大，等等。然后做出最好的时间安排，并且在执行计划中不断地修正和发展。同时也要劳逸结合，留出足够的休闲时间和锻炼身体的时间。

做好时间管理可以从以下几个方面进行。

（一）要有明确的方向

如果没有明确的方向，那时间是无法管理的。根据目前的情况和条件，给自己制订一个短期和长期的计划，是管理时间的第一步。

（二）要有明确的计划

计划根据目标来制订，也就是把每年、每学期、每月、每天、每小时所要做的每一件事情都列出来。从这个意义上讲，时间管理可分为：以年为单位的时间管理、以学期为单位的时间管理、以月为单位的时间管理、以天为单位的时间管理和以小时为单位的时间管理，这些时间管理计划的制定是由粗到细的，在时间上是由长到短的，如以天为单位的时间管理可以只做一周的或一天的。

（三）要分主次和轻重缓急

首先，确定优先次序，从最重要的事情开始做起，重要紧急的事马上做；其次，做重要而不紧急的事；再次，紧急但不重要的事，要学会放弃，能放就放；最后，对于不重要也不紧急的事，尽量不去做。在所要做的事情中，先做最有价值的事情。

（四）拒绝拖延

惰性是人类共有的，关键看能不能克服。除了办事拖拉是明显的浪费时间，还要控制刷手机、上网的时间，这是最容易浪费时间的。拖延一旦开了头，计划就很难顺畅地进行下去。

第六章　塑造健全的自我意识

第一节　自我意识基本内容

一、自我意识概述

自我意识的确立是大学生心理发展的重要标志之一，对大学生人格的形成、心理发展起着重要作用。大学阶段的自我意识是之前自我意识的继续与深化，同时又有着质的不同。这一时期，大学生自我意识从分化、矛盾走向统一，对于人的一生都有着特别重要的意义。

（一）自我意识的含义

自我意识是指个体对自己作为主体和客体存在的各方面的意识。自我意识是个体通过观察、分析外部活动及情境、社会比较等途径获得的，是一个多维度、多层次的心理系统。平时我们常说，"我觉得我观察问题有点粗心大意""我觉得我是个急性子的人""我认为我能完成这项工作""我觉得我对某某的感情发生了变化"等，这些对自己感觉、知觉、情感、意志等心理活动的意识，对自己与客观世界的关系尤其是人我关系的意识，以及对自身机体状态的意识，都属于自我意识之列。一般来说，它包括以下三个方面的内容。

1. 个体对自身生理状态的认识和体验

这是指对自己身高、体重、容貌、身材、性别等的认识以及对生理病痛、温饱饥饿、劳累疲乏等的感受。如果一个人对自己的生理自我不能接纳，如嫌自己个子矮、不漂亮、身材差、皮肤黑等，就会讨厌自己，自卑而缺乏自信。

2. 个体对自身心理状态的认识和体验

这是指对自己知识、能力、情绪、兴趣、爱好、性格、气质等的认识和体验。如果一个人对自己的心理自我评价低，如嫌自己能力差、智商不高、情绪起伏太大、自制力差等，就会否定自己。

3. 个体对自己与周围关系的认识与体验

这是指对自己在群体中的地位、作用以及自己和他人的相互关系的认识、评价和体验。如果一个人认为周围的人不喜欢自己，不接纳自己，找不到知心朋友，就会感到很孤独、寂寞。

影响个体自我意识的因素除了与人的自我态度、成长经历、生活环境有关以外，他人评价，特别是生命中重要人物如父母、家人、老师、朋友、同学等的评价，会对自我意识的树立产生重要影响。

（二）自我意识的结构和分类

自我意识是一种多维度、多层次的心理现象，它主要由自我认识、自我体验和自我控制三种心理成分构成。这三种心理成分相互联系，相互制约，统一存在于个体的自我意识中。

自我认识主要是关于自我特征的认识以及在此基础上作出的价值判断，表现为自我感觉、自我观察、自我分析和自我评价等形式。自我认识主要阐释"自己是一个什么样的人"这一问题，如"自己的体形是清瘦型的""自己的性格是诚实可信的""自己的脾气容易急躁和冲动"等。

自我体验是自我意识的情感成分，是一个人在自我评价的基础上产生的情绪体验，主要涉及"对自己是否满意""能否悦纳自己"之类的问题，表现为自我感受、自尊、自爱、自信、自卑、自豪、自怜、优越感、义务感等形式，如"我很喜欢自己""我真可怜，没有人愿意和我交朋友"等。自我体验包括积极的和消极的两种形式。对自己持积极的体验，想到自己时会心情舒畅；而对自己持消极的体验，一提到自己就会感到郁闷难过。一个人的自我认识决定了其自我体验，同时他的自我体验反过来会强化其自我认识。

自我控制是自我意识的意志成分，是个体在自我认识和自我体验的基础上，对自身行为、心理活动、思想言语以及与他人关系的调节与控制。自我控制是解决"如何有效地调控自己""如何改变现状，使自己成为一个理想的人"之类的问题。自我控制的形式包括自主、自立、自强、自制、自律等。

从内容上来看，可将自我意识分为生理自我、社会自我和心理自我。生理自我是指个体对自己的身体，包括身高、外貌、体能等方面的意识；社会自我是指个体对自己在人际关系中所扮演的角色、发挥的作用、享有的权利、承担的义务等方面的意识；心理自我是指个体对自己心理特点的意识，包括个体对自己的知识结构、智力特点、能力表现、特长爱好、情绪情感、行为模式的认识和体验。其中，心理自我是自我意识的核心部分，它使个体根据内心需要调节和控制自己的行为，修正自己的观念。

（三）自我意识的形成和发展

个体的自我意识从发生、发展到相对稳定，经过了 20 多年的时间。它是在社会交往过程中，随着语言和思维的发展而发展起来的。整个过程可以分为 3 个阶段，即从生理自我到社会自我，最后发展到心理自我。

1. 生理自我

这是自我意识的原始形态，主要是个体对自己躯体的认知，包括占有感、支配感和爱护感，它可以使个体认识到自己的存在。人出生时，并不能区分自己和非自己的东西，生活在主客体未分化的状态；七八个月的婴儿开始出现自我意识的萌芽，即能意识到自己的身体，听到自己的名字会做出明确的反应；两岁左右的儿童能掌握第一人称代词"我"的使用，在自我意识的形成中是一个大的飞跃；三岁左右的儿童开始出现羞耻感、占有心，要求"我自己来"（开始形成自主性），其自我意识有新的发展。但是这一时期的幼儿行为是一种以自我为中心的行为，以自己的身体为中心，以自己的想法和情感来认识和投射外部世界。总之，自我意识的发生、发展与生理的发展密切相关，离开了生理及其相应的心理能力的发展，自我意识就不可能发生、发展。因此，这一时期的自我意识被认为是生理自我时期，也有人称之为自我中心期。

2. 社会自我

这阶段从三岁到十三四岁，社会自我处于自我意识的中心。心理学研究表明，自我意识的形成和发展还有赖于个体参与社会生活、与他人相互作用。心理学家库利指出，自我观念是在与他人交往过程中，个体根据他人对本人的反应和评价而发展的，由此产生的自我观念称为"镜中我"。米德指出，我们所属的社会群体是我们观察自己的一面镜子。他对社会互动中自我意识产生的机制和过程做了深入研究，认为自我意识是在社会中通过扮演他人的角色，把自己置于互动对方的位置上而逐步形成的。从三岁到青春期，是个体接受社会教化影响最深的时期，也是角色学习的重要时期。儿童在幼儿园、小学、中学接受正规教育，通过在游戏、学习、劳动等活动中不断地练习、模仿和认同，逐渐习得社会规范，形成各种角色观念，如性别角色、家庭角色、同伴角色、学校中的角色等，并能有意识地调节控制自己的行动，道德心在发展。虽然青春期少年开始积极关注自己的内部世界，但他们主要遵从别人的观点去评价事物、认识他人，对自己的认识也服从于权威或同伴的评价。因此，这一时期个体自我意识的发展被称为社会自我发展阶段，也称为客观化时期。

3. 心理自我

这一阶段需要 10 年左右的时间才能完成，即从青春期一直到成年。发展到此阶段的个体能知觉和调节自己的心理活动、状态和特征，根据社会需要和自身发展调控自己的心理与行为。从青春发育期到青年后期，是自我意识发展的关键时期。其间自我意识经过分化、矛盾、统一趋于成熟。此时个体开始清晰地意识到自己的内心世界，关注自己内在的体验，喜欢用自己的眼光和观点去认识和评价外部世界，开始有明确的价值探索和追求，强烈要求独立，产生了自我塑造、自我教育的紧迫感和实现自我目标的驱动力。这一时期被称为心理自我发展时期，也被称为自我意识主观化时期。青年的世界观、人生观、价值观的形成是心理自我成熟的标志。

由于自我意识的发展，个体逐渐脱离对成人的依赖，表现为主动和独立的特点，强调自我价值与自我理想，特别重要的是发展了自尊和自信心。

第二节　大学生自我意识发展及调试

一、大学生自我意识的发展特点

大学生自我意识特点和同年龄段的青年有相同之处，但是由于其特殊的教育环境和知识背景，他们的自我意识又与一般青年有些不同，主要表现为以下几个方面。

（一）时刻关注自身发展

大学生不像普通青年直接进入社会，而是有四五年的知识技能的准备时间。在这段缓冲时期里，他们围绕个人发展、个人和社会的关系，主动积极地探索自我。他们会经常独思、反省这样的一些问题："我是谁？""我聪明吗？""我的性格怎样？""我将成为怎样的人？"他们还自觉地把自我的命运和集体、国家的命运结合起来，经常考虑如何为社会服务。

调查显示，43% 的大学生感到"自己是一个有价值的人，至少与他人在同一水平上"；26% 的大学生希望"能为自己赢得更多的尊严"；84% 的大学生表示"如果老师对自己的期望值很高并不断鼓励自己，自己就会受到鼓舞，就能下决心完成任务"；64% 的大学生"希望自己更成熟"。

（二）自我评价能力提高

由于各类知识增多，生活范围扩大，感性与理性趋于成熟，大多数大学生对自己的分析、评价逐渐变得客观、全面。大多数大学生对自我的认识和评价基本与外界一致，并且自觉地按照社会的要求来评价和设计自己。

调查表明，在大学生自我评价中，有51%的人认为"自己已经尽力，但还可以做得更好"；有31%的人认为自己"勉强合格"；只有不到10%的人对自己"非常满意"。这说明多数大学生对自己的评价趋于理性和客观，他们既能充分肯定自己，又能认识到自身的不足，其自我评价逐渐与社会评价趋于一致，并且能够自觉地按照社会发展的标准来要求自己。但是，在自我评价中，有些大学生只看表象而忽视了本质，顾此失彼；有些大学生对自己全盘否定，认为自己一无是处；也有些大学生盲目自大，唯我独尊。这反映出大学生在自我评价能力上仍有待进一步提高。

（三）自我体验丰富复杂

普通青年进入社会后，角色开始定位，在自我体验上相对来说要稳定简单些。大学生的自我体验是既丰富又复杂的，可以说是一生中或种种社会群体中"最善感"的年龄阶段或群体。一般来说，大学生自我体验的情绪基调是积极的、健康的，大多数大学生喜欢自己、满意自己、自尊、自信、好胜。但大学生的自我体验也比较复杂，他们敏感、闭锁，且有一定程度的波动性。凡是涉及"我"及与"我"相联系的事物，都常常会引起他们的情绪反应。他们对别人的言行和态度极为敏感，愿把自己的情感体验闭锁于内心。他们内心体验起伏较大，取得成绩时容易产生积极、肯定的自我体验，甚至骄傲自满、忘乎所以，遇到挫折时又易产生消极、否定的情感体验，甚至自暴自弃、悲观失望，有明显的两极情绪。

（四）自我控制能力提高

大学生表现出强烈的自我设计和自我规划的愿望，绝大部分学生都奋发向上力争成才，并且根据自我设计目标，自觉调节行为。同时，他们强烈要求独立和自治，希望摆脱依赖和管束。调查显示，大学生在问及"无论怎么努力都会输给竞争对手时该怎么办"的问题时，大部分人选择了"自己仍会努力"，这说明大学生在自我控制能力上已有较高的自觉性和独立性。

但是，由于大学生人生阅历浅、社会经验匮乏、对外界各种诱惑的抵制力不足，他们在自我理想的实现、人生的未来规划及自我成长历程中，难免会经历诸多的矛盾冲突，他们的内心会产生苦恼、不安和强烈的不平衡感。一般来说，大学生在内心中都强烈地要求独立，渴望摆脱对家庭的依赖，自由地支配自己的生活。他们希望通过自己的努力获得他人的认可，从而确立全新的自我形象。但来自社会的诱惑和他人的压力使他们不能如愿以偿，并产生焦虑的情绪。此时若不能及时地调整人生目标和行为方式，加强对行为的自我控制，他们可能会愈陷愈深，无法自拔，最终做出不理智甚至危险的行为。

（五）自我意识的矛盾

1. 主观我与客观我的矛盾

由于大学生生活范围比较窄，社会交往多限于老师、同学、父母，比较简单、直接，因此他们对自我的认识参照点少，局限性较大，又加上社会对大学生一向期望甚高，使大学生的自我认识也沾染上了光环色彩，而现实生活的自己平凡，和想象中的自己仍有较大的差距，这种差距给大学生带来了苦恼和不满。

2. 理想我与现实我的矛盾

这是大学生自我意识最突出、最集中的表现，主要源于理想自我与现实自我的差距。理想我是指个人想要达到的完美的形象，是个人追求的目标，它引导个体实现理想中的个人自我。现实自我是个人从自己的立场出发，对现实中自我的各种特征的认识。现实自我又称个人自我，主观性较强。在现实生活中，理想自我与现实自我总是存在着一定差距的，合理的差距能够使人不断进步、奋发有为。但是，如果差距过大，则有可能引起自发的分裂，产生各种各样的心理不适，甚至自暴自弃，变得平庸无为，变得无所事事，变得没有动力。

3. 独立意向与依附心理的冲突

进入大学后，大学生独立意向迅速发展，他们希望能在经济、生活、学习、思想各方面独立，希望摆脱成人的管束。但他们在心理上又依赖父母，无法真正做到人格上的独立。这种独立和依赖的矛盾也一直是困扰大学生的问题。应当指出的是，独立并非意味着独来独往，独立并非不需要任何人的帮助和指导，并非不需要依赖别人，而在于个人必须对自己的行为负责。独立的人更多的是依靠自己的力量和努力去克服或解决自我的问题，而不是完全依靠他人的帮助或依赖于别人；独立的人能够权衡利弊、审时度势，能够勇敢作出决定并能够勇于承担自己的行为责任。

过分的依附使大学生缺乏对客观事情的判断能力与决断能力，显得优柔寡断，缺乏主见；而过分的独立又使部分学生陷入"不需要社会支持"及"凡事都要靠自己"，采取我行我素、孤傲自立的行为方式，但在遭遇挫折时又会出现不知如何寻求帮助的情况。事实上，任何心理成熟的独立的现代人，都需要他人的帮助，广泛的社会支持是个体心理健康不可或缺的。

4.交往需要与自我封闭的冲突

大学生迫切需要友谊、渴望理解、寻求归属和爱，他们有强烈的交往需要，希望和朋友探讨人生，分享苦与乐。然而，大学生同时又存在着自我封闭的趋向，他们把自己的心灵深藏起来，与人交往常存戒备心理，总是有意无意地保持一定距离。正是这种矛盾冲突，使不少大学生常处于孤独感的煎熬中。这也是大学生常常感到的"交往不如以前那么自如真诚"的原因所在。

这些矛盾都是大学生心理发展过程中的正常现象，是大学生自我意识迅速走向成熟而又未完全真正成熟的集中表现。自我意识的矛盾使大学生在心理和行为上出现某些不适应，或适应困难，感到苦恼焦虑、痛苦不安，很可能影响其心理健康发展，但这都是迈向成熟的必经之路，是个体逐步获得自我内在力量的必要丧失。要想消除矛盾，获得自我意识的统一，可从以下三个途径进行自我调节：一是努力改善现实自我，使之逐渐接近理想自我；二是修正理想自我中某些不切实际的标准，使之与现实自我趋近；三是放弃理想自我而迁就现实自我。按照心理健康学的标准，不管哪种途径达到自我意识统一，只要统一后自我是完整的、协调的、充实的、有力的，就是积极和健康的统一，这种统一有利于个体的心理健康和发展，有助于社会的进步和文明。

二、大学生自我意识的偏差及其调适

个体自我意识是在外部环境的影响作用下，通过自我的主观努力形成的。自我意识发展的历程是一个主观与客观、内在与外在双向互动的过程，自我发展水平就是个体主观力量和客观力量共同作用的结果。大学生正处于心理迅速走向成熟而又尚未完全成熟的时期，自我意识还在不断发展中。传统观念作用下的大学生，在当前多元化的人生观和价值观的冲击下，在复杂多变的社会环境的影响下，如果缺乏正确的引导和自省，容易在以下几个方面出现各种发展的偏差，导致自我意识的缺陷。

（一）自我接受与自我拒绝

自我接受是指自己认可自己、肯定自己的价值，对自己的才能和局限、长处和短处都能客观评价、坦然接受，不会过多地抱怨和谴责自己。对自我的接受是心理健康的表现。但也有的学生自我评价过高，夸大自己的长处和别人的缺点，人际交往模式是"我好，你不好"，"我行，你不行"，容易盲目乐观，影响人际关系。

自我拒绝是指不喜欢自己、不能容忍自己的缺点和弱点，否定、抱怨、指责自己等。事实上，许多学生都有不同程度的自我拒绝，这可以促使他们不断修正自己，但过度自我拒绝则是由严重低估自己引起的，可能会造成更严重的、多方面的自我否定。压抑了积极性，限制对生活的憧憬和追求，易引起严重的情感损伤和内心冲突，同时不能很好地发挥个人潜能和社会作用，给社会带来损失。

因此，作为大学生，一旦出现过度自我接受和过度自我拒绝就应该及时进行调整，避免严重后果的发生。大学生可通过下列几种方式进行调整。

1. 树立正确的认知观念

人不会十全十美，每个人都有优点和不足之处。人既不会事事行，也不会事事不行；一事行不能说事事行，一事不行也不能说事事不行。每个大学生都应该接纳自己的一切，在认清自己不足的同时要肯定自己的优点，不自以为是也不要妄自菲薄。

2. 正确评价自我并确立合理的评价参照体系

人的价值本来就是相对的，只有在相互对比之下，才能确定自我价值的高低。自我评价过高或过低与参照体系有关，以弱者为参照使人自大，以强者为标准则使人自卑。除了要选择合适的外界参照标准，更重要的是以自己为标准，按照自己的条件评定自己的价值。有的大学生在评价自我时，容易出现重视他人，贬低自己。大学生应该肯定自己的优点，了解、接受并尽力弥补自己的不足，成功时多反省缺点，失败时多看自己的优点和成绩，以提高自信和勇气。

3. 培养独立和健康的人格品质

健康的人格品质主要表现有：自信不狂妄、谦虚不自卑。

（二）自尊心与自卑感

大学生自我意识发展良好的主要形式有：自尊心、自信心、好胜心、独立感等。自尊心是指要求尊重自己的言行和人格，维护一定荣誉和社会地位的一种自我意识倾向。每个大学生都有强烈的自尊心，表现为好强、好胜、不甘落后。自尊心强的大学生对自己有信心，相信自己能改正缺点，取得进步。但过强的自尊心却和骄傲、自大等联系在一起。自尊心过强者缺乏自我批评，而且不允许别人批评，以自我为中心，唯我独尊。他们回避或否认自己的缺点，缺乏自我能力，不能和他人友好相处，容易失败，也容易受伤害。自卑感是对自己不满、否定的情感，往往是自尊心屡屡受挫的结果。大学生在学校的学习、生活等方面的比赛或竞争中，以及身体、容貌、家世、地位等条件的相比中，没有一个人能永远处在胜利不败的位置。大学校园里人才济济，有的人在某些方面因遭受挫折或条件不如他人而感到自卑是很正常的。但有的同学过度自卑，斤斤计较于自己的缺点、不足和失败，结果因自卑而心虚胆怯，遇有挑战性的场合便逃避退缩。

事实上，过强的自尊心和过强的自卑感是密切联系的，那些自尊心表现得越外显、强烈，往往越是自卑的人。自尊心、自卑感过强都会影响大学生的心理发展和人格成熟。

为了改变这些不良的心理特征，应做到以下几点。

（1）对其危害要有清醒的认识，有勇气和决心改变自己。

（2）应客观、正确、自觉地认识自己，无条件地接受自己，学会扬长避短。

（3）正确地表现自己，对自己的经验持开放态度，同化自我但有限度。

（4）根据经验调整对自己的期望，确立合适的抱负水平，区分长期目标和近期目标，区分潜能与现在表现。

（5）对外界影响相对独立。正确对待得失，勇于坚持正确地改正错误，同时保持一定的容忍度。

（三）自我中心与从众心理

大学阶段是自我意识发展最强烈的阶段。大学生强烈关注自我，往往愿从自我的角度、标准去认识、评价和行动，容易出现以自我为中心的倾向。当这种倾向与某些不健康的思想意识（如个人主义、自私自利思想）和心理特征（过度的自我接受和自尊心）结合时，就会表现出过分的、扭曲的自我中心。以自我为中心的人凡事从自我出发，不能设身处地进行客观思考。他们往往以同学的导师或领袖身份出现，颐指气使，盛气凌人，处事总认为自己对，别人错，好把自己的意志强加于人。因而他们不易赢得他人好感和信任，人际关系多不和谐，为人处世难以得到他人的帮助，易遭挫折。要克服自我中心，首先得摆正自己的位置，既重视自己，也不贬低他人，自觉地把自己和他人、集体结合起来，走出自我的小天地；其次要实事求是、恰如其分地评估自己，既不高傲自大，也不妄自菲薄；最后要学会多设身处地地从他人的角度思考问题，尊重他人感受，关心他人。

大学生中与自我中心相反的另一现象是从众。从众心理，人皆有之，但过强的从众心理实际上是依赖反应。有过强从众心理的大学生，缺乏主见和独立意向，自己不思考或懒于思考，人云亦云或遇到问题束手无策，结果导致自主性被阻碍，创造力受抑制。保持自己的独立性和个性，这是克服从众心理最基本的也是最重要的途径。

（四）独立意向和逆反心理

大学生自我意识发展最显著的标志之一就是独立意向的形成。但是独立意识过头，便会矫枉过正。很多大学生把独立理解成"万事不求人"，不需要别人的帮助，其结果是在现实生活中，遇到困苦挫折，只能自吞苦果，活得沉重。其实独立并不意味着独来独往、我行我素和不顾社会规范，而是指在感情上、行为上个体能对自己负全部的责任。一个真正成熟的个体是独立的，他对自己负责任但不排除接受他人的帮助。

逆反心理也是大学生自我意识发展过程中的一种产物，其实质是为了寻求独立、寻求自我肯定，为了保护新发现的、正在逐渐形成的但还比较脆弱的自我，为了抵抗和排除在他们看来压抑自己的那种外在力量，这是青年阶段心理发展的必然要求。因为这个原因，青年期被称为第二反抗期。

从以上分析来看，大学生自我意识发展过程中出现的失误、偏离和缺陷，是其心理尚不成熟的表现，这是由其身心发展状况和成长背景决定的，并不是某个人的缺点，而是所有的大学生或多或少都要经历的，是整个年龄阶段的特征，但也是必须调整的，以达到自我的和谐统一。

第三节　大学生自我意识培养途径

（一）正确地认识自我

俗话说"人贵有自知之明"。正确认识自我，就是要全面了解自我，不仅了解自己的性格、气质、能力，了解自己与他人的异同点，了解自己的过去和现在有什么不同，发生了哪些变化，其中特别重要的是要了解自己的长处和短处，把握自己与群体的关系，自己在社会生活中所处的位置，对自我做出恰如其分的评价。如果一个人能对自己有一个全面正确的认识和评价，就能够扬长避短，取长补短，控制自己，改变自己，完善自己，就能根据自己的实际情况选择相应的目标为之奋斗。要做到正确认识自我，可以采用以下几种方法。

1. 自评

孔子曰："吾日三省吾身。"大学生要学会通过自省而认识自己，如"我是一个什么样的人"，可以通过三条途径来认识自己。一是自己眼中的"我"。二是别人眼中的"我"。在与别人交往时，由别人对你的态度、情感反映而觉知的我。不同关系的人对自己的反应和评价不同，它是个人从多数人对自己反应归纳的统觉。三是自己心中的"我"。也指自己对自己的期许，即理想我。我希望成为一个什么样的人？自己的理想和人生目标是什么？大学生应该经常检查自己的行为和动机是否正确，检查自己行为的实施过程中有什么不足，检查自己行为的结果有哪些收获和缺憾，从中发现自己的优点与不足，以便有的放矢地进行自我调节。

2. 他评

心理学家认为，当一个人的自我评价与别人对他的客观评价有较大程度的一致性时，表明他的自我意识较为成熟。了解他人对自己的看法，常有助于发现自己忽视的问题。古人说"以铜为鉴，可以整衣冠；以人为鉴，可以知得失"。个体可以通过他人对自己的态度、期望、评价来认识自己，但值得注意的是，对别人的评价应有一个正确的态度，不能因过高的评价而飘飘然，也不能因为过低的评价而否定自己。

3. 与他人比较

有比较才有鉴别。当人们在缺乏客观评价标准的情况下，可以通过与他人的比较来评价自己。但这种比较需要不同的参照常数，在比较时应注意三点。

第一，跟别人比较的是行动前的条件，还是行动后的结果？如来读大学前家庭经济条件如何？家住农村还是城市？读大学后自己及他人各取得哪些成绩？

第二，比较的标准是什么？是绝对的还是相对的？是可变的还是不可变的？如身材、家庭等是不可变的，而知识、能力等是可以提高的。

第三，与什么样的人比较？如果与自己相类似的人比较，就能找出自己的实际水平及在群体中的地位；与杰出人物比较，则能找出自己的差距和努力的方向。在与他人比较过程中，最重要的是要选定恰当的而不是盲目的对照参数，既不要以自己的长处比别人的短处，也不能以自己的短处比别人的长处。要注意看到自己和他人之间的差距，又要学会用发展、辩证的眼光去看待自己。这样，比较的视野越广阔，方法越科学，自我的位置就定得越恰当。恰当地与他人比较而正确地评估自己的人，就能做到既不妄自尊大，也不妄自菲薄，从而能合乎实际地确定自己的奋斗目标，制订切实可行的行动计划。

4. 用活动成果来评价自我

活动成果的价值有时直接标志着自身的价值，社会衡量一个人的价值时主要是通过活动成果论定的。理想的活动成果可以使个体进一步认识自我的能力，发现自我的价值，从而进一步开发潜能，激发自信。其实任何一种活动都是一种学习，不经一事，不长一智，成败得失的经验也因人而异。对聪明又善用智慧的人来说，成功、失败的经验都可以促使他再成功，因为他们了解自己，有坚强的人格特征，善于学习，因而可以避免重蹈失败的覆辙；而对于某些自我比较脆弱的人来说，失败的经验可能使他丧失自信心；对于有些狂妄自大的人来说，他们可能因幸得成功而骄傲自大，以后做事便会自不量力，在遭受更多的失败后出现一蹶不振，从此不能支撑起独立的自我。

（二）积极地悦纳自我

每个人都知道"自我"是最重要的，可总有人不能真正地尊重自己、爱惜自己。他们可以喜欢朋友、喜欢自然，却不愿意喜欢自己，结果他们不快乐。例如有些大学生对自己的容貌、性格、才能、家庭等某一方面或几方面不满，而又无力改变，便产生厌弃自己的情绪。这种自我排斥的心态是心理幼稚的一种表现，如不及时摆脱，轻者导致心理异常，严重的可能酿成悲剧。人总是要对自己有所肯定又有所否定，并且在自我意识的发展中建立起二者的动态平衡。否则，对自己不满过于强烈，就会加剧心理矛盾，产生心理持续紧张，这样不仅会使个体感到活得很累，还可能引发心理问题。因此，悦纳自我是建立成熟的自我意识的关键和核心。

要做到悦纳自我，需要强化四个理念。

一是坚信"只要真正付出努力，同等条件下，别人行，我也一定能行"，以此来增强自信心。而强烈的自信和理智的努力能激发个体的潜能，促进成功。成功后的愉悦又可以使个体进一步增添自信，形成良性循环。

二是不忘"尺有所短，寸有所长"。恰当地认同自己，而不是苛求自己。

三是懂得"失之东隅，收之桑榆"。正视自己的短处，既努力扬长又注意补短。

四是记住"失败是成功之母"。正确地对待成功和失败。成功是一个人努力所结出的果实，成功和失败是相辅相成的，成功的果实只有在艰辛的努力中慢慢成熟，而且常常要经过许多的失误和挫折。如果一个人一遇到挫折就灰心退却，便永远也尝不到成功的美酒。

（三）科学地塑造自我

加强自我修养，不断进行自我塑造，达到完善自我、超越自我，是健全自我意识的终极目标。大学生情感丰富，社会磨炼不足，加上人生观和价值观没有完全确立，很容易受到各种社会思潮与其他外部环境的影响，对待问题容易偏激和情绪化，对自己的长处和短处往往可能估计不足，顺境时，容易自视过高，受到挫折时，又容易走向另一极端，自卑自弃，常常会陷入"理想自我"与"现实自我"，"自我肯定"与"自我否定"等矛盾之中，并表现出心理的不平衡。大学期间不仅是人才的准备阶段，也是人生的转折时期，因此，这个时期的大学生尤其需要塑造自我，为在日后的社会竞争中取得成功打下良好的基础。

1.确立目标

确立正确的自我目标，关键是要按照社会需要和个人特点来进行设计，做一个"自如的我，独特的我，最好的我，社会欢迎的我"。所谓"自如的我"，是指不给自己提出脱离实际的过高要求，不使自己总是陷入自责、自怨、自恨的境地，而是给自己设计可望可及又难即的目标，也就是对自己有吸引力同时只要付出相当的努力就能达到的目标，从而能够在坦然面对自己的客观存在中，不失积极地生活。所谓"独特的我"，是指不一味地追求时尚，不在刻意模仿中失去自我，而是在接受自我的过程中扬长避短，自在地生活。所谓"最好的我"，是指立足于现实，选择适合自己的正确人生道路，尽最大努力，达到最佳水平，充分实现自己的人生价值，能够满意地生活。所谓"社会欢迎的我"，是指要有正确的价值取向，把自我实现的蓝图与祖国的富强、人类的幸福结合起来，以为社会作出自己最大的贡献为己任，真正充实地生活。

2. 培养优秀的自控能力

在实现人生目标的旅途上，不仅有各种本能欲望的干扰，还会充满各种外部世界的诱惑。本能欲望常令人背弃理智，如贪图安逸、追求物欲、趋利避害等。名种物质的诱惑，容易使人偏离正确的前进轨道，松懈奋进的斗志，放弃对远大目标的追求，甚至把青年人引向歧途。一个人要想成就一番事业，就必须能够摆脱诱惑，主宰自己的行动，这就需要有坚强的自我控制能力，以保证理智地约束自己的情感，把握自己的行为。

3. 塑造健全的人格

健康自我意识的形成，除了要有对自我的正确认知，还要有健全的人格的支持。大学生培养和谐、健全的人格，对健康的自我意识的发展，将起到良好的促进作用。

第七章 快乐阳光生活——情绪情感

第一节 情绪情感概述

一、情绪的概述

（一）情绪的定义

情绪是指人们在心理活动过程中对客观事物的态度和体验。一个完整的情绪体验过程由情绪的生理唤醒、主观感受、认知过程以及行为反应共同构成。

1. 生理唤醒

情绪是人对客观事物的体验，是主观对客观的一种感受。一个人的情绪被唤醒的同时，身体也被唤醒。任何情绪都伴随着一系列的生理变化，涉及一系列生理活动过程，如神经系统、循环系统、内外分泌系统等。人在焦虑状态下，会感到呼吸急促、心跳加快等，这就是情绪的生理唤醒。

情绪的生理唤醒一个非常明显的特点就是，它受人的自主神经系统（交感神经和副交感神经）支配，而自主神经系统又不受人的意识所控制。也就是说，不管你愿意还是不愿意，情绪产生时都会伴随着相应的生理反应。强烈而持久的情绪反应会耗费人体的精力，从而削弱对疾病的抵抗力。

2. 主观感受

情绪是有意识的体验，反映一个人的主观感受，如愉快或不愉快、喜欢或不喜欢等体验。情绪的产生依靠知觉，通过知觉进行意识层面的加工，形成不同的内心体验，但是这种加工和体验带有浓厚的主观色彩，对一个人情绪的研究在很大程度上要依靠本人的主观感受。正因为情绪有十分独特的主观体验色彩，所以在研究情绪或了解他人感觉的时候，通常会使用自我报告的方法，即通过个体的自我描述表达内心的感受。

3. 认知过程

情绪包含认知成分，只有感知事件时，才会存在情绪体验；个体对某件事物的认识会极大影响他对这个事件的看法和态度。例如，某大学生非常气恼英语老师常叫自己回答问题而自己又不会，他认为英语老师是故意在为难自己。但如果换个角度看，老师常叫自己回答问题，是因为老师比较关心自己，希望他在英语上进步更快。如果这样来看的话，这位大学生就不会气愤了，反而会在英语学习上更加努力。

4. 行为反应

情绪指导我们的行动，也会直接反映到人的外显行为上，包括表达性反应和工具性反应。表达性反应是指一个人通过面部表情、肢体动作和声调语气等方式来帮助其表达自己的感受。工具性反应是指可以提高个体对环境的适应性的反应，如因为害怕危险而逃跑，因为忧虑而哭泣等。

一般情况下，人们的情绪反应应该是以上四个方面的综合。例如，人们遇到好朋友，生理唤醒可能是平稳的心跳；主观感受是积极的、愉快的；认知过程包括与朋友相关的美好记忆；行为反应可能是微笑的表情。

（二）情绪的生理基础

情绪是主观因素、环境因素、神经过程和内分泌过程相互作用的结果。在不同情绪状态下，人的心律、血压、呼吸乃至人的内分泌、消化系统等，都会发生相应的变化。例如，人在焦虑状态下，会感到呼吸急促、心跳加快；而在愤怒状态下，则会出现面红耳赤等生理特征。心理学家通过实验手段研究证实，与情绪有关的生理变化主要有以下几方面。

1. 循环系统的变化

包括心率、血压、血糖和血液含氧量的变化。例如：愉快时，心跳平稳；感到好奇、被吸引时，心跳会减慢；发怒或恐惧时，心跳加速，血压会升高。

2. 呼吸系统的变化

包括呼吸的频率、深浅、节奏等的变化。例如：紧张、愤怒和恐惧的时候，呼吸会加快；感到悲伤的时候，呼吸则变得很缓慢；平静的时候，吸气的时间短、呼气的时间长，而当受到惊吓时，吸气的时间变得远远长于呼气的时间；处于极度愤怒、悲痛或恐惧的情绪之中，有时会发生呼吸暂停现象。

3. 腺体的变化

包括身体的内、外分泌腺的分泌活动的变化。例如：人在紧张、恐惧时会出汗；在悲痛或极度喜悦时会流泪；感到压抑、焦虑、生气的时候，唾液、胃液和胆汁的分泌量减少，造成食欲减退、消化不良；当人轻松、愉快的时候，唾液、胃液和胆汁分泌旺盛，令人胃口大开。以上是外分泌腺的变化。关于内分泌腺的变化，例如：当人情绪高度紧张、准备对付环境的挑战时，肾上腺素的分泌量增加，从而提高了全身的代谢水平；愤怒的情绪会引起血液中去甲肾上腺素增加等。

4. 肌肉的变化

包括骨骼肌和内脏肌肉的运动。例如：当人极度恐惧时，骨骼肌会瘫软，肢体无法自主运动；当人紧张时，骨骼肌会绷紧甚至颤抖，但与此同时，肠胃肌肉的活动却减弱；当紧张解除之后，骨骼肌变得松弛，肠胃的蠕动却加强了，做好了消化食物的准备。

此外，情绪还会引起脑电波和皮肤电阻的变化。例如，人平时在清醒、安静的状态下，脑电波呈现出 α 波（8～14次/秒），而在紧张、焦虑的时候，出现频率较高的 β 波（14～30次/秒）。又如，在紧张时，皮肤血管收缩、汗腺分泌增强，使人的皮肤电阻显著下降。

（三）情绪的特点

情绪不同于其他心理过程的一个重要性质在于其具两极性，即人的多种多样的情绪都可找到与之相反的情绪，例如爱和憎、悲和喜、满意和不满意等。这些对立的情绪形成两极，而两极之间又存在着程度的不同，呈现出两极的连续状态。大多学者从三个维度表示情绪的基本特点，即积极和消极、强度和紧张度。

1. 积极和消极

愉快—不愉快。任何一种情绪都可从非常愉快、愉快、一般、不愉快、非常不愉快这一连续体中找到位置，如怒，可表现为不满、愠、怒、愤、大怒、暴怒。情绪的积极与否决定于个体需要的满足程度，凡是满足个体的需要，就会产生积极的愉快情绪，反之则产生不愉快的消极情绪。然而，构成肯定和否定这种两极的情绪，并不绝对互相排斥。例如，5 12 大地震中为救他人而不幸牺牲的烈士的亲人，既体验着烈士为人民服务的崇高的爱国主义荣誉感，又深深地感受着失去亲人的痛苦。

2. 强度

激动—平静。激动度或冲动度表示个体对情绪情境出现的突然性，即个体缺乏预料和缺乏准备的程度；激动表现为强烈的、短暂的、爆发式体验，如愤怒、狂喜、绝望等。激情的产生往往与在人们生活中有重要地位、起重要作用的事件出现有关，它们可能出乎原来的意料、违反原来的愿望和意向，并且超出了意志的控制。与激情相对立的情绪是平静，人在大多数情况下是处于安静的情绪状态之中，在这样的场合下，人们可以持续从事智力活动。

3. 紧张度

紧张—轻松。紧张度表示情绪的生理激活水平，紧张情绪常发生在人活动最关键的时刻。紧张的程度既决定于当时情景的紧迫性，也决定于人的应变能力及心理的准备状态。通常紧张状态能导致人积极的行动，但过度紧张也会使人不知所措，甚至使人精神瓦解、行动停止。

情绪的这些特征是从情绪的不同侧面以及每一侧面的两级形式加以归类的。这些从不同侧面归纳出来的情绪的表现形式，往往成为人们度量情绪的尺度，即情绪的快感程度、情绪的激动程度、情绪的紧张程度、情绪的复杂程度等。此外，情绪还具有较大情境性、即时性、冲动性和外显性等特点。

（四）情绪的三种形态

苏联心理学家根据情绪发生的强度、持续性、紧张度，把情绪状态划分为心境、激情与应激三种形态。

（1）心境：是指比较微弱、持久地影响人整个精神活动的情绪状态，具有弥散性的特点。比如，当一个人心情舒畅时，他看什么都会觉得乐观积极，而当一个人郁郁寡欢时，则对许多事，都会感到没有兴趣。"忧者见之而忧，喜者见之而喜"就是心境的表现。心境有消极和积极之分。

（2）激情：是一种强烈的、短暂的、有爆发性的情绪状态，如狂喜、愤怒、绝望等都属于这种情绪状态。在激情状态下，人的理解力、自制力等都有可能降低。激情也有积极和消极之分。积极的激情能增强人的敢为性和魄力，激励人们克服艰险，攻克难关；消极的激情则会导致理智的暂时丧失、情绪和行为的失控。

（3）应激：是在出乎意料的紧迫情况下所引起的高度紧张的情绪状态，在人们遇到突如其来的紧急事故时就会出现应激状态，如地震、火灾等。在应激状态下，会使人身体上心律、血压、呼吸和肌肉紧张度等发生显著的变化，从而增加身体的应变能力。在应激状态下，人们往往能做出平时难以做到的事，使人尽快转危为安。但是人在紧急情境中的应激状态下，也会导致知觉狭窄，行动刻板，注意力被局限；过于强烈的应激情绪，会导致人的临时性休克甚至死亡，还会导致心理创伤。一个人长期或频繁地处于应激状态中，会导致身心疾病和心理障碍。

二、情绪的功能

日常生活中，情绪常常被认为是不好的，它代表幼稚、不成熟、没有修养、缺乏自制力等，比如说一个人在闹情绪或情绪化，都带有负面意味，所以总认为一个人应该不要有情绪或者应该克制，不要表露出来，事实上情绪还有更多正面功能。不同情绪对应于不同突发事件：当身体或人的其他方面受到威胁时，人会产生恐惧；当发生利益或权利上冲突时，人会产生愤怒；当看到自己思念的亲人时，人会流露出愉悦。一般来说，情绪的功能包括觉察人们所关注或享乐的事件，调节或保持个体与环境的关系。这种觉察能力是通过个体的不同评价机制以及评价结果和情感的共同作用实现的。

（一）适应与进化功能

适应是达尔文进化论的一个基本概念，生物必须适应环境才能生存和延续，不能适应环境则会被淘汰。自然，人类情绪也必然会具有适应价值，无论是恐惧还是喜悦。比如说恐惧，当你看到一条蛇，你的情绪反应是：体验到恐惧、有恐惧表情、生理上产生相应变化，生理上的变化使你聚集体力和精力处理危险情境，恐惧的不舒服体验使你意识到危险并试图摆脱。

各种情绪在人的主观方面所产生的体验，具有不同的适应作用，成为人类适应生存的心理工具。婴儿一出生就具有明显的情绪反应，并经历着复杂的社会化过程，终究成为一个能够适应社会需要的人。然而，婴儿在接受成人哺育时，不是消极被动的，是在遗传基础上获得的接受体内外感觉信息能力使他们能够主动对外界信息作出反应，如哭和笑。

因此，情绪的机能不仅来源于个体全部的先天机能，而且还来源于后天的学习及认知活动。既有生理方面，即我们对每一种情绪所采取的生理上的不同反应方式，也有认知方面，即我们解释我们的感觉。这两方面对人类生存都有重要作用。从根本上说，情绪是为改善和完善人的生存和生活条件服务的。无论是儿童还是成人，都是通过快乐表现情况良好，通过痛苦表示急需改善，通过悲伤忧郁表示无助和无奈，通过愤怒表示即将进行反抗，通过移情和同情维护人际关系。

（二）动机功能

情绪构成一个基本的动机系统，具有激励作用，能够驱动有机体做出反应、从事活动。一般来说，生理内驱力是激活有机体活动的动力，但情绪的作用在于能够放大内驱力信号，从而更强有力的激发行动。例如，人在缺水或缺氧情况下，血液成分会发生变化，产生补充水分或氧气的生理需求，但这种内驱力没有足够力量驱策行动，而此时产生的恐慌感和急迫感起着放大和增强内驱力信号的作用，并与之合并共同驱策人的行动。

与内驱力相比，情绪反应更为灵活，它不但能够根据主客观需要及时做出反应，而且可以脱离内驱力独立起作用，以一种与生理性动机或社会性动机相同的方式激发和引导行为。有时我们会努力去做某件事，只因为这件事能够给我们带来愉快与喜悦。从情绪的动力性特征看，情绪分为积极增力的情绪和消极减力的情绪。快乐、热爱、自信等积极增力的情绪会提高人们的活动能力，而恐惧、痛苦、自卑等消极减力的情绪则会降低人们活动的积极性。有些情绪同时兼具增力和减力两种动力性质，如悲痛可以使人消沉，也可以使人化悲痛为力量。

（三）组织功能

情绪是心理活动的组织者，积极的情绪对活动起着协调和促进作用，消极的情绪对活动起着瓦解和破坏作用。良好的情绪会提高大脑活动的效率，提高认知操作的速度与质量。耶克斯—道森定律很形象地说明了情绪与认知操作效率的关系，它认为不同情绪水平与不同难度的操作任务呈现出一种倒 U 形关系，不同难度的任务，需要不同的情绪唤醒的最佳水平。在复杂困难的工作中，低水平的情绪有助于工作的完成，在中等难度任务中，中等情绪水平具有最佳操作效果，而在简单工作中，高情绪唤醒水平更有利于工作完成。总之，活动任务越复杂，情绪的最佳唤醒水平也越低。了解情绪与操作效率之间的关系，可以帮助我们更好地把握情绪状态，使情绪成为我们认知操作活动的促进力量。

情绪对认知操作的消极影响，主要体现在不良情绪对认知活动功能的瓦解上。一些消极情绪，如恐惧、悲哀甚至愤怒等，会干扰或抑制人的认知功能。恐惧情绪越强，对认知操作的破坏就越大。比如考试焦虑，考生考试压力越大，考砸的可能性也越大。一般来说，中等程度的紧张是考试的最佳情绪状态，过于松弛或极度紧张都会瓦解学生的认知功能，妨碍考生正常水平的发挥。另外，我们都有过悲伤体验，当一个人悲伤时，会影响到他的工作或学习状态，导致注意力不集中，易分神，思维流畅性降低等。因此，情绪的组织调控功能非常重要，情绪的好坏与唤醒水平直接影响到了人们的认知操作功能。

（四）信号功能

情绪的信号功能是指在人际交往中，人们除借助言语进行交流之外，还通过情绪的流露来传递自己的思想和意图，情绪的这种功能是通过表情来实现的。中国有"出门看天色，进门看脸色"的俗语，就是在说情绪的信号功能。在许多社交场合，人们之间的思想、愿望、态度、观点等，仅靠言语无法充分表达，有时甚至无法言传，只能意会，这时表情就起到了信息交流作用。心理学家在对英语国家人们的交往状况进行研究后发现，日常生活中，55%的信息是靠非言语表情传递的，38%的信息是靠言语表情传递的，只有7%的信息才是靠言语传递的。表情是比言语产生更早的心理现象，在婴儿不会说话之前，主要是靠表情来与他人交流的。有时在言语信息暧昧不清时，表情往往具有补充作用，人们可以通过表情准确而微妙地表达自己的思想感情，也可以通过表情去辨认对方的态度和内心世界。所以，表情作为情感交流的一种方式，被视为人际关系的纽带。

情绪的信号功能或者说社会交往功能，保证了正常的人际关系与社会和谐。并且许多情绪也具有调控群体间互动的功能。例如，羞愧感可以加强个体与社会习俗的一致性，当你伤害到别人时，内疚感可以激发社会公平重建，社会性情感如忠诚、同情心、对社会和谐的喜爱等有时会控制自我的定向性情绪。

三、情绪与健康

（一）情绪会影响你的身体健康

研究表明，如果你与能使你悲喜交集的人交朋友，会使你血压上升。"传统的观念是，压力对我们的健康有害，而人际关系对我们有益，因为我们可以得到朋友的支持，帮助我们处理我们的压力。"茱利安妮·霍尔特说，"但有些关系会造成人与人之间的压力，所以我们不能将所有关系混为一谈"。她的研究报告发表在美国心理协会的《健康心理学》杂志。"当你看到那些令人厌恶的或不愿接触的人时，你或许会避免与他们接触或者你可以不理睬他们，因为你知道他们没有什么值得你期待。"霍尔特解释，"如果一个人，你觉得既有积极的也有消极的影响，可能你会希望从他身上找到闪光点，然后当你这样做时发现得不到你想要的东西，这令人很痛心的"。研究还表明，密切的家庭关系大有益处，即使家庭成员有时会得罪你。研究人员说，甚至当人们对家庭有消极情绪时，自己的血压也不会像对其他人有消极情绪那样高升。这就是理论认为，家庭关系浓的人寿命较长，生活质量更好。

1. 情绪敌意

专家发现："敌视情绪"引发的焦虑、悲观每上升1%，患心脏病的危险就增长6个百分点。因为"敌视情绪"长期郁积会破坏男性身体的免疫系统，更能对心脏系统产生压力，严重的还会导致心脏受损。

2. 季节性

被医学家称为"季节性情绪失调"是指因天气变化而产生的情绪疾病。尤其是冬天，阳光照射时间短，万物萧瑟，这时，对环境和气候格外敏感的男人就会出现情绪低落、极度疲倦、嗜睡和贪吃及对所有事情都失去兴趣的症状，严重的还会引起机体正常功能衰退。

3. 愤怒

吃的量多了，与能量代谢有关的 B 族维生素就会消耗得多，而维生素B1 缺乏会使人脾气暴躁、健忘。B3 缺乏与焦虑有关，B6 的不足则导致思维能力下降。另外，肉类吃多了，体内的肾上腺素水平就会升高，也更容易使人发怒。

（二）中医对情绪与健康的解读

身体像是我们历史的记事本，藏着所有的记忆、创伤和故事，它通常以疾病的形式提醒着我们。情绪以一种信息形式，在神经和经络传导。当某种情绪过大，传导神经就会受到破坏，堵在那里，形成一个记忆。我们身体的背部肌肉对应着不同的脏器。

（1）肩颈板硬、酸痛，通常是愤怒积压而成。

（2）左侧肩胛骨与背椎间板硬，易导致心脏问题，主要由伤心、委屈等情绪累积。

（3）右侧肩胛骨板硬主要由于抱怨、不满等情绪积压所致，易导致胃部炎症。

（4）后背部板硬的人通常具有讨好性人格，会出现内分泌失调，代谢紊乱，并且容易得糖尿病。

（5）腰椎板硬主要受恐惧的情绪影响，易导致肾虚、肾炎和腰椎间盘突出等问题。

（6）低椎僵硬的人要注意抑郁症的倾向，因为经常会独自生闷气。

中国古代的医书《黄帝内经》中记载："怒伤肝、喜伤心、忧伤肺、思伤脾、恐伤肾。"

怒伤肝，中医讲，肝气宜条达舒畅，肝柔则血和，肝郁则气逆。怒是较为常见的一种情绪，怒则气上，肝失条达，肝气就会横逆。有些人发怒后，常感到胁痛或两肋下发闷而不舒服就是这个原因，中医称其为"肝气横逆，克犯脾土"。经常发怒的人也易患上高血压、冠心病、胃溃疡等，《三国演义》中周瑜就是因生气吐血而亡。因此，我们要尽量戒怒，这样才有利于健康。

喜伤心，喜可通血、肌肉放松，益于恢复身体疲劳。但欢喜太过，则损伤心气。《儒林外史》中，描写范进老年中举，由于悲喜交集、忽发狂疾的故事，是典型的喜伤心。中医认为"心主神明"，心是情志思维活动的中枢。喜是心情愉快的表现，喜可使气血流通、肌肉放松，益于恢复身体疲劳。俗话说"人逢喜事精神爽"，有高兴的事可使人精神焕发。但欢喜过度，则损伤心气，如人们常说的"乐极生悲"就是这个意思，在《淮南子·原道训》中也有"大喜坠慢"阳损使心气动，心气动则精神散而邪气极，从而出现失眠、健忘、心悸等，特别是一些心脏不好的人，过度兴奋就会诱发心绞痛或心肌梗死。因此，喜乐应适度，喜则意和气畅，营卫舒调，过度就会伤身。

思伤脾，思则气结，大脑由于思虑过度，使神经系统功能失调，消化液分泌减少，出现食欲不振、失眠多梦、神经衰弱、形容憔悴、气短、神疲力乏、郁闷不舒等。容易焦虑的人，就是思虑过度，会伤脾，人的体型就会佝偻着，背隆起，因为在焦虑的时候，身体会挛缩。相由心生，当你的情绪是如何的时候，身体体型就会变化，会按照你的情绪去塑一个型出来。这样的人，肺经和脾经就会出现聚结，背部会有隆起。思伤脾，脾为土，土生金。思虑过度，会生忧，忧伤肺，而肺主皮毛。所以，长期思虑过度的人，会容易得皮肤病，有很多患者，就是思虑过度。在治疗很多皮肤病人的时候，需要去了解一下病人的情绪，大部分的皮肤病人，都与其情绪有关。情绪比外界的环境更容易影响我们的身体，所以身体的健康，还需从情绪入手。忧伤肺人在极度忧伤时，会伤及肺，出现干咳、气短、音哑及呼吸频率改变。《红楼梦》中多愁善感的林妹妹，就是一个很好的证明。

忧伤肺，忧是与肺有密切相连的情志，人在忧伤时，可伤及肺，出现气短、干咳、咯血、音哑等。悲是忧的进一步发展，悲是由于哀伤而产生的一种情态，表现为面色惨淡，神气不足。忧与悲损都会伤及到肺，所以有"过悲则伤肺，肺伤则气消"的说法。多愁善感的林黛玉，整日郁郁寡欢、悲悲切切，最终因肺病而死，就是大悲伤肺的最好的证明。

恐伤肾，恐则惊厥，会出现耳鸣、耳聋、头眩、阳痿。《三国演义》中，张飞常常将敌将喝于马下，就是靠制造恐惧打败对手的例子。恐是因精神过度紧张而造成的胆怯。惊是突然遇到事情的变故，导致精神上的紧张。如突临危难，突然打雷等，都可发生惊吓。惊恐可干扰神经系统，出现耳聋、头眩、阳痿，甚至可置人于死地，如老百姓常说的"吓死人""吓得屁滚尿流"。那惊恐与肾又有什么关系呢？肾藏精，主生殖系统，即为生命的发动机，古代医家称肾为"先天之本"。突受惊吓而当场目瞪口呆、手足无措的人，大都因心气逆乱，心血受损，导致心无所倚、神无所归的缘故。因此，治恐当补肾，治惊应安神。

（三）情绪与肠胃菌群

现代生物学家发现，大量的细菌寄生在我们呼吸道和消化道中，它们中的半数的中性菌，对我们既无害也无益，比如肠杆菌、酵母菌及肠球菌；约有10%是有害菌，如葡萄球菌、幽门杆菌等；还有约30%是有益菌，如乳酸菌、双歧杆菌等。它们对改变我们的情绪和行为有着不可忽视的作用。一方面，这些细菌影响人体的营养代谢，如果消化不良，会引起情绪异常；另一方面，假如人体的代谢紊乱，这些细菌会制造出硫化氢、氨等气体来毒害我们的神经，从而导致我们情绪异常，甚至做出极端行为。

近年来，人们情绪异常和行为失控的发生频率逐年升高，从肠道内细菌的生存环境来看，导致这一现象主要有两个原因，一是农药、食品添加剂和抗生素等的滥用。这些药物或化学物质进入人体会大量杀死肠道细菌，导致人的代谢紊乱和消化不良，从而引发情绪异常和精神疾病。二是这几年生活水平提高后，部分人吃得太饱。由于摄入的过量高蛋白在人体内缺少有益菌或中性菌为其分解、代谢，它们会在杂菌的分解下产生大量的硫化氢、氨等对神经有毒害作用的物质。这些物质会破坏人体中起抑制冲动作用的五羟色胺的合成，导致人的情绪异常，产生过激行为。当人们体验到消极情绪时，免疫系统功能会减弱；而当人们体验到积极情绪时，免疫功能会增强。

四、积极情绪

（一）积极情绪的定义

积极情绪英文翻译为正性情绪。积极的意思一部分心理学家认为，积极情绪是能激发人产生接近性行为或行为倾向的一种情绪，所谓接近性行为或行为倾向，就是指产生情绪的主体对情绪的对象能够出现接近或接近的行为趋势。积极情绪是指能激发人产生接近性行为或行为倾向的一种情绪，所谓接近性行为或行为倾向，就是指产生情绪的主体对情绪的对象能够出现接近或接近的行为趋向；另一部分研究者认为愉快和快乐是积极情绪的特性。不同学者对积极情绪的定义不同，但是，这些定义的共同之处在于都认可积极情绪是个体在接受外界刺激后所伴有的一种愉悦的情绪，这种情绪是积极的、正性的一种体验。

（二）积极情绪的分类

汤姆金斯认为积极情绪包括兴趣和快乐；弗瑞德认为积极情绪可分为愉快、兴趣、期望和惊奇四种情绪；拉扎勒斯认为积极情绪包括愉快、自豪、希望和爱；弗瑞克森认为，积极情绪包括快乐、满意、兴趣、自豪、感激和爱。从上述分类中可以看出，各种积极情绪分类中都大致包含兴趣、自豪、愉快、快乐等情绪，这些情绪都算是从最基本的原始情绪发展而成的复合情绪。

（三）积极情绪的功能和意义

1. 积极情绪的表达能够促进心理健康

以往研究表明，越多积极情绪的体验可以让人保持良好的自信，保持较高的主观幸福感，提高问题解决的能力，从而促进心理健康的发展。Fredrickson通过研究表明，在激发积极情绪的情况下，个体会有一种较好的心理弹性，从而可以很好地缓解消极情绪所带来的压力。Gross 通过研究表明：当个体采用积极的情绪调节策略时有利于积极情绪的体验，可促进个体心理健康水平。

2. 积极情绪促进生理健康

关于情绪同生理健康关系的研究，大多关注积极情绪同疾病以及疾病预防之间的关系，现有研究认为情绪同健康之间存在着一种动力关系，一定范围内，积极情绪对身体健康有着促进作用。首先，积极情绪可以促进身体康复。Elman 认为情绪的核心因素是生理唤醒，可通过情绪来调节生理唤醒水平，在对患有乳腺癌的女性的研究发现，通过团体干预的方式，降低患者的焦虑和抑郁情绪，可以减少患者的复发率。阎秀梅通过研究发现，对冠心病患者进行针对性的心理干预，可有效降低其负性情绪，促进疾病的康复。其次，积极情绪可以增强个体对疾病的抵御能力。众多研究表明，情绪对生理健康的意义在于提高人的免疫系统功能，积极情绪体验可增强 S-IgA 的分泌，提高对疾病的抵抗能力。一般来说笑是一种积极情绪的表达，通过对笑的研究表明，"笑"可使免疫系统功能得到改善，尤其对于老人，可以通过免疫系统功能的增进，提高对疾病的抵御，从而提高健康水平。因此，应通过体育活动、心理干预等方式培养个体的积极情绪，学会情绪调节的策略，合理宣泄消极情绪，保持良好的健康水平。

3. 积极情绪促进健康人格的形成

大量研究表明，积极情绪同健康人格之间存在着密不可分的关系，积极情绪可以促进健康人格的形成，而消极情绪不利于健康人格的形成。郑日昌通过对大学生情感和心理健康关系的研究表明，SCL-90 中的多数维度同正向情感为显著负相关，而负向的情感同量表中的多数维度呈显著正相关关系，该研究说明积极情绪的培养可以减少不良的心理状态，而消极情绪的生成会导致不良心理状态的形成。积极的情绪通过积极的归因方式促进健康人格的形成，研究发现，同具有乐观、积极归因方式的个体相比较，消极、负性归因的人抑郁程度更为严重，抑郁程度较严重的人会将成功归因为外部、暂时的，对失败做内部、稳定的归因，因此会将成功看作是偶然的，将失败看作是持久的和无望的，因此，具有积极情绪的个体，在遇到任何生活事件时，无论是积极的还是消极的，都能够正确认识和客观评价事件，并且可以维持良好的人际关系，获得更多的社会支持，并且在行为上积极应对。同时，这些良好的心态和积极健康的行为特征久而久之就会逐步稳定下来，成为持久、稳定的心理资源，构成积极而健康的人格，促进健康人格的发展。

五、情感

（一）情感的概念及分类

情感是人类特有的与人的社会和精神需要相联系的心理体验和价值倾向，它反映着人们的社会关系和生活状况，具有明显的历史性。情感的种类很多，根据情感的性质和内容的不同，可将其分为一般情感和高级情感。

1. 一般情感

一般情感分为爱、恨、惧、乐、疏五种，是个人内心的一种较强烈的情感体验，它以个人对他人或物的情感依赖度和联结度为标准。对他人或物的情感产生依恋并与之联结紧密的情感可称之为"爱"，反之，则为"恨"。如一对恋人起初情意缠绵，山盟海誓，后因第三者介入，引起一方变心，导致反目成仇，也就是所谓的"爱之深恨之切"。"惧"是一种害怕的心理体验，排斥与他人或事物建立情感依赖和联结，或对已有的情感依赖和联结产生恐惧。反之，内心对与他人或物之间建立的情感依赖和联结有一种愉快感和兴奋感并趋附之，则为"乐"。如人都惧怕蛇，却乐于把猫当作宠物豢养；学生乐于学知识，却害怕考试。"疏"是指未与他人或物产生情感依赖和联结的情感状态，表现为不认识、不了解、陌生、心存芥蒂等。例如，一个学校有很多学生，你可能只与本班的学生产生情感依赖和联结，从而形成班集体荣誉感，而对其他班的学生却很生疏。就是在一个班内，你也可能只与少数几个同学有更强的情感依赖和联结，而对班上其他同学却比较生疏。

2. 高级情感

高级情感是人的一种持久和强烈的社会和精神需要，它渗透于人类社会生活的各个领域，对人的社会性行为有一定的影响。常见的高级情感有道德感、理智感和美感。

（1）道德感。

道德感是关于人的举止、行为、思想、意图是否符合社会道德行为标准和客观的社会价值而产生的情绪体验，是由对那些能满足人的社会道德行为准则的需要而产生的情感体验。热爱祖国，对自己祖国的自豪感和尊严感，对于阶级的和民族敌人的仇恨，都是重要的道德感。对见义勇为行为的称赞，对自私自利行为的谴责，对他人不幸的同情，对自己过失行为的自责，等等，也都属于道德感。

道德感是一种比较复杂的高级情感，这种情感总和人们的道德观念、价值观念以及道德评价观（如正义与非正义、善与恶、美与丑、诚实与虚伪、公正与偏私）相联系。不同的社会制度有不同的道德观、价值观以及道德评价观，因此具有不同的道德感；同一社会制度下，由于人们所处的社会阶层不同、文化水平差异、宗教信仰不同，人们的道德感也会有所不同。但总的说来，道德感可分为爱国感、正义感、责任感、羞耻感、友谊感和同情感。

道德感是一个人的人格中的核心部分，对完善人格、塑造灵魂具有重要的作用。因此，大学生应该站在时代和社会的前列，努力学习科学文化，同时培养自己高尚的道德感。

（2）理智感。

理智感是人在认知活动过程中所产生的情感体验。它与人的求知欲、认识兴趣、解决问题的需要等的满足相联系。

人在认识过程中，当有新的发现时会产生愉快或喜悦的情感；在突然遇到与某种规律相矛盾的事实时会产生疑惑或惊讶的情感；在不能做出判断、犹豫不决时会产生疑惑的情感；在下了判断而又感受到论据不充分时会产生不安的情感。因此，理智感受大致可分为求知感、好奇心、紧张感、怀疑感、惊讶感、喜悦和犹豫等。

理智感是在认识活动过程中产生和发展起来的，它反过来又推动着人的认识的进一步深化，成为认识世界和改造世界的一种动力。列宁说："没有'人的情感'，就从来没有也不可能有人对真理的追求。"当一项科学活动和深刻的理智感相联系时，往往会在科学上做出应有的成就。因此，努力培养大学生的理智感具有重要的意义。

（3）美感。

美感是审美主体在欣赏艺术作品、社会上的和谐现象和自然景物等审美对象时在内心所产生的崇高、伟大、庄严、优美等的情感体验。美感的成分非常复杂，但从主观体验上看，它分为审美感和爱美感。

审美感是一种愉悦的体验。自然美使人心旷神怡，艺术美使人陶醉，积德行善使人快乐。

爱美感是一种倾向性的体验。这种体验表现为审美主体内心对美好事物的肯定、向往和迷恋，具有持久性并带有一定的价值取向。例如，人们总把天鹅与美好的事物联系在一起并因此对天鹅产生好感；反之，总把癞蛤蟆与丑陋的事物联系在一起，并因此对之产生强烈的厌恶感。

生活中不是缺少美，而是缺少发现美的眼睛。因此，在美感中起主要作用的还是审美主体。不同的审美主体由于所处的社会文化环境不同、社会制度不同，对美的感受也是不同的。大学生正处于人一生中的"黄金时期"，确立崇高、伟大、庄严、优美等美感，对于大学生今后的事业成功具有重要意义。

（二）情绪情感的关系

情绪、情感同其他心理现象一样，也是人脑对客观事物的一种反映，它是一种对外界刺激带有特殊色彩的主观态度和体验，并与人的需要是否得到满足密切相关。人的生理需要是否得到满足而产生的体验形式称为情绪；人的社会性需要是否得到满足而产生的体验形式称为情感。

1. 情绪和情感有密切的联系

一方面，情绪是情感的基础，情感离不开情绪。这是因为情感是在情绪不断稳定化的基础上发展形成的，又是通过情绪的形式表达出来的。如"不打不相识""不是冤家不聚头"等说的就是人们相互之间的关系由陌生到熟悉进而产生感情的过程。另一方面，情绪离不开情感。情绪是情感的具体体现。情感的深度决定着情绪表现的强弱程度，情感的性质决定了情绪在一定情境下的表现形式。在情绪的发生过程中，往往深含着情感因素。所谓的"仇人相见分外眼红""爱之深恨之切"说的就是这个道理。正是因为情绪情感的不可分割性，人们时常把情绪和情感通用。

2. 情绪和情感有一定区别

首先，情绪是原始的，是更多地与生理需要满足与否相联系的心理活动。而情感是一种比较高级复杂的心理活动，一般与人的社会需要和精神需要相联系，如爱、恨、荣誉感、责任感等。人在饥饿时吃到食物就很高兴，这是一种情绪，但不能由此说他产生了热爱食物的情感。情绪是人和动物（尤其是高等动物）所共有的；情感却是人类所特有的心理活动，它是在人类社会发展过程中产生的，具有一定的社会历史性。例如，民族自豪感是与对本民族的爱相伴而产生的社会性情感。

其次，在人类个体发展中，情绪发展在先，情感体验在后，如婴儿出生不久就产生了对身体舒适状态作出反应的"爱"的情绪，而对母亲的依恋与爱的情感是在不断受到爱抚关怀的过程中，愉快的情绪体验持久而稳定下来，从而逐渐培养起来的。

再次，情绪是短暂的、冲动的、不稳定的心理体验，有较大的情境性。一旦情境发生变化，情绪也会发生相应的改变。而情感是较为稳定的、深刻的、持久的心理体验，是构成个性或道德品质中稳定的成分。

最后，情绪有较明显的外部表现，常常表现在面部、身体动作和言语方面。如一个人高兴时眉飞色舞，手舞足蹈；愤怒时咬牙切齿，捶胸顿足；悲伤时目光呆滞，唉声叹气等。而情感有时也会以外显的方式表露出来，如神舟五号载人航天飞行成功后，全世界的中国人都激动万分，强烈的民族自豪感情不自禁地洋溢在脸上，但情感多以内在体验的形式存在，比较含蓄、内隐。

第二节 大学生情绪情感特点及常见的情绪情感问题

一、大学生情绪情感特点

大学生正处于青春期的中后期，具有青年人共有的情绪和情感特点。如热情、活泼、思维敏捷、接受新事物快、自我意识强烈等特点。同时，由于大学生这一群体独特的社会地位、知识水平、心理成熟度和生理发育状况，他们的情绪、情感又具有自己鲜明的特点，总体表现为矛盾的情绪情感反应和强烈的情绪情感体验。具体分析如下。

（一）稳定性与波动性并存

由于知识结构的完善、认知水平的提高和生活经验的积累，大学生的情绪情感日趋稳定，对于一事一物一行为的情绪情感反应持续较长时间，久留心头；对与他人的情绪情感依赖和联结具有一定的倾向性和专一性，互相之间以此确立身份并获得心理认同和情绪情感共识。但与成年人相比，大学生的情绪情感仍很不成熟，变化大且频繁，忽冷忽热，忽高忽低。考试成绩好坏、人际关系亲疏、恋爱成败都会使大学生的情绪情感处于摇摆之中，甚至从一个极端走向另一个极端；同时，由于大学生的心理、生理和社会的需求处于不平衡的发展状态，大学生有时也会产生一些莫名其妙的情绪情感波动、交替。例如，触景生情、惺惺相惜等。

（二）外显性与内隐性并存

处于青春期的大学生遇事反应强烈，对外界的刺激反应敏感、迅速，情绪情感写在脸上、说在嘴上、发在行为中。喜怒哀乐爱恨情仇的表现都很具体。例如，过生日时，购买生日蛋糕并邀请几个好友开一个"BIRTHDAY PARTY"；校园内突然停电或断水，立即传来的常常是学生的啸叫声与敲盆敲碗声组成的"交响曲"。有时大学生情绪情感的外部表现又会与内在体验不一致，甚至恰恰相反，这就是大学生情绪情感的文饰现象。例如，互相倾慕的两位男女大学生表达情意肯定很热烈，但在公共场合下，又会考虑自己的行为在别人心目中的印象及社会道德规范对这种行为的评价，从而收敛自己的行为，故意表现出淡漠，甚至疏远的态度。

（三）冲动性与理智性并存

有人把青春期称为"疾风暴雨"时期。大学生的情绪情感也具有强烈性、暴发性和易激动性的特点，即"冲动性"。大学生可能因为一个不经意的玩笑或一件小事而大打出手，造成伤害。大学生之间发生的打架斗殴的事件大多如此。此外，由于大学生自我意识的发展与成熟，大学生的理智感也随之增强，具有了一定的自我控制情绪情感的能力，能够对强烈的情绪情感反应进行调适。

（四）强烈的情绪情感体验，高级情感占主导地位

大学生思维敏捷，感情细腻，需求强烈，在内心经历着强烈的情绪情感体验，可以说是酸甜苦辣嬉笑怒骂无不体验。伴随着大学生社会化的进程和社会化程度的提高，大学生的社会需要和精神需要日趋强烈，情感尤其是高级情感在大学生内心中逐步占据主导地位。例如，大学生在集体生活中形成了责任感和道德感，在政治活动中形成了正义感，在与人交往中形成了友谊感和同情感，在欣赏自然和艺术的过程中形成了美感等。大学生完成了从关注自我向关注社会的转变，具有强烈的爱国情感和民族自尊心，表现在对祖国深沉的爱和对民族文化的高度认同感。例如，对"台独"分子企图把台湾从祖国分裂出去的种种恶劣行径，大学生们表示了强烈的愤慨，纷纷谴责"台独"分子及其行径，表达了坚决捍卫祖国统一的决心和信念，与党和政府保持了高度一致。

二、大学生常见的情绪情感困扰

（一）自卑

自卑是自我情绪体验的一种形式，是个体由于某种生理或心理上的缺陷或其他原因所产生的对自我认识的态度体验，表现为对自己的能力或品质评价过低，轻视自己或看不起自己，担心失去他人尊重的心理状态。

大学生的自卑主要表现在：敏感和掩饰、自暴自弃、逃避现实、自傲、封闭以及逆反。产生自卑感的原因是多方面的，就主观因素来说，主要有：不能正确面对现实。大多数大学生在中学时期是学习尖子，受到老师和家长厚爱和同学的羡慕，自我感觉良好。进入大学后，人才济济，大家各方面一律平等，一切从零开始。从鹤立鸡群变成"平庸之辈"，部分大学生对这种地位的变化和心理落差产生了自我评价失调，造成自卑心理。

自卑也可以是不合理的自我评价造成的。美国心理学家埃里斯的 ABC 理论

认为，一些负性的情绪体验如自卑、抑郁、焦虑等都是个体对事物的某些不合理的观念造成的，现实很难满足一些不合理的期望和要求。当现实与它们发生矛盾时，个体便会产生以点概面的、消极的、不合理的自我评价。有的大学生常因某事不如意而过低评价自己甚至是否定自己，认为"我没用了，我什么事都做不好"。

（二）焦虑

焦虑是一种伴随着某种不祥预感而产生的令人不愉快的情绪，是一种复杂的情绪状态。它包含着紧张、不安、惧怕、烦躁、压抑等情绪体验。许多人说不出自己焦虑的原因，但研究已经表明，事情的不确定性是产生焦虑的根源。

焦虑可划分为三类：一是神经性焦虑，当大学生意识到内心的欲望与冲突却无法控制时所产生的恐惧感。有时是无名的恐惧，有时是强烈的非理性恐惧。二是现实性焦虑，这种焦虑是由现实环境的压力与困难引起的，大学生自我无力应付。例如，无力参与竞争、期望过高、要求过严、社会文化差异悬殊等。三是道德性焦虑，由于社会生活准则引起的，大学生对自我的责备与羞愧感，因唯恐犯错误或触犯不能逾越的规定，时常自责、受到罪恶感的威胁。这三种类型的焦虑不是单一的，有时神经性焦虑与现实性焦虑混合起来；有时道德性焦虑与现实性焦虑混合起来；有时神经性焦虑与道德性焦虑混合起来；有时也可能是三种焦虑的混合。

常见的引起大学生焦虑的原因有以下几方面。

（1）因适应困难而产生焦虑。这是大学生比较常见的情况。由于生活环境和学习方式的转变，造成对新环境难以很快适应，因而引起各种焦虑反映。如有一位到心理咨询中心咨询的大学生谈道，入大学以前生活上的事都由父母包办，衣食住行都有人给自己安排。现在这一切都要自己来做，却不知如何去做。学习紧张，还要想着怎么去处理这些事，因此感到焦虑不安。从这个例子可以看出，这位大学生由于生活在一个过分依赖的家庭环境中，独立生活的能力较差，因此当置身一个新的、不得不依靠自己独立安排生活的环境中时，常常因不知该如何做而产生焦虑情绪。

（2）学习上的不适应也是促使焦虑产生的原因。不少大学生习惯了高中时那种被动的学习方式，上大学后对大学的学习方式不能很快适应。教师课上讲的内容不多，自己自学的时间较多。到了图书馆，又不知如何学起、无所适从，由于学习方法不得要领、学习成绩下降，一些大学生对以后的学习生活和前途感到忧虑不安，极个别的担心自己会完不成学业，陷入焦虑状态之中。

（3）考试焦虑是大学生中较常见、较特殊的焦虑情绪表现，即由于担心考试失败或渴望获得更好的分数而产生的一种忧虑、紧张的心理状态。考试焦虑一般在考试前数天就表现出来，随着考试日期的临近而日益严重。研究表明，把对好成绩的期望降低到适当水平，可以减轻考试焦虑。

（4）大学生中另一种常见的焦虑情形是因对身体健康状况过分关注而产生的焦虑。大学生因学习比较紧张，脑力劳动任务比较繁重，存在着一些可能使健康水平下降的因素，如失眠、疲倦等。当这些因素作用于那些过分关注自己健康状况的大学生时，便有可能导致焦虑的产生。咨询中心常接待一些大学生，自感身体不适、睡不好觉，几次到医院去检查，任何指标都正常，但就是自感身体不舒服、终日无精打采，由此影响了学习。对于这种情况，要克服焦虑，首先就要正确认识人的脑力活动对健康的影响，合理安排时间，注意劳逸结合、增强体育锻炼，而不应该沉湎于对自身身体状况的过分关注，因为这有可能通过暗示作用使自身身体的各种不适感加重，从而加重焦虑情绪。

并非所有的焦虑都是病理性的，大学生的焦虑大多是正常的焦虑，即客观的、现实的焦虑。这种焦虑是一种比较普遍的情绪表现，有些比较轻微的焦虑往往会事过境迁，随时间延长而自动消失。适度的焦虑具有积极的作用，它能使大学生在各种活动和学业上表现出色，维持良好的人际关系；过分的焦虑可使人心情过度紧张，情绪不稳定，不能正确地推理判断，记忆力减退，以致影响考试成绩和人际关系。对于那些自己感到无法控制的、比较严重和持久的焦虑表现，或焦虑性神经症的表现，大学生则应及时寻求心理咨询师的帮助。

（三）抑郁

情绪抑郁的大学生的主要表现是：情绪低落、思维迟缓、郁郁寡欢、闷闷不乐、兴趣丧失、缺乏活力，干什么都打不起精神，不愿参加社交，故意回避熟人，对生活缺乏信心，体验不到生活的快乐；并伴有食欲减退、失眠等。长期的抑郁会使人的身心受到严重伤害，使大学生无法有效地学习和生活。抑郁是大学生中常见的情绪困扰，是一种感到无力应付外界压力而产生的消极情绪，抑郁就像其他情绪反应一样，人人都曾体验过。对大多数大学生来说，抑郁只是偶尔出现，时过境迁很快会消失。也有少数大学生长期处于抑郁状态，导致抑郁症。性格内向孤僻、多疑多虑、不爱交际、生活中遭遇意外挫折的大学生更容易陷入抑郁状态。

在大多数情况下，大学生的抑郁情绪都受到较为明显的精神因素的影响，主要表现为因学习成绩落后、失恋、人际关系不和谐以及其他有关的负面生活事件的影响。然而，失恋或学习上的失败是大多数学生都可能遇到的情况，并不是每个人都会产生如此强烈的抑郁情绪反应。一些大学生产生抑郁是由于对一些负面事件的不正确认识，以及因此而对自我价值的不合理评价。

（四）嫉妒

嫉妒是指他人在某些方面胜过自己引起的不快甚至是痛苦的情绪体验。其表现是：不能容忍别人的进步和优点，通过诋毁对方获得心理上的暂时平衡。西班牙作家塞万提斯说："嫉妒是万恶的根源，美德的蟊贼。"

日常生活中普遍存在嫉妒。英国科学家培根说："在人类的一切情欲中，嫉妒之情恐怕要算作最顽强、最持久了。"当看到别人比自己强时，心里就酸溜溜的不是滋味，于是就产生一种包含着憎恶与羡慕、愤怒与怨恨、猜嫌与失望、屈辱与虚荣以及伤心、悲痛的复杂情感，这种情感就是嫉妒。嫉妒者不能容忍别人超过自己，害怕别人得到自己无法得到的名誉、地位等，在他看来，自己办不到的事别人也不要办成，自己得不到的东西，别人也不要得到。

嫉妒作为自尊心的一种异常表现，在大学生中普遍存在。容易引起大学生嫉妒的因素主要有外表、成绩、能力、物质条件、恋人、运气，等等。比如当看到他人学识能力、品行荣誉甚至穿着打扮超过自己时内心产生的不平、痛苦、愤怒等感觉；当别人身陷不幸或处于困境时则幸灾乐祸，甚至落井下石，在人后恶语中伤、诽谤。嫉妒是一种情绪障碍，它扭曲人的心灵，妨碍人与人之间正常真诚地交往。有研究者在大学中的调查研究发现：大学生中普遍存在着七种类型的嫉妒：嫉妒别人政治上的进步，嫉妒别人学习上的冒尖，嫉妒别人某一方面专长，嫉妒别人生活上的优越，嫉妒别人社交上的活跃，嫉妒别人仪表上的出众，嫉妒别人恋爱上的成功。嫉妒心重的人，从不去赞美别人，有的只是怨恨和傲慢，很难让人接近，人际关系紧张，自己也很痛苦，可谓是损人不利己。

嫉妒虽说是人类的一种通性，但那些自尊心过强、虚荣心过盛、自信心不足、以自我为中心、认知有偏差、自控能力弱的大学生更容易产生嫉妒而且程度也较一般人更高，也更容易得心身疾病。此外，嫉妒心强也会影响大学生的自我发展，大大降低学习的效率。再有，嫉妒心强可能使我们结交不到知心朋友，这类人常想方设法阻止别人的发展，总想压倒别人。因此，在交往中要减少自己的嫉妒心，同时要理解别人的嫉妒心。在他人面前尤其是不如意者和嫉妒心强的人面前采取谦逊态度，有时可以适当暴露一下自己的缺点和苦恼，这样不仅可以减少对他人的刺激，还可以引发他人的友谊。

（五）易怒

愤怒是当事物不符合自己的需要或愿望，心理受到挫折时的一种强烈的情绪体验。愤怒的引起决定于达到目的的障碍被当事人意识的程度。怒，依据强度，从程度上可分为不满、气恼、愤怒、暴怒、狂怒等。通常，当人发怒时，心跳加速，心律失常，严重时可能导致心脏停搏甚至猝死。此外，发怒会使人丧失理智，阻塞思维，导致损物、殴人甚至犯罪等许多失去理智的不良行为。

大学生正处于心身急剧发展、热情高涨、激情澎湃的青年时期，极易在外界刺激下引起愤怒情绪，甚至难以控制。比如，有的大学生因一句刺耳的话或一件不顺心的事而暴跳如雷；有的因人际协调受阻而怒不可遏、恶语伤人；有的因别人的观点或意见与自己相左而恼羞成怒；有的因一时的成功、得意而忘乎所以；有的因暂时挫折或失败而悲观失望，痛不欲生。如此种种遇事缺乏冷静的分析与思考，图一时之快，逞一时之勇的好激动、易动怒的不良情绪特点，在一些大学生身上时有体现。这种情绪对大学生的影响是极其有害的，因而有人说："愤怒是以愚蠢开始，以后悔结束。"

易怒与个性和生活经历有较大关系。易怒的人中胆汁质居多，这不是说别的气质类型就没有发怒的时候，而常常是因为他们更能自我克制，更少冲动。一些人成长在充满争吵的环境中，往往容易感染上易怒的脾气。一些缺乏良好教养的人，容易自制力不强，常常以发怒来应付外界环境。此外，易怒行为与一些人的错误认知有关。比如有些大学生认为发怒可以威慑他人，可以抵挡责难，可以挽回面子，可以推卸责任，可以逃避努力，可以满足愿望等。然而事实上，易怒者总是事与愿违，所得到的不是尊严、威信，而是他人的愤怒、厌倦，甚至使自己心绪不宁。

（六）压抑

压抑是当情绪和情感被过分克制约束，不能适度表达和宣泄时所产生的内心体验，它混合着不满、苦闷、烦恼、空虚、困惑、寂寞等多种情绪。有时候，人们知道自己在压抑什么，但更多的人常常不知压抑来自何方，更不知如何消除压抑。处在压抑、苦闷状态中的大学生常常表现出精神萎靡不振，缺少青年人应有的朝气和活力，对生活失去兴趣，不愿主动与人交往，感觉迟钝、容易疲劳，不满和牢骚多等。长期严重的压抑极易导致心理障碍。

大学生思想活跃、兴趣广泛、精力充沛，无不渴望体验丰富多彩的大学生活，但现实中的生活却是繁重的课程、激烈的竞争、沉重的考试压力和单调枯燥的业余生活，于是乏味、压抑感油然而生。大学生自身的心理、生理和社会性发展中的矛盾性特点，也是产生苦闷、压抑情绪的重要原因。比如，一方面他们强烈地希望与人交往，得到理解和友谊，体验爱情的甜蜜，另一方面由于自我评价不当、认识错误、缺乏交往能力等原因，使得他们在交往中畏缩不前甚至自闭自锁，感情无处寄托，体验到郁闷、痛苦、压抑，又如因性欲望、性冲动被社会规范约束而产生的压抑感，等等。此外，大学生受不良社会风气和现象的冲击而产生的困惑、迷惘，以及个性上的缺陷，如固执、刻板、退缩、过分敏感等，都易使其产生情绪困扰，若不及时调适、宣泄，长期累积也会造成压抑感。最后，大学生在交往过程中，过分注重对方的感觉和需要，以对方为中心，不敢说出自己的真实想法和意见，以为这样可以很好地维护友谊，长此以往也会使自己感到很压抑。

（七）孤独

孤独是当个人感觉到缺乏令人满意的人际关系，自己对交往的渴望与实际水平产生差距时而引起的一种主观心理体验，常常伴有寂寞、孤立、无助、郁闷等不良情绪反应和难耐的精神空落感。

心理学研究表明，相当一部分大学生感受到孤独感。如骆光林等（1999）的调查研究发现：83.9%的大学生偶尔或者经常体验到孤独感。黄海（2005）对大学生孤独感调查研究显示：有时感到孤独和经常感到孤独的大学生在调查总人数中超过 2/3，其中严重孤独的大学生占总人数 2.2%。这些均表明孤独感正成为当代大学生群体中一个令人头痛的情绪问题。

大学生孤独感的出现，与其身心发展特点及所处环境有关。大学生正处于青春年华时期，他们的心理发育成熟使他们迫切需要朋友等多种社会人际关系和情感来满足自己的心理和生理需求，然而其封闭心理使他们的人际关系受到心理自我保护干预，给自己设置与周围正常交往的心理屏障，加之性格、社交能力不足等影响，以及现代社会的激烈竞争性、新的学习课程、考试和学习压力及离家求学等因素影响，妨碍了他们对于人际、情感需求的满足，从而诱发孤独感。

第三节　情绪调节与情商提高

一、不良情绪情感的判断与分析

大学生不良情绪情感不仅会给自身造成生理和心理上的痛苦，而且也会给他人和社会带来很大的不便甚至损害。因此，分析大学生不良情绪情感产生的原因，找出健康情绪情感的特征，引导大学生自我诊断以获得心理健康就显得尤为重要。

大学生不良情绪情感产生的原因错综复杂。既有内因，即个体自身方面的影响；也有外因，即客观环境的影响。

1. 个体因素（内因）

个体因素主要是生理状况和心理因素两个方面。

（1）生理状况。

个体的生理状况会对其情绪情感产生一定的影响。因为人的情绪情感活动有着广泛的大脑神经和生理、生化基础，是大脑皮质、皮质结构和内分泌等系统协同活动的结果。如果这些系统中的某一环节发生了故障，就有可能造成情绪情感障碍。人的身体是一个有机统一的系统，牵一发而动全身。身体某一器官的损伤或机能出现问题，会直接或间接地引起情绪情感活动的紊乱。许多人都有这样的体验：当体力不佳或身体有病痛时，会情绪低落、烦躁不安。处于性成熟期的大学生，由于性激素的大量分泌，容易形成性冲动；同时，伴随着性成熟出现的遗精、手淫、初潮、痛经和月经失调等生理现象，也容易造成大学生的情绪情感波动。大脑神经活动过程的兴奋与压抑不平衡，内抑制力差，也是情绪情感不可控的一个因素。

（2）心理因素。

影响情绪情感的心理因素很复杂，个体的知识经验、能力水平、认知方式、情感成熟水平、意志品质和性格特点等都可能导致不良情绪情感。比较而言，有以下特征的人更容易陷入情绪情感困扰之中。

①情绪特征。表现为不稳定、易冲动、易躁易怒、消沉、冷漠、郁郁寡欢等。

②意志特征。表现为固执、刻板、胆怯、优柔寡断、缺乏自制力、耐挫力差等。

③自我意识特征。表现为过分自尊或自负、缺乏自信、自卑等。

④社交特征。表现为孤僻、退缩、自我封闭、敏感、多疑、心胸狭窄、嫉妒心强等。

⑤认知特征。表现为以偏概全、夸大后果、爱钻牛角尖等。

2. 环境因素（外因）

个体赖以生存和发展的环境中的一些因素会影响人的情绪情感，这些情绪情感主要来自家庭、学校、社会三个方面。

家庭中的亲情氛围、父母的教养方式等会对子女的情绪情感产生很大影响。家庭内气氛紧张、父母关系不和、教养方式不当，或过分严厉、过分溺爱，都可能使子女产生情绪情感困扰。

学校环境中的教育方法、学习压力、人际关系、师德师风、校风校貌等都会影响大学生的情绪情感。比如，教育方法的单调落后、学习压力过大、人际关系紧张、校风不良，都可导致大学生的不良情绪情感。

社会环境中的一些因素，比如，社会风气、社会变革、经济文化条件、竞争等，都可引发不良情绪产生。尤其是互联网的出现，对传统的思维方式和交友方式带来了极大的冲击，促使大学生要不断地调节自己、适应环境，更好更快地发展自己；不过，也会使大学生产生不适应的压力，从而引起情绪情感波动。

另外，物理环境中的不良刺激，如高温、严寒、噪声、强光、辐射等，都可影响人的情绪情感。

二、培养良好情绪的基本原则

（一）树立正确的人生态度

不同的人在面对相同的情境或遭遇时会表现出不同的情绪反应。有的人面对困难乐观向上，有的人面对挫折萎靡不振。这是因为人的情绪是受其人生态度所影响的。只有树立正确的人生观、世界观、价值观，才能使人保持积极乐观的人生态度。用百折不挠的精神去迎接各种各样的考验。

（二）培养豁达的胸怀

常常纠结于琐事而斤斤计较的人，很难保持良好的情绪。古语有：人非圣贤孰能无过。不要过于苛求他人，为微不足道的小事而大伤感情。塞翁失马，焉知非福。任何事物都具有两面性。有阳光的一面就必定有黑暗的一面。从教训中发现经验，从失去中寻找收获，成为真正的成功者。

（三）培养坚忍的意志

从点点滴滴小事做起，脚踏实地是磨炼意志最好的方式，如按时作息、按时学习、按时锻炼等。在遇到困难时要正面迎击，用坚毅顽强乐观的意志去克服困难。在风雨中历练自身。培养自我控制能力，可以通过体育锻炼对比训练，强化训练等方式克服恐惧懒惰忧郁的情绪，控制冲动行为的发生。

（四）培养沟通的艺术

融洽的人际关系是保持良好情绪的重要手段。学会对自我情绪的恰当表达和正确调控。对他人情绪的感知和把握是建立和谐人际关系的关键。在语言和动作表达中，如果加入幽默成分，会达到事半功倍的效果。幽默能展现人独特的风度和魅力，缓解紧张情绪，使氛围变得自然融洽。

三、情绪管理

（一）管理情绪的第一步：命名、接纳情绪

当我们出现某种情绪时，内心的状态会有一些变化，此时我们需要给自己的状态一个命名。未命名之前，人们会处于一种无知的难受中，就像你很恐惧，而你却不知道这是什么，只知道自己很不舒服，难受却无以言表，无法让别人理解此刻的你是什么状态，也正是这样的原因，从婴儿时期起，人类就开始给下一代不断地命名，这是什么，那是什么。除了物品的命名，还包括情绪感受的命名，比如，一个妈妈会对嗷嗷待哺的婴儿说，"宝宝饿了是不是，饿的着急地想吃奶了，马上就来了，等一下啊"。这句话当中就包含了对情绪状态的一个命名，慢慢地随着孩子的长大，他会明白这样的感受是着急，那样的感受是害怕。当他能命名这些感受的时候，也意味着他对这个感受有了觉察，之后才有接纳、应对的办法。

案例一：当小男孩难过哭泣时，大人常常说的话是：男孩子要勇敢，不可以像女孩子那样哭鼻子！这其实是大人在给孩子这样的示范：这个情绪是被否认的，不被接纳的，不可以出现的。带着这样的概念，小男孩长大成人后，自然会竭力回避、压抑难过的情绪，可是现实生活中种种大事小事都可能引发伤心、难过的感觉，既然男人不应该落泪，那它就只能转化为其他的形式比如暴躁易怒。

（二）管理情绪的第二步：觉察情绪背后的需要

我们需要觉察此刻的情绪到底是什么，承认当下的情绪，接纳并反思情绪背后要表达的是什么需要？我们可以先看下面这段描述，看到情绪背后真实的需要。

案例二：小学的时候，有一次我的父母一起到香港游玩，那四天，我们三个孩子拿着父母亲留下来的零用钱，没人管的过了四天自在却又寂寞的日子，好不容易，父母回家了，三个孩子围着大包小包的行李箱，满脸期待。

然而，每开一包行李，就多了一次的失望，满满的行李箱中都是药和酒，就是没有一样孩子期待的玩具和零食，那一次的我生气了，我忘了我是怎么生气地乱吼，也忘了我骂了哪些话。

我只记得父亲看着满地的行李箱后，跟母亲说："明天去超市，给孩子多买一些吃的。"

果然，隔天傍晚，母亲下班后，我家的厨房堆了很多零食，不过，我看着那些原本就熟悉的零食，却一点都开心不起来，那时候我跟我的父母一直以为，我

只是想要一些"台湾没有的新鲜玩意"，所以闹情绪，后来的我，终于了解，其实我气的只是"原来你们放着孩子出去玩，却从来没有想到我们"。

我气的是那种，被放下被遗忘的感觉。一直到现在，我才了解，以前很多生气的理由，背后的原因。

我生气"为什么大人可以看电视到半夜，小孩不行"，后来才发现，我不喜欢的是九点一到，父母赶走我们，让孩子们在黑暗中试着入眠，边听着另一个房间传来的微许灯光与电视的热闹声，我不喜欢那种被踢出去的寂寥。

我讨厌洗碗，不是真的讨厌那样的工作，而是讨厌大家吃完饭后留下满桌的油腻跟孤单的我，让我一个人在厨房，面对着油腻的碗盘跟客厅传出来的一家和乐。

小时候的我不懂，因此计较着大人看电视的时间，计较着谁洗几次碗，谁又从来不洗碗，常常为了这些连自己都看不懂的情绪，生气着，跟父母冲撞出更多的伤，也顶着爱生气、爱计较、脾气大的招牌，一刻都没有放下来过。

后来的我才知道，这样的迷惑影响我的人生，我在意着别人的感受、在意着别人口中的八卦、在意着怎么跟别人交代，而拖着一段关系，却不去真正面对"早已经不爱了"的真正心情。

人生懂得自己最单纯的情绪，懂得自己最单纯的想法，很多的问题就可以迎刃而解，而不需要拖着许许多多莫名的感觉与想法，伤人也伤自己。

当我们看见理解自己情绪背后的需求，才能更好地表达和满足需求。任何情绪，都是我们人性的一部分，都应该真实呈现、坦然面对。

（三）情绪管理的第三步：觉察情绪背后的固有观念

情绪 ABC 理论中，"A"代表某个事件；"C"代表情绪。我们往往以为是"A"导致了"C"，比如"你这句话（A）让我很生气（C）"。但是不妨仔细想想，既然同样的"A"对于不同的人并不会导致同样的"C"，由此可见真正让我们产生情绪的另有一个介质"B"，即我们每个人对该事件的解读、看法，它与我们一路走来所积累的经验、观点乃至价值观密切相关。既然了解了其中的关键点在于自己的"B"，那不妨去探寻让自己产生如此强烈情绪的"B"是否合理？如果过于片面、极端，适当地调整一下"B"，自己的"C"也会跟着随之变化。比如一样是接到临时加班通知，如果"B"是"老板又在剥削我、我真是倒霉"，那接下去的加班时间一定很郁闷；如果"B"是"看来老板还是离不开我"，那就会忙并小小得意着。所以说，面对同样的问题，生气或者微笑，完全由您自己选择。

美国亚利桑那州立大学伦道夫·奈斯教授，综合了很多研究，得出了一个让人醍醐灌顶的观点，大意是：抑郁，是在提醒你暂停或放弃现在的目标。从进化心理学上看，抑郁是一种调整。当我们很努力也一直达不到某个很高的目标时，低落的情绪就会出来。用沮丧萎靡的心情，阻挡我们继续做无用的投入，激发我们做调整，防止无止境地消耗自己。如果我们一时调整不过来，又不肯放弃目标时，低落就会升级成抑郁，来避免我们继续超负荷地投入进去。

哈佛大学詹姆斯·S·戈登教授说过：抑郁可以是一种危机。既是危险，也是机遇，可以让我们更加自知，自我疗愈。它更像是一个人生旅程。有一些人在这里，改变了固有的模式。当我们真正听到抑郁想给我们传递的信息，我们才能真正地，找到执念，去缓解抑郁。但这个过程，需要一个强大的内心觉察和梳理。我们都需要反思一下。

自己的抑郁，究竟是来自什么目标和执念。

这些目标可能是——成为"完美小孩"。

超越同龄人的懂事。时时刻刻要赢。成为一个关系和谐，但自我压抑的老好人。而这些执念，可能会时不时地让人陷入情绪的沼泽中。

（四）情绪管理的第四步：尝试着以适当的方式来表达情绪

1. 宣泄法

如果你的怒气值爆满，不要强行压抑它，因为强制压抑的话反而会伤到身体。而及时发泄能够避免把情绪带到工作和家庭中。发泄情绪的方式各有不同，有些人希望得到他人的安慰和开解，有些人通过运动发泄。保持对自己情绪的观察，可以有效避免给群体带来冲突和不利。可以把你的情绪写出来、唱出来、说出来、喊出来、跑出来！

（1）哭泣。

科学研究表明，哭泣时会产生某种生理物质，使人得到释放，恢复平静。在悲伤时痛哭一场，可以有效缓解情绪。人在悲伤时刻意抑制不哭对身体是有害的。

（2）倾诉。

有挫折、痛苦、委屈等不良情绪时，最好的方法是找到信任的亲人和好友，将心中的苦闷向他们倾诉，把内心的不良情绪释放出来。如果一时之间找不到合适的倾诉对象，也可以用身边熟悉的事物，如玩偶、大树、小狗等来充当，还可以用写信、写日记的方式来抒发。

（3）运动。

科学研究表明，运动有助于释放不良情绪，减缓心理压力。在受到不良情绪困扰时可以尝试跑步、游泳、舞蹈、打沙包等方式来消除。

好奇心研究所曾做过一个调查，大家在网上宣泄情绪的小动作有这些：

①换头像、换相册封面、换个性签名；

②给相册里面的照片上锁、解锁；

③转发歌曲、歌词到朋友圈；

④半夜发状态，第二天趁没人看到赶紧删掉；

⑤开小号吐槽。

林肯做总统的时候，陆军部长向他抱怨受到一位少将的侮辱。林肯建议I陆军部长写一封尖酸刻薄的骂信作为回敬。

信写好了，部长要把信寄出去时，林肯问："你在干嘛？"

"当然是寄给他啊。"部长不解地问。

"你傻啊，快把信烧了。"林肯忙说，"我生气的时候也是这么做的，写信就是为了解气。如果你还不爽，那就再写，写到舒服为止！"

每个人心里，多少都会产生些负面情绪，这是很正常的，重要的是我们如何正确地疏导发泄情绪，学会控制自己情绪，而不被情绪所奴役。

没有人天生就懂得控制情绪，真正有智慧的人，是时刻留意不要让自己栽在坏情绪中。

2. 转移

（1）深呼吸，冷静一会。

当不良情绪膨胀即将爆发时，减低说话的音量，放慢说话的语速，深呼吸，在心中默念50个数，有利于使自己平静下来。情绪最易爆发的时间段一般在刺激点发生的30秒内。默数50个数之后，人的怒气会自然减弱，有助于实现自我情绪的控制。美国第三任总统杰弗逊曾说："先数到10，然后再说话，假如怒火中烧，那就数到100。"理智就会重新接管头脑。

（2）转移环境。

当你产生愤怒等不良情绪时，可以暂时离开让你产生情绪困扰的环境，最好是到让你感到宁静、舒适的环境中。如公园、景区或对你情感上有特殊意义的安全空间，避开矛盾的锋芒，有利于平静心情。

（3）转移注意力。

发怒的时候，大脑中会产生一个强烈的兴奋灶，这个时候你就要建立另外一个兴奋灶来转移焦点。遇到烦心事时，你会越想越气，不如把事情丢开，做一些轻松的事，如运动、唱歌、逛街、看电影等，以此缓解情绪，增加积极的情绪体验。这样，你会慢慢发现世界还是美好的。

上海一名 90 后母亲，产子后患上抑郁症，无意中把之前的手工钩织的爱好拾起来，甚至给街上的栏杆织毛衣，在此过程中她慢慢走出了抑郁。

有意识地多关注积极事物。

比如平常记录一些开心的事，培养自己对积极事物的捕捉能力，下意识地去追逐积极事物。

3. 自我暗示法

自我暗示法就是利用语言、合理想法等方式对自身进行积极的心理暗示，达到缓解紧张状态、调整不良情绪的效果。常用的自我暗示方法有两种。

（1）语言暗示。

当你处于不良情绪时，自己默念：生气是拿别人的错误来惩罚自己；身体是自己的，气大伤身，伤害自己的身体是愚蠢的表现等。这样进行自我提醒，有利于缓解和调节不良情绪。

（2）合理理由暗示。

在陷入不良情绪时，寻找合理的理由来进行自我安慰。这种方法可以冲淡痛苦，起到缓解不良情绪的作用。如失败时暗示自己"失败是成功之母，也许下次就成功了"。遭遇困难时暗示自己"世界上比你处境艰难的人比比皆是，这点挫折算什么"等。

4. 放松训练法

当前经过科学的实验和研究，归纳和总结出很多专业方法来实现放松情绪的目的，利用这些方法可以有效地缓解紧张、抑郁、焦虑等不良情绪。下面仅介绍几种最简单易行的方法。

（1）音乐放松法。

音乐作为一种艺术，是人的情绪的一种表达方式。曲调和节奏不同的音乐，可以使人产生不同的情绪体验。如忧郁烦恼时可以听《蓝色多瑙河》《卡门》《渔舟唱晚》等意境广阔、充满活力、轻松愉快的音乐；失眠时可以听莫扎特的《摇篮曲》等优雅宁静的乐曲；情绪浮躁时可以听《小夜曲》等宁静清爽的乐曲。每个人都可以根据自己的情绪状况，选择适合自己的音乐来调节自己的情绪。

（2）想象放松法。

想象是缓解压力的一种有效方法，冥想具有训练注意力、控制思维过程、提高处理情绪的能力和放松身体的作用。只要坚持练习，运用得当，冥想是应对压力、抑郁烦恼以及其他不良心理和情绪问题的最有帮助的方法之一。

在宁静的环境中，通过想象可以有效地放松心情。选择幽雅宁静的环境，闭上眼睛，想象一些美好的事物，如广阔的大草原、慢慢涨落的海水、平静的湖面等，也可以回忆一些美好的经历，在想象的同时调整呼吸的节奏，之后慢慢张开眼睛。

经常性的冥想练习可以帮助训练大脑进入 α 和 θ 脑波。在这种状态下，头脑意识和物理身体之间的交流将被大幅度提升。可以通过以下三个关键的步骤去获得身体的合作。

①对你的身体饱含慈悲，理解它是由经历过许多情绪的有意识的细胞所组成。

②用正向的思维对话与身体的欲望建立起信任联结，以便让头脑和身体协作疗愈一些小毛病。

③允许对话中有变化，同时使用不同的想法和语言去激发自动升起的情绪。

（3）肌体放松法。

通过肌体放松来缓解焦虑情绪，增强情绪控制能力。同时结合想象和音乐，可以达到全身松弛、轻松舒适、心情平静的效果。对于缓解焦虑、恐惧、烦躁等不良情绪有很好的效果。

以上的指导意见对了知身体的动态疗愈反应是很重要的。

（四）古人管理情绪的小妙招

1. 李纳：弈棋以息怒

明代李纳性子火暴，容易发脾气，但是他酷好弈棋。只要下棋，他的心态立刻平静下来。每当他躁怒的时候，他的家人就悄悄端出棋盘放到他面前。李纳的面色立刻改变，拿起棋子，与人下棋，接着怒气烟消云散。

2. 李渔：著书以释怒

清代戏曲理论家、作家李渔说："予无他癖，唯有著书。忧籍以消，怒籍以释，牢骚不平之气籍以铲除。喜怒哀乐，皆成文章。"李渔在写书的时候，忧愁和愤怒都得以释放，牢骚不平之气都抒发在文章中去了，从而得以心情平静。

3. 郑板桥：画竹以忘怒

清代"扬州八怪"之一的郑板桥，在任山东范县（今属河南）、潍县知县的时候，郁郁不得志。当他受到上司压制，心中愤怒时，便铺好宣纸，提笔画竹，以平抑怒气。后来他因为得罪豪绅而罢官后，画竹更成为他晚年自娱自乐、排怒解愁的养生之道。

4. 林则徐：悬联以警怒

清代林则徐禁烟时，常常发怒，于是在书房悬挂一个条幅，上面写着"警怒"二字以自制，并在厅堂悬挂一副对联："海纳百川，有容乃大；壁立千仞，无欲则刚。"上联自我警示应宽宏大量，下联自我告诫要无畏无私。

5. 西门豹：佩韦以缓气

春秋时魏国邺令西门豹性情暴躁易怒，为了自我控制情绪，"佩韦以缓气"。"韦"就是熟牛皮，质地柔软。西门豹随身带着熟牛皮，每当脾气发作的时候，就用手抚摸一段时间，怒气就消除了。

6. 王述：面壁以避怒

东晋蓝天侯王述性情急躁，遇到不顺心的事就暴怒。一次吃鸡蛋，筷子未曾夹住，便屏跳如雷，把鸡蛋甩在地上，用脚踩得粉碎。但是王述与他人相处却颇有修养。有一次，一个人指着王述的鼻子大吵大骂，言语不堪入耳。王述只是面对墙壁，一声不吭，听之任之。那人骂了半天，见王述没有回，那人走了。王述好久没听到骂声，才转身询问家人，人答："走了好久了。"他便坐下来继续做事。

不合理信念

不合理信念的几个特征是：

1. 绝对化的要求

绝对化要求是指人们以自己的意愿为出发点，对某一事物怀有认为其必定会发生或不会发生的信念，它通常与"必须""应该"这类字眼连在一起。如，"我必须获得成功"，"别人必须很好地对待我"，"生活应该是很容易的"，等等。怀有这样信念的人极易陷入情绪困扰中，因为客观事物的发生、发展都有其规律，是不以人的意志为转移的。就某个具体的人来说，他不可能在每一件事情上都获得成功；而对于某个个体来说，他周围的人和事物的表现和发展也不可能以他的意志为转移。

因此，当某些事物的发生与其对事物的绝对化要求相悖时，他们就会受不了，感到难以接受、难以适应并陷入情绪困扰。合理情绪疗法就是要帮助他们改变这种极端的思维方式，认识其绝对化要求的不合理、不现实之处，帮助他们学会以合理的方法去看待自己和周围的人与事物，以减少他们陷入情绪障碍的可能性。

2. 过分概括化

这是一种以偏概全、以一概十的不合理思维方式的表现。一方面，表现为对自身的不合理评价。自己做错了一件事就认为自己一无是处，以某一件或几件事来评价自己的整体价值，其结果往往是导致自责自罪、自卑自弃，从而产生焦虑和抑郁等情绪。另一方面，表现为对他人的不合理评价。别人稍有一点对不住就认为他坏透了，完全否定他人，一味责备他人，从而产生敌意和愤怒等情绪。按照艾利斯的观点，以一件事的成败来评价整个人的价值，是一种理智上的法西斯主义。他强调："评价一个人的行为，而不是去评价一个人。"因为在这个世界上，没有一个人可以达到完美无缺的境地，所以艾利斯指出，每一个人都应该接受自己和他人是有可能犯错误的人类的一员。

3. 糟糕至极

这是一种认为如果一件不好的事发生了，将是非常可怕、非常糟糕，甚至是一场灾难的想法。这将导致个体陷入极端不良的情绪体验，如耻辱、自责、自罪、焦虑、悲观、抑郁的恶性循环之中，而难以自拔。糟糕就是不好、坏事了的意思。一个人讲什么事情都糟透了、糟极了的时候，对他来说往往意味着碰到的是最坏的事情，是一种灭顶之灾。艾利斯指出这是一种不合理的信念，因为对任何一件事情来说，都有可能发生比之更好的情形，没有任何一件事情可以定义为是百分之百糟透了的。一个人沿着这条思路想下去，认为遇到了百分之百的糟糕的事或比百分之百还糟的事情时，他就是把自己引向了极端的、负面的不良情绪状态之中。糟糕至极常常是与人们对自己、对他人及对周围环境的绝对化要求相联系而出现的，即在人们的绝对化要求中认为的"必须"和"应该"的事情并非像他们所想的那样发生时，他们就会感到无法接受这种现实，因而就会走向极端，认为事情已经糟到了极点。非常好的事情确实有可能发生，尽管有很多原因使我们可以不要发生这种事情，但没有任何理由说这些事情绝对不该发生。我们必须努力去接受现实，尽可能地去改变这种状况；在不可能时，则要学会在这种状况下生活下去。

第八章　开启智慧宝库——健康学习心理管理

第一节　大学生学习概述

一、学习的概念

学习一词，最早出现在《论语》："学而时习之，不亦乐乎？"许多心理学家、教育学家和哲学家从不同的角度提出了学习的定义。桑代克认为，人类的学习就是人类本性和行为的改变，本性的改变只有在行为的变化上表现出来；加涅认为，学习是人类倾向或才能的一种变化，这种变化要持续一段时间，而且不能把这种变化简单地归为成长过程；希尔加德认为，学习是指一个主体在某个现实情境中的重复经验引起的，对那个情境的行为或行为潜能变化，不过这种行为的变化不能根据主体的先天反应倾向、成熟或暂时状态（如疲劳、醉酒、内趋力）来解释。联合国教科文组织在 1987 年所作的《学习，财富蕴藏其中》报告中指出：学习是指个体终身发展、终身教育的理念。

学习的概念有广义与狭义之分。从广义上讲，学习是人和动物在生活过程中通过实践训练而获得的由经验引起的相对持久的适应性的心理变化，即有机体以经验方式引起的对环境相对持久的适应性的心理变化。狭义的学习指学生在教学情境中通过与教师、同学以及教学信息的交互作用，获得知识、技能、态度的过程。

二、学习的分类

（一）按照学习主体的分类

按照学习主体，分为动物的学习和人的学习。

（二）按照学习结果的分类

加涅按照学习结果，把学习分为五类。

（1）言语信息的学习，即学生掌握的是以言语信息传递（通过言语交往或印刷物的形式）的内容或者学生的学习结果是以言语信息表达出来的。这一类的学习通常是有组织的，学习者得到的不仅是个别的事实，而且是根据一定的教学目标给予许多有意义的知识，使信息的学习和意义的学习结合在一起，构成系统的知识。言语信息的学习有三大作用：①进一步学习的必要条件，如识字之于文学作品的学习；②有些言语信息在人的一生中都有实际意义，如时钟的识别，天体运行，四季的形成等知识；③有组织有联系的言语信息可以为思维提供工具。

（2）智慧技能的学习。言语信息的学习帮助学生解决"是什么"的问题；而智慧技能的学习要解决"怎么做"的问题，以处理外界的符号和信息，又称过程知识。在各种水平的学习中都包含着不同的智慧技能，比如怎样把分数转换成小数，怎样使动词和句子的主语一致，等等。加涅认为每一级智慧技能的学习要以低一级智慧技能的获得为前提，最复杂的智慧技能则是把许多简单的技能组合起来而形成的。他把辨别技能作为最基本的智慧技能，按不同的学习水平及其所包含的心理运算的不同复杂程度依次分为辨别—概念—规则—高级规则（解决问题）等智慧技能。

（3）认知策略的学习。认知策略是学习者用以支配他自己的注意、学习、记忆和思维的有内在组织的才能，这种才能使得学习过程的执行控制成为可能。因此，从学习过程的模式图来看，认知策略就是控制过程、它能激活和改变其他的学习过程。认知策略与智慧技能的不同在于智慧技能定向于学习者的外部环境，而认知策略则支配着学习者在对付环境时其自身的行为，即"内在的"东西。简单地说，认知策略就是学习者用来"管理"他的学习过程的方式。这种使学习者自身能管理自己思维过程的内在的有组织的策略非常重要，是目前教育心理学研究中的热门课题。认知策略的培养也应该成为学校教育的重要任务之一。

（4）态度的学习。态度是通过学习获得的内部状态，这种状态影响着个人对某种事物、人物及事件所采取的行动。学校的教育目标应该包括态度的培养，态度可以从各种学科的学习中得到，但更多的是从校内外活动中和家庭中得到。加涅提出有三类态度：①儿童对家庭和其他社会关系的认识；②对某种活动所伴随的积极的喜爱的情感，如音乐、阅读、体育锻炼等等；③有关个人品德的某些方面，如爱国家、关切社会需要和社会目标、尽公民义务的愿望等。

（5）运动技能的学习。运动技能又称为动作技能，如体操技能、写字技能、作图技能、操作仪器技能等，它也是能力的组成部分。

（三）按照学习水平的分类

加涅按照学习水平，把学习分成八类。

（1）信号学习：经典性条件作用，学习对某种信号作出某种反应。其过程是：刺激—强化—反应。

（2）刺激—反应学习（S-R 的学习）：操作性条件作用，与经典性条件作用不同，其过程是情景—反应—强化，即先有情景，作出反应动作，然后得到强化。

（3）连锁学习：是一系列刺激—反应的联合。

（4）言语联想学习：也是一系列刺激—反应的联合，但它是由言语单位所联结的连锁化。

（5）辨别学习：学会识别多种刺激的异同并对之作出不同的反应。

（6）概念学习：对刺激进行分类时，学会对一类刺激作出同样的反应，也就是对事物的抽象特征的反应。

（7）规则的学习：规则指两个或两个以上概念的联合。规则学习即了解两个或两个以上概念之间的关系。

（8）解决问题的学习：在各种情况下，使用所学规则去解决问题。

（四）按照学习意识水平分类

美国心理学家阿瑟·雷伯将学习分为内隐学习和外显学习。

（1）内隐学习是指有机体在与环境的接触过程中不知不觉地获得某种知识，学习了某种规则。

（2）外显学习是有意搜寻或把规则应用于刺激物领域的学习。在外显学习的过程中，人们的学习行为受意识的控制、有明确目的的、需注意资源、要作出一定的努力。

（五）我国学者对学习的分类

我国心理学家潘菽、冯忠良等人将学习分为三种。

（1）知识学习。包括知识的领会、巩固和应用三个环节，要解决的是知与不知、知之深浅的问题。

（2）技能学习。其中又分心智技能和操作技能两种，要解决的是会不会的问题。

（3）社会规范的学习。又称行为规范的学习或接受，是把外在于主体的行为要求转化为主体内在的行为需要的内化过程。其学习既包括社会规范的认识问题，又包括规范执行及情感体验的问题，因此比知识技能的学习更为复杂。

三、学习的基本理论

（一）行为主义学习理论

1. 巴甫洛夫的经典性条件反射学说

（1）巴甫洛夫的经典性条件作用。

作为中性刺激的铃声由于与无条件刺激联结而成了条件刺激，由此引起的唾液分泌就是条件反射。这种单独呈现条件刺激即能引起唾液分泌的反应叫做条件反应，后人称为"经典性条件作用"。

（2）巴甫洛夫的经典性条件作用理论的主要规律。

泛化与分化。

①刺激的泛化是指机体对与条件刺激相似的刺激做出条件反应。

②刺激的分化是指只对条件刺激做出条件反应，而对其他相似刺激不做反应。

③刺激的泛化与分化是互补的过程。泛化是对事物的相似性的反应，分化是对事物产异性的反应。

消退：条件反射形成以后，如果得不到强化，条件反应会逐渐减弱，直至消失。

恢复：未经强化而条件反射自动重现的现象被称为恢复。

2. 桑代克的联结——试误学习理论

（1）学习的实质——形成情境与反应的联结。

（2）学习的过程——一种渐进的、盲目的、尝试错误的过程。

（3）桑代克认为，学习要遵守三条重要的原则：准备律、练习律、效果律。

准备律：联结的加强或削弱取决于学习者的心理准备和心理调节状态。

练习律：刺激与反应之间的联结会由于重复或练习而加强，反之会减弱练习律。

效果律：刺激和反应之间的联结会因导致满意的结果而加强，反之减弱。

（4）联结——试误说的教育意义。

该理论特别强调"做中学"，即在实际的操作过程中学习有关的概念、原理、技能和策略等。具体而言对教育有如下指导意义。

①教师应该允许学生犯错误，并鼓励学生多尝试，从错误中学习，这样获得的知识才会更牢固。

②任何学习都应该在学生有准备的状态下进行，不搞突然袭击。

③在学习中，应加强合理的练习，并注意在学习结束后不时地进行练习。

④在识记教育过程中，教师应努力使学生的学习能得到自我满足的积极结果，防止一无所获的消极结果。

3.斯金纳的操作性条件作用理论

斯金纳把人和动物的行为分为两类。

应答性行为：是由特定刺激所引起的，是不随意的反射性反应。

操作性行为：不与任何特定刺激相联系，是有机体自发做出的随意反应。

（1）操作性条件作用的基本规律。

①强化：采用适当的强化物而使有机体反应频率、强度和速度增加的过程。凡是能增强行为频率的刺激或事件叫强化物。

②正强化（积极强化）：通过呈现愉快的刺激来增强反应频率。

③负强化（消极强化）：通过消除或中止厌恶、不愉快刺激来增强反应频率。

④强化类型多样：连续性强化与间隔强化、固定比例强化与变化比例强化、固定时间强化和变化时间强化。

在新知识、新行为、新习惯的初始学习阶段，连续的、固定的强化是有必要的，这能够让学生很容易地完成要求的任务，尽快得到奖励；紧接着，当学生的学习或者行为达到一定程度，就要不断延长强化的间隔时间，直到最后撤销强化。

（2）逃避条件作用与回避条件作用。

①逃避条件作用：指当厌恶刺激出现时，有机体做出某种反应，从而逃避了厌恶刺激，则该反应在以后的类似情境中发生的概率遍增加的一类条件作用。

②回避条件作用：指当预示厌恶刺激即将出现的刺激信号呈现时，有机体也可自发做出某种反应，从而避免了厌恶刺激的出现，则该反应在以后类似的情境中发生的频率增加的一类条件作用。

逃避条件作用与回避条件作用都是消极强化的条件作用类型，但二者又有着明显不同。采取回避条件作用来维持行为比采取逃避条件作用更主动，是德育工作"防患于未然"的理论基础。

（3）惩罚：有机体做出某种反应后，呈现一个厌恶刺激，以消除或抑制此反应的过程。

①呈现性惩罚：指在行为后施加厌恶刺激以抑制或减少该行为的发生频率。

②移除性惩罚：指在行为后移去满意刺激，以减少行为的发生。

（4）强化理论对学习的意义。

①强化的应用。

在对学生进行奖励时，应注意避免外部奖励对内部兴趣的破坏。

奖励虽然是塑造行为的有效手段，但奖励的运用必须得当，否则便会强化不良行为。

②消退的应用。

消退是一种无强化的过程，其作用在于降低某种反应将来发生的概率，以达到消除某种行为的目的。

不去强化而去淡化，既可消除不正确行为，又不会带来诸如惩罚等导致感情受挫的副作用。故消退是减少不良行为、消除坏习惯的有效方法。

③惩罚的应用。

a.惩罚并不能使行为发生永久性的改变，它只能暂时性地抑制行为，而不能根除。

b.惩罚的运用必须慎重，惩罚一种不良行为应与强化一种良好行为结合起来，方能取得预期效果。即指出正确的行为方式，在孩子做出该行为后给予强化。

c.一般来说，要尽可能地少用惩罚，必要的时候才使用。

d.惩罚的运用应该及时。

（5）斯金纳关于程序教学、行为塑造的意义。

①程序教学。

a.程序教学基本原理。

程序教学是一种个别化的教学形式，斯金纳将学习的大问题分解为一系列小问题，并将其按一定的程序编排呈现给学生，要求学生学习并回答问题，学生回答问题后及时得到反馈信息。程序教学的基本原理是采用连续接近法。

b.程序教学的原则。

小步子原则、积极反应原则、自定步调原则、及时反馈原则、低错误率原则。

c.行为塑造。

塑造是指通过小步子帮助学生达到目标。行为塑造技术包括连锁塑造和逆向连锁塑造。

4.班杜拉的社会学习理论

（1）学习的实质——观察学习。

班杜拉认为学习是个体通过对他人的行为及其强化结果的观察，从而获得某些新的行为反应或已有的行为反应得到修正的过程。观察学习的特点：

①观察学习并不依赖直接强化；

②观察学习不一定具有外显的行为反应；

③观察学习具有认知性。

（2）观察学习的过程。

注意—保持—复现—动机。

（3）对强化的重新解释。

①直接强化。

②替代强化。

③自我强化。

（4）常见的课堂强化技术。

①言语强化（口头语言强化和书面语言强化）

②非言语强化。

a. 面部表情。

b. 眼神的运用。

c. 体态语强化。

d. 服饰语强化。

③替代强化。

④延迟强化。

⑤局部强化。

⑥符号强化。

（二）认知派学习理论

1. 格式塔学派的完形——顿悟学习理论

苛勒等人关于学习本质的观点：

1）学习的实质——形成新的完形；

2）学习的过程——顿悟的过程。

所谓顿悟是领会到自己的动作和情境，特别是和目的物之间的关系。

3）桑代克的联结——试误学习理论与苛勒的完形——顿悟学习理论。

两者并非互相排斥和绝对对立的。联结——试误是顿悟的前奏，顿悟是练习到某种程度时出现的结果。

2. 布鲁纳的认知——发现学习理论

布鲁纳主张学习的目的在于以发现学习的方式使学科的基本结构转变为学生头脑中的认知结构。

1）学习观。

（1）学习的实质在于主动形成认知结构。

（2）学习包括获得、转化和评价三个过程。

2）教学观。

（1）教学目的在于理解学科的基本结构

布鲁纳强调学习的主动性和认知结构的重要性，所以主张教学的最终目的是促进学生对学科结构的一般理解。

（2）掌握学科的基本结构的教学原则。

①动机原则。好奇内驱力、胜任内驱力、互惠内驱力

②结构原则。任何知识节后都可以用动作、图像、符号三种形式来呈现。

③程序原则。

④强化原则。

引导学生理解教材结构的过程中：

a.应注意教学本身应有新奇性，同时跨度应适当，其难度不能过高或过低，以激发学生的好奇心和胜任感；

b.应根据学生的经验水平、年龄特点和材料性质，选取灵活的教学程序和结构方式来组织实际的教学活动的过程；

c.应注意提供有助于学生矫正和提高的反馈信息，并教育学生进行自我反馈，以提高学习的自觉性和能动性。

（3）发现学习。

布鲁纳认为发现是教育儿童的主要手段，学生掌握学科的基本结构的最好方法是发现学习。发现学习是指给学生提供有关的学习材料，让学生通过探索、操作和思考，自行发现知识、理解概念和原理的教学方法。

3.奥苏贝尔的有意义接受学习理论（有意义言语学习理论）

1）布鲁纳的发现学习与奥苏贝尔的接受学习的比较。

（1）发现学习的特征是学习的主要内容未直接出现，只呈现有关线索或例证，而必须由学习者去独立发现自己得出结论。

（2）奥苏贝尔认为，学生的学习主要是接受学习。接受学习的特征是把学习的全部内容或多或少的以定论的形式呈现给学生，不需要学习者任何形式的独立发现。

（3）可见发现学习过程比接受学习过程多一个发现的即解决问题的阶段，因此，前者比后者复杂。同时两者在智力发展认知功能中的作用也不同。大量的材料是通过接受学习获得的，而各种问题则是通过发现学习解决的。但在儿童发展中，接受学习比发现学习出现稍晚。接受学习的出现意味着儿童达到了较高水平的认知成熟度。其实，发现学习和接受学习都是教学中的有效方法，关键是看学

习的具体条件和目的。

注：接受学习＝被动学习。

2）有意义学习（有意义言语学习）。

有意义学习的本质是以符号为代表的新观念与学习者认知结构中原有的适当观念建立起非人为的和实质性联系的过程，是原有观念对新观念加以同化的过程。

3）有意义学习的条件。

（1）客观条件：有意义学习的材料本身必须合乎这种非人为的和实质性的标准，即具有逻辑意义。

（2）主观条件：

①学习者必须具有有意义学习的心向；

②学习者认知结构中必须具有适当的知识，以便与新知识进行联系；

③学习者必须积极主动的使这种具有潜在意义的新知识与认知结构中有关的旧知识发生相互作用。

4）组织学习的原则与策略。

（1）逐渐分化原则。

（2）整合协调原则。

（3）组织学习的策略——先行组织者策略。

①先行组织者：先于某个学习任务本身呈现的引导性学习材料，其抽象、概括、综合水平高于学习任务。

②先行组织者的作用：

将学生的注意力集中在将要学习的新知识中的重点部分；

突出强调新知识与已有知识的关系，为新知识提供一种框架；

能帮学生回忆起与新知识相关的已有知识，以便更好地建立联系。

4.加涅的信息加工学习理论

1）学习结构模式。

加涅将学习过程看作信息加工流程。

2）学习过程的阶段性。

（1）动机阶段——激发学习者的学习动机。

（2）领会阶段——注意和选择性知觉。

（3）获得阶段——所学的信息进入短时记忆，并编码和储存。

（4）保持阶段——将已编码的信息进入尝试记忆储存。

（5）回忆阶段——进行信息的检索。

（6）概括阶段——实现学习的迁移。

（7）操作阶段——反应发生阶段。学生通过作业表现其操作活动。

（8）反馈阶段——证实预期，获得强化。

（三）人本主义学习理论

1.有意义的自由学习观

根据学习对学习者的个人意义。

（1）无意义学习：学习没有个人意义的材料。

（2）有意义学习：一种涉及学习者完整的人，使个体的行为、态度、个性以及在未来选择行动方针时发生重大变化的学习，是一种与学习者各种经验融合在一起的，使个体全身心地投入其中的学习。

2.学生中心的教学观

学生中心模式又称非指导性教学模式，在该模式中教师是助产士和催化剂。

非指导性教学包括五个阶段。

（1）确定帮助的情境。

（2）探索问题。

（3）形成见识。

（4）计划和抉择。

（5）整合。

罗杰斯认为促成学生学习的关键是：

（1）真实或真诚；

（2）尊重、关注和接纳；

（3）移情性理解。

3.人本主义学习理论的启示

（1）课程目标层面。

罗杰斯主张课程"以学生为中心"，应培养"完整的人"，培养具有独立人格和创造性，能适应时代变化的人。

（2）课程结构层面：要求学校设立并行课程和整合课程。

（3）课程内容层面。

罗杰斯提出适切性原则，强调课程内容要与学生的生活与体验进行联系，使学生进行有意义的学习和自发的经验学习。

（4）课程实施层面：强调非指导性教学，并把良好的人际关系作为课程实施的重要影响因素。

（5）课程评价层面。

主张学生进行自我评价，教师只起辅助的作用，反对一切外部评价。

（四）建构主义学习理论

1. 建构主义的不同取向

（1）个人建构主义（源于皮亚杰的理论与思想）。

代表：格拉塞斯·菲尔德的激进建构主义、维特罗克的生成学习理论、斯皮罗的认知灵活性理论

（2）社会建构主义（源于维果斯基的社会文化历史理论）。

情境学习、认知分布学习。

2. 建构主义学习理论的主要内容

（1）建构主义知识观。

建构主义在一定程度上对知识的客观性和确定性提出质疑，强调知识的动态性。

①建构主义认为知识并不是问题的最终答案，而是随着人类进步而不断改正并随之出现新的假设和解释。

②知识并不能精确地概括世界的法则，而是需要针对具体情境进行再创造。

（2）建构主义学习观（强调知识的主动建构性、社会互动性和情境性）。

（3）建构主义学生观。

建构主义非常强调学习者本身已有的经验结构，认为学习者在学习新信息、解决新问题时往往可以基于相关经验，依靠其认知能力形成对问题的解释。

（4）建构主义教师观。

建构主义把教师看成是学生学习的帮助者、合作者。认为教学不是由教师到学生的简单的转移和传递，而是在师生的共同活动中，教师通过提供帮助和支持，引导学生从原有的知识经验中生长出新的知识经验。

3. 建构主义学习理论对当前教育实践的启示

教学活动必须建立在学生已有的知识经验基础上，体现学生学习的过程是在教师的引导下自我建构、自我生成的过程。这也是新课程改革的基本理念。

四、大学生的学习

大学生学习是学习的一种特殊形式。学习是大学生的主要任务，大学生正处于智力发展的高峰期，记忆力、观察力、思考力、逻辑思维能力与创造性都有很大的发展。大学生学习既不同于儿童的学习，也不同于成人的学习。大学生学习

既有一定的专业性、目的性和探索性，又有深刻的社会意义，表现出广泛的兴趣和各种各样的学习方法。大学生学习有其特殊性：其一，大学生的学习是一种特殊的认识活动，是掌握前人积累的文化、科学知识，即间接的知识，在学习中会有发现与创造，但其主要内容还是学习前人积累的知识与经验；其二，学生的学习是在教师的指导下，有目的、有计划、有组织地进行的，是以掌握系统的科学知识为前提的；其三，学生的学习是在较短时间内接受前人的知识与经验，重要的是间接经验的学习与掌握，学生的实践活动是服从于学习目的的；其四，学生的学习不但要掌握知识经验与技能，还要发展智能，培养品德及促进健康个性的发展，形成科学的世界观。

第二节　学习的重要意义

一、学习对大学生人格的影响

人格是指一个人才智、情绪、愿望、价值观和习惯的行为方式的有机整合，它赋予个人适应环境的独特模式，包含着一个受到过去影响并对现在和将来产生影响的建构。它是各种稳定特征的综合体，这种独特的模式既是个体社会化的产物，又影响着个体和环境的交互作用。学习对于大学生人格的影响可以从下列几方面加以阐述。

（一）对气质性格的影响

人的气质主要受先天影响，但是性格却是在后天与社会的互动中慢慢建立形成起来的。性格是指个人对现实的稳定的态度和习惯化了的行为方式。对一件事情的态度很大程度上受到认知广度与深度的影响，大学阶段恰恰是对很多专业和领域的学习过程，这种认知上的改变自然会对大学生对待事物的态度产生影响。例如，以前不喜欢数学的同学通过对高等数学的学习发现了其中的魅力，进而对数学的态度产生了一百八十度的转弯；曾经很讨厌历史的同学，因为深刻地了解了历史学的系统知识，发现自己突然爱上了这一门给人智慧的学问，这与鲁迅先生弃医从文、班固投笔从戎是一个道理。由此可见，学习不仅影响了大学生的态度进而还影响了其行为方式。

（二）对自我意识的影响

自我意识包括自我认知、自我体验和自我控制。大学学习的选择性给了学生自由决定是否选择某些科目的权利，很大程度上，学什么、怎么学都是由大学生自己做主的，这对自我认知产生了深远的影响。通过选择科目不断尝试新的领域，通过对专业的学习更加系统地认识某个领域，通过实践亲身体会某个领域是否适合自己，这都会影响学生对自己的认识：我是一个什么样的人？我喜欢什么，不喜欢什么，适合什么，不适合什么，慢慢都有了一个答案。对自我的认知随着认知结构的丰富，也愈加完整了。同时这种自由还对自我控制提出了更高的要求。如何做到主动学习、经受住各种娱乐休闲的诱惑，将是大学学习过程中的一个难题，也正是通过不断拒绝诱惑、合理安排时间，自我控制感才不断得到加强，自我控制能力才会相应提升。

（三）对认知风格的影响

认知风格（也称认知方式）是指个体在认知过程中所表现出来的习惯化的形式。认知风格多种多样，如场独立和场依存、思索型和冲动型、整体型和分析型。不同的专业甚至一个专业的不同领域都会对学习主体的认知风格产生影响。如学习建筑或者工程力学的同学会倾向于分析型认知风格，学习文学的同学可能更倾向于整体型认知风格；对急诊感兴趣的同学可能是冲动型认知风格，而擅长内科的同学可能更倾向于思索型认知风格……专业的影响是深远的，这在很多"职业病"的笑话中也可见一斑，但需要强调的是，认知风格并没有好坏之分，不同的专业、领域、职业可能需要的认知风格完全不同。

二、学习对大学生情绪意志的影响

学习是大学生生活中最重要的任务之一，因此它的过程和结果都会影响到学生的情绪。同时，大学学习要求更强的自主性、选择性，这对学习主体的意志力也会产生影响。具体来看，情绪的产生是与需要和动机紧密相连的。大学生在学习过程中所接触到的更加专业、兼顾广度和深度的系统知识会对其认知内容产生较大的改变，正是这种对周围事物更为深刻和广泛的认识引起学习主体需求的改变：通过专业课和通选课，可以较为深刻同时也广泛地了解一些专业的内容，从而对自己喜欢哪个专业或者专业的方向有了更为理智的判断，也就自然地对不同的领域有了不同的需要。所以说，大学学习的广度和深度会影响主体的需求结构。可能正是通过学习园艺知识，某生发现了自己的爱好，从而决定献身园艺事业，这时对园艺知识的学习就成为该生重要的社会需求或高级需求。

大学学习的自主性和选择性既给学习主体提供了检验自己意志力、自我控制水平的机会，也对主体提出了提高自控力和意志水平的要求。正是由于时间和自由度的增加，外界监督的减少，大学生必须通过自己的努力和自控力来完成大部分的学习任务，此时学习成绩和结果的好坏与主体自控能力和努力的相关程度增加，成绩可以较大程度地反映自控能力的高低。一个每天按时上课、保质保量完成作业、主动涉猎相关知识的同学所获得的成绩和一个经常逃课、作业抄袭、从不将课余时间花在学习上的同学可能取得的学习结果肯定是完全相反的。正是这种高度相关，使得大学学习对意志力提出了高要求，为大学生培养更高的意志水平提供了可能。以意志力当中的自信举例，能够在学习活动中获得好成绩可以带来自信心的提高，自信心的提高又可以反过来促进学习的进步。这说明学习和意志力其实是一种相互影响的关系。

三、学习对大学生社会适应性的影响

从社会的角度来看待学习对大学生心理健康的影响，不难发现其中也存在着密切联系。首先，大学是学生跨入社会的最后一道关口，其教学的主要目的就是为社会培养高素质的专业性人才。其学习的内容主要是为大学生进入社会担任一定的社会分工工作而设计的，特别是如果学生在专业学习和综合实践部分可以顺利地完成学习任务并主动积极地"化知识为生产力"，将对其尽快融入社会起到非常重要的作用。其次，大学教学的一大特色是"团队合作"。这种强调团队集体作战的教学方式使得学生不仅仅在学习进行中实践了所学知识、锻炼了创新能力，更重要的是在一个以专业学习为主要任务的团队中与成员互动很大程度上影响着一个人的人际交往能力。在学习过程中可能会碰到以后进入社会工作后可能遇到的一系列问题，可以说是以后工作的一次预演，如何分工协作、如何处理摩擦、如何妥协与坚持，对大学生人际交往能力都将是一大考验或者说锻炼的机会。可以说，无论从大学的学习目的还是大学学习的方式，都强调社会适应性的培养。这可以说是大学学习不同于其他阶段学习的最大特色之一。

第三节　常见的学习心理问题

日常教学中，我们往往发现存在这样一种现象，一些智商高的学生，学习成绩一般，甚至较差，而一些智商一般的学生，学习成绩却很好。究其原因，就在于学生是否能适应大学的学习方法以及心理是否健康等。我国著名的心理卫生学家陈家诗教授说："心理健康的学生，成绩优于心理不健康者；心理健康的成人，其工作效率必胜于心理不健康者。"在学习方面，大学生的学习心理问题大体表现在以下几个方面。

一、学习适应不良

学习适应不良是大学新生普遍存在的一种心理困惑，对他们造成不同程度的影响。其具体表现有：

（1）对学习缺乏应有的兴趣、紧迫感和自觉性；

（2）学习缺乏独立性，习惯于中学时的学习方法，由教师安排自身的学习内容、学习计划、学习时间等，对教师的依赖性较强；

（3）理解大学的学习特点和规律，不知道如何有效地开展学习活动；

（4）学习中精力投入不足，对本专业的知识、技能、要求认识不足，不知道怎样建立专业知识结构，培养专业技能，学习带有盲目性。

原因分析：第一，大学的教学相对于中学来讲，在特点、方式和内容上有很大不同。大学老师一堂课讲授的内容多，有时会与教科书上有很大出入；教学方法也与中学有差别，加之对新环境不熟悉，人际关系生疏，思念父母的心理不能摆脱等，这些给心理素质尚未成熟的大学生带来情绪上的波动，以致影响学习。第二，大学生心理发展不成熟，由于他们缺乏生活阅历，在客观环境发生变化时，明显地暴露出适应能力差，不能尽快地随着环境的变化及时调整自己，以致影响学习。

二、学习缺乏动力

大学生的学习动力缺乏，是指学习没有内在的驱动力量，没有明确的学习方向，无知识需求，更无学习兴趣，厌倦学习，尽力逃避学习。这也是某些学生常说的"学习没劲头"。这种学习动力缺乏主要表现在以下方面：

（1）无明确的学习目标。学习只为应付考试或尽快完成学业，因此在学习上不求甚解，只是死记硬背，不会把所学知识融会贯通，更不会对学科作深入研究。既无长远目标，也无近期目标，极少调整学习方法，对自己在大学期间及每个学期究竟要达到什么要求，心中无数。

（2）学习无计划。每天的时间怎么安排、学习什么、学习多少内容、如何在多门课程中合理分配时间和精力，对这些问题不做打算。过一天是一天，做一天和尚撞一天钟。没有适合自身的职业生涯规划方案，也没有系统的学习体系。

（3）学习动机弱。无成就感，无抱负和理想，无求知欲和上进心，没有压力和紧迫感。既不羡慕那些学习成绩好的同学，也不为自己虚度年华而惭愧。不积极摸索和改进学习方法，难以适应紧张、繁忙的学习情境，对学习成绩不佳不以为意。

（4）学习无兴趣。不明确专业学习的意义，未能将自己的学习与国家、民族的振兴相联系，对专业学习缺乏兴趣。对学习活动提不起劲，上课纪律松散，不愿意听讲，对教师布置的作业和相关任务拖拉，漠然置之。甚至产生厌学、弃学的消极情绪，使学习不能坚持下去。

三、学习动机强度问题

学习动机对学习活动起着发动、维护和推进作用，但并不意味着学习动机强度越大学习效果就越好。心理学研究认为，学习动机过强，不论是内部的抱负和期望过高，还是外部的奖惩诱因过强，都会使学生专注于自己的抱负和外部奖惩，而不是专注于学习，因而在实际上阻碍了学习。学习动机过强的主要表现有三个方面。①成就动机过强。有的大学生成就动机过强，急于取得成就并超过他人，所树立的抱负和期望远远超过自己的实际能力和潜力。只盼成功，担心失败，给心理上造成很大压力，以致欲速则不达。②奖惩动机过强。对奖惩考虑过多，一心只想获得奖励，避免受到惩罚。奖惩动机过强的大学生大多是被动学习，以考试为中心，紧紧围着老师转，上课小心翼翼记笔记，下课认认真真对笔记，考前辛辛苦苦背笔记。这类大学生考试得分往往较高，但学得呆板，不能举一反三，灵活应变能力不强，知识面不够宽广。③学习强度过大。有些大学生不会合理安排学习时间，每天用于学习的时间过长，不善于休息，常常处于过度疲劳状态。同样地，缺乏动机或动机强度过弱，大学生不能专注学习，注意力不能集中，学习行为不易发生和维持。

四、学习心理疲劳

学习疲劳也叫学习倦怠，是指连续学习之后，在生理、心理方面产生劳累，致使学习效率下降，甚至出现健康方面问题，使之不能继续学习的一种异常状态。面对日趋严峻的就业形势，近年来大学生"考级""考证""考研"成为热潮，学习心理疲劳问题也随之日益突出。调查中，37.5%的学生对学习消极体验强烈，其中18.6%的学生感觉"沉重"，13.1%的学生觉得"枯燥乏味"，5.8%的学生感到"痛苦"。有的学生过多自我加压，长期超负荷学习，过度用脑，不注意劳逸结合，导致身心异常疲乏，注意力下降，记忆力变差，对学习感到厌烦郁闷；有的学生不讲究学习方法，长时间对着单调乏味的学习内容死记硬背，对学习逐渐失去兴趣；有的学生平时学习不抓紧，临考前通宵达旦，废寝忘食，造成生物周期紊乱，学习效率下降。

学习疲劳分为生理和心理两种。心理疲劳的症状是精神涣散、感知迟钝、注意力不集中、情绪不安、忧郁、厌烦、学习效率下降。生理疲劳表现为肌肉痉挛、功能失调、动作不和谐、眼球发疼发胀、腰酸背痛、麻木、打瞌睡等。其中，心理疲劳是学习疲劳的主要表现形式。学习疲劳是一种保护性抑制，通常情况下，经过适当的休息即可恢复，但是经常过度的学习疲劳，大学生会对学习产生厌恶和烦躁情绪，学习效率大大降低。造成学习疲劳的原因主要是：对学习活动缺乏兴趣；学习时间过长，不注意劳逸结合；学习内容难度较大；睡眠时间长期不足等。很多大学生在学习压力下没有找到更有效的学习方法，只有通过学习时间的无限延长来达到预期目的，久而久之，"事倍功半"，反而加重了学习压力。

五、学习焦虑问题

学习焦虑是指大学生由于不能达到预期目标或不能消除障碍的威胁，致使自尊心、自信心受挫，或失败感、内疚感增强而形成的一种紧张不安、带有恐惧的情绪状态。心理学研究表明，学生在学习过程中，保持适当的焦虑是必要的，它可以激发斗志，增强学习效果。但过度的学习焦虑却是有害的，会对学习产生非常不利的影响。

刚刚进入校园的大学生，以往都是"佼佼者"，现在还想保持"尖子生"的地位，使他们长期处于冲突与痛苦中，精神过于紧张，学习上焦虑不安。还有一些学生因为背负着家长的较高期望或一定的经济压力，面对着巨大的学习压力而整天"一筹莫展"。大学生严重的学习焦虑表现为学习压力大、精神长期高度紧张、思维迟钝、记忆力减退、注意力涣散、情绪烦躁、郁郁寡欢、精神恍惚、学习效率下降。

六、考试焦虑

考试焦虑是指由于担心考试失败或渴望获得更好的分数而产生的一种忧虑、紧张的心理状态。多数大学生在面临重要考试时都会产生一定程度的考试焦虑，这是正常的，但过度的考试焦虑对大学生的学习和身心健康危害很大。考试焦虑是一种负面的情绪状态，给人带来痛苦的反应，它既可能是一种暂时性情绪状态，又可以持续发展成为焦虑性神经症，因此，考试焦虑对学生的心理健康影响是很大的，尤其对大一的新生而言更是如此。究其原因：一是心理负担过重，很多大一新生在中学时学习成绩优异，一直处在领先的地位，在大学里总期望保持这个优势，害怕失败和落后，结果造成焦虑；二是考试准备不足，平时没有认真掌握知识。另外，家长对子女的期望值过高等等也是学生产生焦虑的诱因。

过度考试焦虑者，表现为在考试前后精神紧张，心烦意乱，无精打采，肠胃不适，可能出现原因不明的腹泻、多汗、尿频、头痛、失眠、记忆力减退、注意力不集中、学习效率下降等。学生在考试过程中表现为心跳加快、呼吸急促、满脸通红、出汗、头昏、烦躁、恶心、软弱无力、记忆受阻、思维迟钝等，有时全身发抖、两眼发黑甚至晕倒。

原因分析：主要是因为缺乏自信。这是由于过去考试失败而造成了心理定式，生怕考试再遭失败而产生的心理压力。在现实生活中，我们经常看到这样的学生，在应试过程中紧张恐惧，思维迟钝，记忆力下降。甚至还引起生理上的不适，如腹泻、失眠、恶心等。这些都是考试心理出现问题的表现。

七、学习自卑问题

进入大学后，学生的自我意识增强，自尊感特别突出，如不能正确进行自我评价，则会导致自我意识失调。著名哲学家斯宾诺莎认为"由于痛苦而把自己看得太低就是自卑"。有的大学生虽经一再努力，但成绩总是提不高，丧失了进取心；有的由于学习成绩太差，主观上又不努力，在学习上一再受挫，像泄了气的皮球，再也鼓不起学习的勇气；有的觉得考本、考研无望，竞争无资本，因而自甘落后，自我轻视，自我消沉。自卑心理产生的原因有的与家庭教育方法不当、社会影响不良有关；有的是由于学校教育失误造成的；有的因个人智力和非智力因素影响所致。

自我轻视的心理在学习中的表现就是学习自卑，其对学习的不利影响是显而易见的。不成功的态度体验、不良的学习环境、不准确的自我认知均可能是学习自卑的原因。自卑是一种自我轻视的心理，是自尊心受挫的结果，是羞于落伍的自尊心与学习成绩低下的客观事实长期矛盾又得不到解决而造成的心理创伤所致。表现为：总认为自己智力和能力不如别人，处处低人一等；上课时，总喜欢坐在后排或角落里，眼睛不敢正视前方，尤其是不敢和教师对视；教师提问时，自己明明知道答案，却没有勇气举手回答；课堂讨论不敢发言，不愿参加各种学习竞赛活动；平时总喜欢低着头，不愿与人交往，喜欢独处，在公共场所，沉默寡言，表情不自然；遇到困难，容易丧失信心；每当考试时，总在心里暗示自己不行、通不过；十分在意别人对自己的评价，往往别人的一句玩笑话也会长时间影响情绪；自尊心强，感情脆弱。

八、学习策略失当

大学生学习心理的另一突出问题是学习方式不当。36.9%的学生反映学习的最大困惑是不能适应教与学。大学的教学着重培养学生的自学能力，要求学生具有独立思考的自觉性和研究学习的自觉性。加之大学里课程门类多、课时多，教师讲课又不拘泥于一本教材。这样一来，依旧沿着中学的思维模式和学习方法进行学习的学生便产生了学习适应困难，如听课困难、做作业困难等等。有人调查分析了新形势下大学生学习心理问题，发现9.2%的学生学习"有计划，有时执行"，20.3%的学生"有计划，难以执行"，16.3%的学生"没有计划"；52%的学生课余投入最多精力的是与学习无关的事情；55.1%的学生"有时预习"，17.9%的学生"极少预习"，5.6%的学生"从不预习"；51.0%的学生"有时做课堂笔记"，5.8%的学生"等复习一齐抄"，4.1%的学生"从不做"；在创新学习水平自我评价上，认为"一般"者占52.2%，认为"差"者占10.2%。

英国一位哲人说过，"在中学阶段，学生伏案学习，在大学里，他应该站起来"。大学的学习特点与中学有很大的不同，大学学习具有自主性、专业性、广泛性和探索性等特点，课程的数量和难度都增加了，记忆性的知识减少，理解性的知识增多，这需要大学生具有较强的独立思考问题、解决问题的能力。而部分大学生还使用中学期间养成的学习方法，难以适应需要自觉的学习意识和创新精神的大学学习生活。

学习策略失当的学生尚未探索出科学的学习策略体系，有明显的不适应学习的倾向。主要表现为：①学习时间安排不科学。学习没有计划，或有计划但不能执行。视兴致而学习，兴致一来连续多时，兴致消减荒废多日。②各学习环节学习方式不当。不重视预习，不带着问题听讲，不做课堂笔记或被动接受式做笔记。不积极参与讨论，不及时解决疑问。平时不温习，考试前搞大突击。一味死记硬背，不注意融会贯通、理解记忆。课外阅读不注意精读和泛读结合，或广泛涉猎但囫囵吞枣，或学得精细但视野褊狭。

大学生在学习中表现出来的各种心理问题，不仅会严重影响学习效果，而且也不利于大学生身心的健康发展，因而必须有针对性地进行调节和疏导，培养大学生健康的学习心理。培养大学生健康的学习心理，应从以下几方面入手。

1. 努力提高自身学习适应能力

在现实生活中，每个人都要随着外界环境的变化，不断地调整自己的位置，使自己的需求和发展与社会的需求和发展相一致。这就是说，随着大学环境的变化，要使自己进入"角色"，在新的大学生活中寻找自己的方位，确立最佳位置。此外，树立自信心，在大学生学习中尤为重要。由于大学是人才云集之处，"能人"背后有"能人"，这就不可避免地使学生过去的优势变得不复存在，在现实的变化面前，由于心理承受能力差产生了自卑感，甚至失去了学习的信心，在这种情况下，必须培养自己的自信心。

2. 确立适当的学习目标

大学生在进入大学后，就应该根据学习任务的难度和自身的学习基础、学习能力等因素为自己确立适当的学习目标。既要有远大理想，又不要"好高骛远"。心理学研究表明，学习目标和抱负水平太高，容易因经常达不到理想的目标而焦虑和丧失自信；学习目标和抱负水平太低，则很难对学习活动的动机起到激励作用，不利于学习水平的提高；只有适合自己的同时又稍高一点的学习目标和抱负水平，才既能对学习活动起到真正的推动作用，同时又不会给学习能力和学习基础有局限性的大学生造成不必要的学习心理压力和心理障碍。比如：英语基础好且学习能力强的学生能一次顺利考过英语四、六级，而英语基础差且学习能力较差的大学生从心理上就不要盲目去"攀比"，没有必要给自己也确立"必须一次过级达标"的目标，第二次甚至第三次能通过也应看作是一种成功和超越，应该肯定并让自己感到满意。要知道每个人的起点和奔跑的速度是不一样的，跑到终点的时间肯定是有区别的。

3. 增强学习动力，激发学习兴趣

"兴趣是最好的老师。"学习兴趣是人们在认知过程中的某种情绪情感的倾向性。学习过程既是理性的又是感性的。在学习过程中不仅要调动理性的心理元素（思维和记忆等）参与，而且要充分调动感性心理元素（兴趣、热情、感知觉、想象等）的参与。其实认识过程本身的特点就是从感性认识到理性认识。而大学生的学习主要是通过听老师讲课和自己阅读的方式来学习前人总结的各种间接的知识经验。因此学习内容大部分是抽象的、概括的。感性资料和感性认识的不足，常常会使大学生感到学习是枯燥和空洞的。因此，大学生应丰富感性认识、多观察自然和社会现象，理论联系实际，多参加科学实验和社会实践活动，使学习不再仅仅是抽象的、理性的、富于逻辑性的，而且是形象的、生动的、富有乐趣的。

首先，要增强学习动力，主要是确立学习目标。目标能指导人的一切行动。进入大学，等于眼前的理想实现了，新的理想—目标又等待着自己去确立，这种新目标的确立要根据大学的学习规律，结合自己的实际，并且要进行新的努力。在目标的确定中应该注意使个人目标与社会责任联系起来，把近期目标与长远目标结合起来，否则这一目标就难以实现。其次，要培养学习兴趣。兴趣是情感的凝聚，一个人如果对某件事情感兴趣，那么，他就会深入持久地去做这件事，力争达到预期目的。兴趣对于大学生来说，更为重要。它是求知的动力，热情的凝聚，行为的指向，成功的起点。但是，大学生的兴趣不是天生就有的，而是随着年龄的增长和实践活动的丰富，培养和发展的。所以，在学习中，大学生要善于发现激发自己兴趣的事情，努力培养这种乐趣。

4.注重有效的学习策略和方法

科学有效的学习策略和学习方法是有效帮助大学生积极健康地学习、提高学习效率和成绩、减轻学习压力的重要措施和有力保障。大学生在整个学习过程中，应高度自觉地意识到自身思维认识和整个学习活动的心理状态，对认知流程学会实时监控，学会不断地总结自己的学习经验，学会学习，让自己进入健康高效的学习状态。从某种意义上说，学会学习就是学会学习的方法。人们常把方法比作路、比作桥、比作工具，这是十分生动而恰当的。法国杰出的哲学家、数学家笛卡儿有句名言："最有价值的知识是方法的知识。"在爱因斯坦著名的"成功方程式"里，"正确的方法"也是三分天下有其一，可见其重要性。掌握科学而适合自己的学习方法，是大学生学会学习的关键。

5.努力克服学习心理困扰，提高学习效率

（1）克服学习过度焦虑。

第一，要正确地认识和评价自己的能力，调整自己的抱负水平和期望目标，使之切合自身和客观现实。第二，增强自信和毅力，不怕困难与失败，勇于迎接学习中的挑战，保持适度的自信心，克服虚荣心理。第三，加强心理调节，保持情绪愉快和稳定，探索、掌握切合自己特点的学习方法，遵循大学学习规律，以提高学习效果。

（2）预防、消除心理疲劳。

劳逸结合是预防心理疲劳的重要措施。学习一段时间，应该休息片刻放松一下；在学习之余，参加一些文体活动，使身心得到调节和放松，应培养广泛的兴趣和爱好，使生活内容丰富多彩还应保证充足的睡眠时间。此外，要学会科学用脑，掌握学习效率最高的时间。如有些人感到早上效率最高，有些人感到晚上学习效果最好，在这种情况下多用脑，就会事半功倍。

（3）克服考试焦虑或"怯场"。

要充分认识到考试是衡量学习好坏的手段之一，也是教学的一个重要环节。但是，成绩并不完全、准确、真实地反映一个人的知识水准，特别是对能力的反映更不全面。所以，大学生应重视考试，但不过分要求高分。要考得轻松，学得愉快。提高应试技巧，首先，要做好考前准备，即认真复习，有计划，有安排，有轻重缓急。要合理安排时间，不要使大脑过度疲劳，以免影响学习水平。尤其是临考前几天应保持充足的睡眠，这样才能保证以清醒的头脑和充沛的精力走进考场。其次，要有应付"怯场"的办法，考试时先做确有把握的题，难题放在后面做，这样可以消除考试紧张情绪。假如考试"怯场"，可设法转移注意力，使大脑兴奋起来，诸如想一件令自己高兴的事，或者是做几次深呼吸，使情绪稳定。

（4）让自己有良好的学习心境。

注意合理科学地安排自己的学习节奏，让学习过程本身像一曲歌、一首诗，学会挖掘学习本身蕴含的乐趣和美，是学习者培养的一种较高的学习境界。一个取得成功的软件工程师曾经这样说过：我在写程序的时候就感觉自己在写一首诗。在进入学习活动之前和学习的过程中积极调整自己的学习心理准备状态，带着和保持一种愉快的心境进入学习和完成学习活动，是保证积极健康的学习心态和良好的学习状态的重要条件。比如我们可以给自己一些积极美好的心理暗示，可以让适合自己的一段美妙的音乐来放松自己的大脑和神经甚至伴随部分学习过程等。

第四节　学习策略概述

一、学习策略的定义

学习策略是指学习者为了提高学习的效果和效率、有目的有意识地制定有关学习过程的复杂的方案。

二、学习策略的特征

（1）主动性：学习策略是学习者为了完成学习目标而积极主动地使用的。

（2）有效性：学习策略是有效学习所需的。

（3）过程性：学习策略是有关学习过程的。

（4）程序性：学习策略是学习者制订的学习计划，由规则和技能构成。

三、学习策略的分类

一般来说，学习策略可分为认知策略、元认知策略和资源管理策略等三个方面。

认知策略：复述策略，精细加工策略，组织策略。

元认知策略：计划策略，监视策略，调节策略。

资源管理策略：学习时间管理策略，学习环境管理的设置，学习努力与心境管理，学习工具的利用，社会性人力资源的利用。

四、掌握学习策略的意义

（1）可以改进学生的学习方法，提高学生的学习质量。

（2）能更有效地促进教师的教。

（3）有利于学生更好地发展。

五、典型的学习策略

（一）认知策略

认知策略是加工信息的一些方法和技术，有助于有效地从记忆中提取信息。

1. 复述策略

1）复述策略的含义。

复述策略是在工作记忆中为了保持信息而对信息进行重复叙述的过程。

2）几种复述策略。

（1）利用随意识记和有意识记。

随意识记是指没有预定目的、不需经过努力的识记。有意识记是指有目的、有意识的识记。

（2）排除相互干扰。

在安排复习时，要尽量考虑预防前摄抑制和倒摄抑制的影响，要尽量错开学习两种容易混淆的内容，当学完一系列词汇后，马上进行测验，开始和结尾的几个词一般要比中间的词记得牢。这就是所谓的首位效应和近位效应。因此，要把最重要的新概念放在复习的开头，在最后对它们进行总结。

（3）整体识记和分段识记。

对于篇幅短小或者内在联系密切的材料，适于采用整体识记，即整篇阅读，直到记牢为止。对于篇幅较长，或者较难，或者内在联系不强的材料，适于采用分段识记。即将整篇材料分成若干段，先一段一段地记牢，然后合成整篇识记。

（4）多种感官参与。

在进行识记时，要学会同时运用多种感官，多种感官的参与能有效地增强记忆。

（5）复习形式多样化。

要采用多种形式进行复习有利于理解和记忆。在实践中应用所学知识是对知识的最好复习。要注意选择有效的复习方法。较好的方法是尝试背诵法，即阅读与背诵相结合。一面读，一面试着背诵，这样可以使注意力集中于学习中的薄弱环节，避免平均分配学习时间和精力，进而达到提高学习效率的目的。此外，还应尽量调动起多种感官共同地进行记忆，眼到、口到、耳到、手到、心到，多种形式的编码和多通道的联系增加了信息的储存和提取途径，自然就使记忆的效果得到增强。

复习的主要目的在于使信息在头脑中牢固保持。而一系列研究证明，只有理解的信息才比较容易记忆并长久保持，反之，呆读死记的东西既难记，也容易遗忘。因此，复习策略应该与其他的学习策略协同作用，共同促进学习效率的提高。

注意复习时间的合理安排。根据遗忘发生的规律，复习的时间应该注意及时复习和系统复习。及时复习可以较大限度地控制遗忘，此外要想长期保持所学到的内容，还必须进行系统的不断的复习。根据有关研究，有效的复习时间最好做如下安排。

第一次复习，学习结束后的 5 ～ 10 分钟，将要点加以背诵，或者阅读后尽快用自己的语言来表述所学的内容。

第二次复习，学习当天的晚些时候或学习结束后的第二天，重读有关内容，将要点以自己的语言描述出来。

第三次复习，一星期后。

第四次复习，一个月后。

第五次复习，半年后。

在每次复习时，究竟用多长时间是最有效的呢？是否复习时间越长，记忆效果越好呢？对人类记忆的研究发现，人们对事件的开始和结尾具有较强的记忆，而对中间的记忆较差。比如，若连续复习 3 个小时，那么只有一次开始和结尾，可能产生两头记忆效果好而中间记忆效果差的现象。为解决这一问题，可以将连续的集中复习时间加以分散，分成几个小的单元时间，中间穿插短暂的休息。这样就能够增加开始和结尾的数量，进而提高记忆效果。至于每一单元的复习时间，可根据学习材料的趣味性与难易程度而定。

学习完某一新内容后，复习多少次最有利于记忆？这涉及过度学习的问题。所谓过度学习，即在恰能背诵某一材料后再进行适当次数的重复学习。这种重复学习绝不是无谓的重复，相反，它可以加深记忆痕迹以增强记忆效果。一般而言，过度学习的程度达50%时效果较好。比如，当你识记某一材料读6遍刚好能够记住时，那么最好你再多读两三遍。

（6）试图回忆。

（7）画线。

画线是阅读时常用的一种复述策略。在教学生画线时，首先，解释在一个段落中什么是重要的；其次，教学生谨慎地画线，也许只画一到两个句子；最后，教学生复习和用自己的话解释这些画线部分。

圈点批注的方法有：①圈出不知道的词；②标明定义和例子；③列出观点原因或事件序号；④在重要的段落前面加上星号；⑤在混乱的章节前画上问号；⑥给自己作注释；⑦标出可能的测验项目；⑧画箭头表明关系；⑨注上评论，记下不同点和相似点；⑩标出总结性的陈述。

2. 精细加工策略

1）精细加工策略的含义。

精细加工策略是一种将新学材料与头脑中已有知识联系起来，从而增加新信息的意义的深层加工策略。

2）几种精细加工策略。

（1）记忆术，就记忆术而言，有以下几种。

①位置记忆法。位置记忆法是一种传统的记忆术。使用位置记忆法，就是学习者在头脑中创建一幅熟悉的场景，在这个场景中确定一条明确的路线，在这条路线上确定一些特定的点。然后将所要记的项目全都视觉化，并按顺序和这条路线上的各个点联系起来。回忆时，按这条路线上的各个点提取所记的项目。

②缩简和编歌诀。缩简就是将识记材料的每条内容简化成一个关键性的字，然后变成自己所熟悉的事物，从而将材料与过去经验联系起来。也可以将材料缩简成歌诀。在缩简材料编成歌诀时，最好靠自己动脑筋，自己创造的东西印象深刻。歌诀力求精练准确，富有韵律。

③谐音联想法。学习一种新材料时运用联想，假借意义，对记忆亦很有帮助，

这种方法被称为谐音联想法。

④关键词法。关键词法就是将新词或概念与相似的声音线索词，通过视觉表象联系起来。

⑤视觉想象。视觉联想就是要通过心理想象来帮助人们对联系的记忆。

⑥语义联想。通过联想，将新材料与头脑中的旧知识联系在一起，赋予新材料以更多的意义。运用这种方法关键是设法找出新旧材料之间的内在逻辑联系。

（2）做笔记。

做笔记是阅读和听讲时常用的一种精细加工策略。为了做好笔记，教师应做到：演讲慢一点；重复复杂的主题材料；呈现做笔记的线索；在黑板上写出重要的信息；给学生提供一套完整的笔记，让他们观看；给学生提供结构式的辅助手段。

学生应做到：笔记本上不要写得密密麻麻，要留出一定的空白；同时记录正文及关键词和自己的疑问、感想；复习、思考笔记中的观点。

（3）提问。

学生在活动中自己和自己谈话，自己问自己或彼此之间相互问老师要问的问题。

（4）生成性学习。

生成性学习就是要训练学生对他们所阅读的东西进行积极加工，产生一个类比或表象，以加强其深层理解。这种方法最重要的一点就是需要积极的加工产生：①课文中没有的句子；②与课文中某几句重要信息相关的句子；③用自己的话组成的句子。

（5）利用背景知识，联系实际。

背景知识对学习是很重要的，教师一定要把新的学习和学生已有的背景知识联系起来，并要能联系实际生活，不仅帮助他们理解这些信息的意义，而且要帮助他们感觉到这些信息有用。

3.组织策略

1）组织策略的含义。

组织策略是整合所学新知识之间、新旧知识之间的内在联系，形成新的知识结构。组织策略对认知结构的改变主要体现在对知识的简化、系统化和概括化上。

2）几种组织策略。

（1）聚类组织策略，即按材料的特征或类别进行整理、归类的方法，又叫群集策略，主要用于自由回忆之类的学习任务。

（2）概括法，指以摒弃细节、提取要义的方式组织信息。布朗提出五原则：略去枝节；删除多余；代以上位；择取要义；自述要义。

①纲要法，即一种提取材料要义、组织纲目要点的方法。有纲要框架和图解纲要两种。

②网络法，指以树状式连线方式表示材料种属逻辑关系的一种组织方法。

（3）比较法，这是对两种以上易相混淆的事物进行对比分析的一种常用方式。常用的有：

①对立比较；

②差异比较；

③对照比较；

④表格法：一览表，双向表。

（二）元认知策略

1.元认知的含义

所谓元认知是对认知的认知，即个体关于自己学习或如何学习的知识。它包括学生对自身认知活动的自我意识和自我调节。

2.元认知策略的含义

元认知策略是学生对自己学习过程有效监视和控制的方法，属监控策略。

3.几种元认知策略

1）计划策略。

元认知计划是根据认知活动的特定目标，在一项认知活动之前计划各种活动，预计结果、选择策略，想出各种解决问题的方法，并预估其有效性。元认知计划策略包括设置学习目标、浏览阅读材料、产生待回答的问题以及分析如何完成学习任务。在制订计划时应注意：①必须对目标做严密的审视。②将确定的总体目标分解为一个个小的目标，并保持计划的伸缩性。③配以一定的奖惩措施。

2）监控策略。

监控策略是在认知活动进行过程中，根据认知目标及时评价、反馈认知活动的结果与不足，正确估计自己达到认知目标的程度、水平；并且根据有效性标准评价各种认知行动、策略的效果。元认知监控策略包括阅读时对注意加以跟踪、对材料进行自我提问、考试时控制自己的速度和时间。

3）调节策略。

元认知调节是根据对认识活动结果的检查，调节策略能帮助学生矫正他们的学习行为，使他们补救理解能力上的不足。

元认知策略的这三个方面总是相互联系在一起而工作的。学习者学习一般先认识自己的当前任务，然后使用一些标准来评价自己的理解、预计学习时间、选择有效的计划来学习或解决问题，然后，监视自己的进展情况，并根据监视的结果采取补救措施。

（三）资源管理策略

资源管理策略是辅助学生管理可用环境和资源的策略，有助于学生适应环境并调节环境以适应自己的需要，对学生的动机具有重要的作用。

1.学习时间管理

（1）统筹安排学习时间。

每个人都应当根据自己的总体目标，对时间做出总体安排，并通过阶段性的时间表来落实。

（2）高效利用最佳时间。

首先，要根据自己的生物钟安排学习活动。其次，要根据一周内学习效率的变化安排学习活动。再次，要根据一天内学习效率的变化来安排学习活动。此外，要根据自己的工作曲线安排学习活动。工作曲线一般有：先高后低；中间高两头低；先低后高。

（3）灵活利用零碎时间。

首先，可以利用零碎时间处理学习上的杂事。其次，读短篇或看报纸杂志，拓宽自己的知识面，或者背诵诗词和外文单词。此外，可以进行讨论和通信，有助于创造性思维的发挥。

2.学习环境的设置

学习环境是影响学生学习的外部条件之一。环境分为物理环境和心理环境，我们这里所说的主要是物理环境。

首先，要注意调节自然条件，如流通的空气、适宜的温度、明亮的光线以及和谐的色彩等。其次，要设计好学习的空间，如空间范围、室内布置、用具摆放等因素。

3.学习努力和心境管理

主要应做到：激发内在动机；树立为了掌握而学习的信念；选择有挑战性的任务；调节成败的标准；正确认识成败的原因；自我奖励。

4.学习工具的利用

在高度发达的信息社会，学生要善于利用参考资料、工具书、图书馆、广播电视以及电脑与网络等。

5.社会性人力资源的利用

学生善于利用老师的帮助以及同学间的合作与讨论。

六、学习策略的训练

（一）学习策略训练的原则

1.主体性原则

指任何学习策略的使用都依赖学生主动性和能动性的充分发挥。

2.内化性原则

指训练学生不断实践各种学习策略。逐步将其内化成自己的学习能力，并能在新的情境中加以灵活应用。

3.特定性原则

指学习策略一定要适于学习目标和学习的类型。

4.生成性原则

指学生要利用学习策略对学习材料进行重新加工，生成某种新的东西。

5.有效监控

指学生应当知道何时、如何应用他们的学习策略，并能反思并描述自己对学习策略的运用过程。

6.个人自我效能感

指教师给学生一些机会使他们感觉到策略的效力以及自己使用策略的能力。

（二）学习策略训练的方法

1.指导教学模式

指导教学模式基本思想是，学生在教师的引领下学习有关学习策略。它由激发、讲演、练习、反馈和迁移等环节构成。在教学中，教师先向学生解释所选定学习策略的具体步骤和条件，在具体应用中不断给以提示，让其口头叙述和明确解释所操作的每一个步骤以及报告自己应用学习策略时的思维，同时，教师在教学中依据每种策略来选择许多恰当的事例来说明其应用的多种可能性。提供的事例应从学生的认知水平出发、由简到繁。

2.程序化训练模式

该训练模式的基本思想基于加涅的学习层次理论。所谓程序化训练就是将活动的基本技能，分解成若干有条理的小步骤，在其适宜的范围内，作为固定程序。要求活动主体按此进行活动，经过反复练习使之达到自动化程度。规程化训练的基本步骤是：①将某一活动技能，按有关原理，分解成可执行、易操作的小步骤，而且使用简练的词语来标志每个步骤的含义。②通过活动实例示范各个步骤，并要求学生按步骤活动。③要求学生记忆各步骤，并坚持练习，直至使其达到自动化程度。

3. 完形训练模式

学生练习策略的某一个成分或步骤，然后，逐步降低完整性程度，直至完全由学生自己完成所有成分或步骤。

完形训练的好处就在于能够使学生有意注意每一个成分或步骤，而且每一步训练所需的心理努力都是学生能够胜任的。更为重要的是，每一步训练都给学生以策略应用的整体印象。

4. 交互式教学模式

交互式教学这种方法，主要是用来帮助成绩差的学生阅读领会，它是由教师和一小组学生（大约6人）一起进行的。旨在教学生这样四种策略：①总结即总结段落内容。②提问即提与要点有关的问题。③析疑即明确材料中的难点。④预测即预测下文会出现什么。

交互式教学模式步骤：一开始，教师作一个示范，朗读一段课文，并就其核心内容进行提问，直到最后概括出本段课文的中心大意。教师指定一个学生扮演"教师"，彼此提问。

5. 合作学习模式

该模式的基本思想是合作性成为当今基础教育改革所倡导的基本理念。在这种学习活动中，两个学生一组，一节一节地彼此轮流向对方总结材料，当一个学生主讲时，另一个学生听着，纠正错误。然后，两个学生彼此变换角色，直到学完所学材料为止。

要使合作能够进行，教师必须注意以下几点：①要有一个有吸引力的主题。②要有可分解的任务。③要有一个有凝聚力的稳定的团队。④要有一个具有激励性、发展性的评价机制。⑤需要在课与课之间、课内与课外之间具有连续性。

在实际教学中，教师不管采用什么方法进行学习策略的教学。都要结合学科知识。教师要善于不断探索优化自己的教学步骤，为学生提供可以仿效的活动程序；同时要根据学生原有的学习方式基础来启发学生的思路，让其有意识地内化有效的学习策略。

学习策略与学习方法的联系与区别

学习策略与方法研究是学习科学体系中的一门重要学科。在学习实践中，怎样学习，怎样学得又快又好，是每个学习者都在思考的问题。学习策略或学习方法的研究都是从学习者自身的学习角度进行的探讨，其目的在于从理论上和实践中指导学习者的学习活动，解决人们怎样科学有效地去学习的问题。它们之间既有着密切的联系，也存在着一定的区别和差异。

1.学习策略与学习方法的共同点

（1）学习策略和方法都是一系列相互关联的提高学习成效的活动。它们是学习者在一定的学习原则的调节指导下，有意识地发挥自己的心理能力和体力，把一系列具体的操作和手段连为一体而形成的有明确目的，即提高学习成效的活动。因此，学习策略和方法的指导理论来自学习实践，又要指导和应用于学习实践，在指导和应用中接受学习实践的检验，在接受检验中完善和发展自己的学习策略与方法。只有深刻认识这一性质，才能使我们的学习策略与方法紧密联系学习实际，得到有效的应用，而不是脱离学习实践的空谈。

（2）学习策略和学习方法自身都是学习的对象。它储存在长时记忆中，对人的学习及至终身发展形成影响。因为，我们所讨论的是广义上的学习，这种学习不单单指书本上的学习，还包括生活中的学习。因此，掌握学习策略和方法的意义在于更高效地学习。对于学生而言，学习策略和方法就是指如何提高学习效果及效率的方略，而这个方略往往是带有学生个性倾向和经验性的。学生在校学习期间，能够有效地归纳和应用，优化和完善学习的策略与方法，当走上社会，他也会养成在工作和生活中寻找策略与方法，促进事业和生活的成功。

（3）学习策略与方法同属于操作性的知识，都是关于解决学习中的问题和完成某项学习任务的行为或操作步骤的知识。它包括一切为了进行学习的信息转换活动而采取的具体操作程序，是个体具有的用于具体情境的一套行为步骤。因此，作为操作性知识，它与陈述性的知识不同。陈述性的知识解决的是"是什么"的问题，通过记忆、理解和思维就能掌握，而操作性的知识，要想掌握就必须通过动手实践基础上的体验，以及动作性的记忆。没有认识到这一点，学习策略和方法的指导往往就不能获得成功。这也正是过去我们学校中学习方法指导课没少上，但收效甚微的原因。往往学生并没有通过上这样的课而获益。操作性知识还有一个很重要的特点，那就是它在习得的早期，改进起来比较容易，然而一旦在人的动作记忆中被编码且达到自动化，即养成了行为习惯了，改进起来就会相当困难。这就说明学习策略与方法的指导必须要提早，而且要科学化的必要性。

2.学习策略与学习方法的不同

（1）知识的属性不同。就本质而言，学习方法属于程序性知识，关注的是如何做；学习策略属于策略性知识，关注于为什么要这么做，怎样可以做得更快更好。策略性知识以智慧为代表，而程序性知识以技能为代表。比如，要学习驾驶技术，陈述性知识是指如何启动车辆，如何打方向盘，如何挂档，如何停车等技能。这类知识的掌握要通过反复的练习。而策略性知识是指要学习这些技能，是跟熟人学，还是进入驾校学，怎么利用空闲的时间学，当师傅教完一个技术性动作后，是自己反复练习，还是找同学一起讨论切磋一下等。

案例一：有一个大学新生，入学初在高等数学的学习落后了，跟不上教师上课的进度，后来他意识到了问题的严重性，决心迎头赶上，他是这样做的："从最前面开始，没做过的习题都做一遍，抄过一次的习题自己努力再做一遍，做得非常细致、认真，我满以为这样便可以一步步追上去了，可结果事与愿违，反而越落越远。我朝前追了三米，老师又把我拉下了五米，旧的尚未理解透彻，新的又如陷雾中，真所谓处处被动、处处挨打，心烦意乱，一筹莫展。偶然有一天，我读到了这句名言：'进攻是最好的防御。'再三衡量得失之后，我决心放下一切，实施反攻！跳过那近百页似曾相识、半懂不懂的禁区，眨眼之间，我已经赶到了老师进度的前方。不是有模模糊糊的证明论述吗？先承认它！不是有莫名其妙的定理定律吗？先记住它！不是有无从下手的习题作业吗？先抄着再说！我绝不跟在困难的屁股后面打转转！慢慢地，我的学习有了转机：高等数学尽管还不能得心应手，但老师上课的新东西对我来说已不再是什么'新'东西，稍加理解之后，便能牢记在心。因而自信心亦得到了加强，产生了一种'居高临下'的优势感，情绪、心境同以前相比，已经迥然不同！第一个学期下来，我高等数学的进度已赶到了第二个学期的第十周左右了。寒假和第二学期的前几周，我马不停蹄，一鼓作气，一边补习前面缺下的功课，一边自学完了高等数学第二册的全部内容。这下我总算能腾出手来解决以往留下来的一个个'顽固不化分子'了。等到第二个学期终考，题目难度加大，别人的高等数学成绩都下降了，我反而提高了十几分，一举把成绩扳过来。"

这个学生在落后的情况下，大胆地改变策略，以攻为守，并获得了成功，靠的就是选择了跨越性超前学习的策略，而不是认真地抄习题、重做习题等具体的方法。

（2）操作的方式不同。掌握和应用具体的学习方法主要靠模仿、练习等操作性行为，它是学习策略的具体化，介于学习策略与学习实践之间。学习方法具有明显的工具性，既然是工具，就必然存在是否需要使用工具、使用什么工具、怎么使用工具更具效率等一系列具有选择性和决策性的问题。学习策略不仅包括信息加工流程所有环节使用的方法和技术，而且，还包含有监控、反馈内容，在外延上要广于学习方法。学习策略的思维主要是学习者头脑中的与学习方法论相关的信息加工活动，是对自己在学习中遇到的具有一定全局性、长远性、根本性重大问题的理性思维过程。对学习策略的思维不仅包括学习者对学习问题的思考和谋划，如形成学习目标、学习计划、选择方法等，还包括计划的实施、反馈和修正。要形成、选择或应用一个适当的学习策略，需要学习者在学习中根据实际情况和各种需要，在深入分析、综合、判断的基础上进行技术和方法选择、决策和调整。也就是说，学习过程中选择和采用什么方法，受到学习策略支配。这种选择和支配明显地具有个性化的特点。学习策略的好坏，不仅直接制约着学习者观察、分析、判断自己学习活动的变化发展的立场、观点，而且直接制约着学习者的学习方法、学习过程和学习成效，它体现了学习者是对学习规律的思考与把握和程度，是学习者思维能力和水平的体现。

（3）看待问题的角度不同。学习方法是我们学习时采用的一种能让学习变得更好的学习技能。而如何正确地看待方法，本身也是一个方法论的问题，也就是策略的问题。学习策略则是为了达到一定的学习目标，有意识地根据具体情况采用的一种如果恰当地应用方法的谋略性问题。以为掌握了一些具体的方法就开通了学习的坦途的想法是不全面但很流行的看法。

有一个大学生，在刚进大学的时候，听老师介绍说，搞文科研究要多积累资料，学会做卡片是一种重要的方法，于是他就迫不及待地跑文具店买卡片，喜滋滋地抄录书本上的各种语录，但一段时间以后，他沮丧地看到，事实证明，茫无目标的资料积累除了为废纸篓增加补充物外，并不能为自己带来多少学业的长进。

学习方法要受制于学习策略。学习策略从层次上高于学习方法。学习策略是广义上、宏观的和抽象的认识、决策和选择，它处于一种战略的高度；学习方法通常比较狭义、微观、具体，它属于战术的层面。两者的关系，与战略和战术的关系虽不是完全相同，但有极大的相似之处。在学习过程中，针对某一个的学习任务或学习内容，策略则是宏观上所要达到的目的和各种办法部署等，方法依托策略而来，策略也要考虑方法的最佳实施。前者就是你决定要做这件事的安排和选择，后者就是你具体怎样操作这件事。所以，林崇德先生说："如果用战术与战略关系来做比喻，学习方法属于战术的范畴；而根据学习情境的特点和变化选用最为适当的学习方法才是学习的策略，它属于战略的范畴。"如果我们把前者看成是一种"战略"，那么后者就是构成这种战略的"战术"。虽然从整体上讲，是"战略"决定"战术"，但反过来"战术"也直接影响着"战略"的实施。由此学习方法在学习策略的构成要素中始终是一个非常活跃的因素，它不仅决定着学习策略实施的基本途径和活动方式，而且还影响着学习策略的实施效果。因此，学习策略要高度重视学习方法的选择和运用，通过学习方法的精心选择和优化组合去促进学习策略的优化与完善。

第九章　大学生挫折应对与管理

第一节　挫折概述

一、挫折的概念

所谓挫折，就是指个体的动机行为受到阻碍而产生的紧张姿态与情绪反应。个体在实现目标过程中，动机行为会有不同的结果，一是无须特别努力即可达目标，需要很容易满足；二是遇到了干扰和障碍，但是经过努力或者采取某种方法仍可达到目标；三是遇到干扰和障碍使目标不能达到，需要不能满足，而产生种种不安、焦虑情绪。在心理学上，把个人遇到的第三种情况称之为挫折，它是一种消极的心理状态。

大学生怀抱着许多美好的幻想，希望能将其变成现实。自迈进大学校门之日起，便真正开始尝试从父母和家庭的依赖中摆脱出来而独立生活，新的环境、新的起点、新的需要迫使他们必须靠自己去独立思考和独立解决问题，由此也就会越来越多地遇到人生发展过程中难以解决的问题，并由此可能带来的比较大的挫折，特别是越来越多地要靠自己独立地面对挫折、承受挫折和化解挫折。

某高校大学生许杰说："我以前在高中时可以说是佼佼者，到了大学里，好像每个人都比我强，我发现自己就好像巨人堆里的矮子，老担心自己考不好。师哥师姐还告诉我们要过级，要多拿证书，要考研，现在我每天一躺到床上就做噩梦，上课也不能集中精力，书也看不下去，眼看这要期末考试了，我究竟该怎么办？"

案例启示：对于能进入大学的学生，通常是中学时代的佼佼者，而大学里是人才辈出、精英汇集的地方，这种反差让那些对陌生环境适应能力较差的同学无法找准自己的位置，会暂时出现一个迷茫期。一般来说，发生这种情况的都是一些平时成绩较好，对自我要求比较高、喜欢追求完美的人。因为目前在大学里，考试成绩的好坏与就业、奖学金、评优、入党等有着密切联系，如果太过看重这些的话，就容易造成心理紧张。

二、大学生产生挫折的原因

大学生处于人生发展的关键时期，一方面，他们精力充沛，思想活跃，自我意识强，发展欲望强烈，需求广泛而执着，个人的理想抱负水平普遍较高；另一方面，他们人格发展尚不够成熟，社会阅历浅，挫折经验不足，加上大学是一个竞争激烈的环境。因此，大学生遇到挫折是必然的，也是普遍的，甚至遭遇挫折的频率相对还会更高一些。

造成大学生遭受挫折的原因是多方面的和复杂的，挫折的形成与自然环境、社会环境、自身条件以及个人的动机冲突等多种因素有关。大致可以分为三大类。

（一）客观因素

构成挫折的客观因素是指个人自身因素以外的自然因素和社会因素给人带来的限制与阻碍，使人的需要和目标不能满足和实现而产生挫折。

1. 自然因素

自然因素是指个人不能预料和控制的天灾人祸、时空限制、意外事件等，如地震、洪水、交通事故、疾病、死亡等。自然因素造成的挫折每个人随时都可能遇到，其后果可能很严重，对人的影响很大，如亲人去世、因交通事故致残等；也可能不严重，对人只产生暂时的影响，如有些学生刚入学时对当地气候的不适应，不习惯集体住宿等。

2. 社会因素

社会因素是指个人在社会生活中受到的各种人为因素的限制与阻碍，包括政治制度、经济条件、人际关系、宗教信仰、传统观念、风俗习惯、战争动乱等方面。任何人都生活在一定的社会历史条件下，社会生活及其变化对人的影响和限制是无处不在的，人们因此产生的挫折是普遍存在的。当前，随着科学技术的飞速发展，社会生活节奏不断加快，生存竞争日益加剧，人们的紧张感和心理压力大大增加，挫折感不断增强。进入大学以后，大学生面临着一个全新的环境，他们不仅受到自然环境的影响，更多的是受到大学社会环境的影响，如繁重的学业、考试的压力和人际关系的冲突等。

（二）个人因素

构成挫折的个人因素是指由于个人在生理、心理以及知识、能力等方面的阻碍和限制，使人的需要和目标不能满足和实现而产生挫折，包括自身生理条件、心理水平，如个人身高、体形、容貌、知识结构、健康状况、表达能力、自我期望、经济条件等都可能是挫折源。有些大学生自视较高，有强烈的自尊心，争强好胜和追求完美的心理较强，所以大学生的挫折很多都是来自个人自身因素。

在构成挫折的个人因素中，大学生的自身条件和能力与自我期望之间的矛盾是造成挫折的重要因素。许多大学生往往过于自信，过高估计自己的能力，对自我发展的预期和要求不是从客观实际出发，而是从主观愿望出发，常常对自己提出不切实际的要求，制订过高的甚至无法达到的目标和计划。一旦这些目标和计划因为能力不及无法实现，而自己又不能清醒地认识到这一点，就会产生强烈的挫败感。

（三）动机冲突

动机冲突也是造成挫折的主要原因，在每个人的生活中经常出现，人们的需要是多种多样的，常常会因多种需要而产生多个动机，并指向多个目标。动机冲突常常会造成动机部分或全部不能得到满足，同时也就使动机所指向的目标受到阻碍，产生挫折感。其表现形式主要有双趋式冲突、双避式冲突、趋避式冲突和双重趋避式冲突。

1. 双趋式冲突

双趋式冲突是指人们在有目的的活动中，同时有两个并存的具有同样吸引力的目标，而这两个目标因条件所限又无法同时实现，从而产生的难以取舍的冲突情境，如同人们所说的"鱼和熊掌不可兼得"。如有些大学生在谈恋爱期间同时对两个异性有好感，但只能选择其中的一个而放弃另一个；有些大学生想做好社会工作，又不想影响学习等。

2. 双避式冲突

双避式冲突是指人们同时遇到两个具有相同威胁的目标，两者都想躲避，但因条件所限而必须选择其一，从而产生左右为难的冲突情境。如"前有悬崖，后有追兵"。

3. 趋避式冲突

趋避式冲突是指人们在面对同一目标时产生的互相矛盾的心态，即这一目标既有吸引力，能够满足某些需要，同时又具有排斥力，构成某些威胁。如有些大学生想参加演讲比赛，但又怕失败有损自尊心；考试时，有些大学生因平时没有认真学习和复习害怕考试不及格，于是就产生了作弊的想法，但又怕被监考老师发现受到校纪处分。

4. 双重趋避式冲突

双重趋避式冲突是指人们同时遇到两个或两个以上的目标，而每一个目标又同时存在趋避冲突。这种类型是双趋式、双避式冲突的混合类型。如一个学历、能力有限的人，想找份既轻松、收入又高的工作，事实上，遇到的要么是收入高但很辛苦，要么是轻松但收入低的工作。

三、大学生常见的心理挫折

大学生虽在生理上已基本成熟，但由于社会经验缺乏，他们在性生理发展、人格发展、为人处世上还远未达到完善的程度。特别是在信息膨胀、生活节奏加快、变化和诱惑增多的当今社会，大学生在适应、学习、人际交往、恋爱、职业规划等方面遇到一些挫折是不可避免的。

（一）交往挫折

大学阶段的人际关系较中学时代更为复杂。大学生来自全国各地，性格、习惯、语言各不相同，成长环境、家庭背景、生活方式也不一样。如果缺乏有效的沟通，他们之间就很容易出现误解和矛盾，以致使一些大学生因为感到自己孤立无援、不被他人接纳而产生失落、悲观、焦虑、抑郁的情绪。具体来说，大学生的交往挫折主要有三个方面的来源。

1. 宿舍关系

宿舍是大学生日常起居的地方，营造一种轻松、和睦的宿舍关系对大学生的学习和生活具有重要影响。在大学生活中，几个来自不同地方、不同家庭的同龄人要在一起生活、学习，由于具有不同的性格、生活习惯，同学之间免不了会出现一些小摩擦、小矛盾。

2. 成长环境

目前，大学生中的独生子女越来越多，他们缺乏与兄弟姐妹分享的经历，习惯一切以自我为中心，从而不考虑他人的感受。进入大学后，他们如果在与宿舍同学相处的过程中延续以往的"自我中心"意识，希望同学们像家人一样关照自己，就很容易遭遇人际关系方面的挫折。

3. 自我关注

大学阶段对个体成长影响最大的不是家长和老师，而是同龄人。大学生更希望得到同学的尊重和认可，他们非常重视同学的评价，也总是不自觉地将自己与他人进行比较。有些大学生看到自己不如他人时，内心会产生自卑感，以致在交往中表现出退缩和回避的特点，造成人际关系的疏远。有些大学生过于关注他人对自己的看法，而在人际交往中委曲求全，不懂得拒绝他人，致使内心极不平衡。还有些大学生自尊心极强，一旦认为别人不认可自己，就会产生怀疑和敌意，不愿与他人交往，从而陷入内心的孤独。

4. 沟通技巧

有些大学生在过去的生活中，一切以学习为中心，很少关注人际交往，不注重学习人际沟通的技巧，也没有积累人际关系交往方面的经验。来到大学后，大学生一下子要面对师生、同学、同乡等各种各样的关系。这让一些大学生感到无所适从，担心被别人拒绝，由此产生强烈的挫败感。

（二）学习挫折

大学生学习挫折的具体表现为：不适应学习环境，学习目的不明确；学习方法不当，学习效率低；对所学专业缺乏兴趣，学习动力不足，表现出厌学的情绪；不能合理安排学习时间，未形成良好的学习习惯；因忙于社会工作或沉迷于网络，使学业受到严重的影响。一般来说，致使当代大学生产生学习挫折的原因主要有三个方面。

1. 学习方法不当

大学的学习内容更加广泛，学习方法以自主学习为主，学习的专业性与创造性较强，每个专业都有其独特的学习方法和技巧。许多大学生因为没有找到适合自己的学习方法，未能养成良好的学习习惯，往往花费了大量的时间却收不到较好的效果。看到别的同学没有花费多少时间就学得那么好，而自己却无论如何努力都跟不上，内心便产生了对自我的怀疑，苦恼和焦虑的情绪也随之而来。

2. 对所学专业缺乏兴趣

很多大学生当初选专业时都是听从父母、老师的意见，自己对该专业并无深刻了解。结果读了一段时间后，发现自己对该专业完全没有兴趣，学习也没有兴趣，但又必须参加考试。由于不愿花费大量时间用于专业学习，但又担心考试成绩不过关影响毕业，再加上想学习自己感兴趣的内容，导致大学生在心理上产生强烈的矛盾冲突。

3. 自我期望过高

许多大学生对自己的期望值过高，既想把各门专业课学好，拿到奖学金，又想广泛参与社会工作，以提高自己的影响力。这些想法本无可厚非，但过高的期望会让自己背负上沉重的心理压力，精神长期处于高度紧张的状态，以致任何一点小小的不顺都能让他们产生心理挫败感。

（三）就业挫折

求职就业是每个大学生在毕业时都要面临的问题。当今社会竞争日益激烈，大学生就业形势日趋严峻，这给他们造成了巨大的心理压力。双向选择、自主择业制度给大学生提供了很大的发展空间，但也给他们带来了更大的挑战。在这种形势下，有的大学生不能正确评价自我，缺乏自信，不敢竞争，从而错失良机；有的大学生盲目自大，结果高不成低不就；有的大学生盲目冲动，片面追求高待遇，最终陷入失败的泥潭。大学生之所以遭遇就业挫折，总的来说有很多方面的原因。

1. 职业目标不明确

许多大学生在选择专业前并未明确该专业是否适合自己，自己对所选专业是否感兴趣，也没有从就业的角度进行考虑。这必然导致他们缺乏职业生涯规划，无法将自己的专业与职业联系起来，因而最终产生就业前的恐惧感。

2. 自我定位不合理

一些大学生期望值过高，对就业形势缺乏正确的认识，对自己也缺乏客观评价，因而在选择职业时，或者盲目从众，或者一意孤行，这必然导致他们最终无法找到适合自己的岗位。

3. 就业市场不规范

目前，就业市场缺乏规范的管理，量才择优的用人机制还不健全，致使求职和就业市场存在不公平现象，造成毕业生的就业挫折。例如，有些岗位只接收男生，有些单位对身体、相貌等条件要求过于苛刻等，这些都会使大学生在求职就业中遭受挫折。

4. 所学专业不对口

随着大学扩招，毕业生供需矛盾尖锐，再加上一些大学的专业设置不合理，致使一些大学生在毕业求职时不得不放弃所学专业。例如，某些专业的需求量很小，学生毕业后凭借所学专业知识找不到工作，陷入了学无所用的尴尬局面。

5. 父母期望值过高

有些父母对孩子的期望值过高，他们并没意识到目前大学生的就业困难，认为只要大学毕业就可以找到理想的工作，因此给孩子施加了不小的压力。曾经有位大学生在毕业留言时说道："我找的单位是老家那边的，那天打电话回家老妈跟我说，亲戚朋友觉得我读了大学，为什么不在北京、上海、广州、深圳这些大城市找工作？干吗还回来啊？我听完后心里特别不是滋味，回家乡工作难道是一种耻辱吗？乡亲们都认为我是在大城市混不下去才回去的，为此，我郁闷了好长时间。"这位大学生的留言展现了目前部分父母对孩子的过高期望，一旦不能实现，也会给大学生带来一种挫败感。

（四）恋爱挫折

大学生在身体发育上已经成熟，已进入性成熟阶段。在心理上，大学生普遍对爱情充满憧憬，渴望拥有浪漫的爱情。但由于社会经验少、人际沟通技巧有所欠缺、没有稳定的经济收入、毕业后去向不定等因素，大学生在交友恋爱方面经常会遇到很多困扰。一项对上海市 12 所高校毕业生"恋爱成功率"的抽样调查发现，大学生恋爱失败率高达 40%，只有 10% 的学生最终建立了稳固的恋爱关系。

（五）家庭挫折

每位大学生都有着不同的家庭背景。有些大学生家庭贫困，父母用辛辛苦苦换来的钱供他们上学，兄弟姐妹为了帮助他们上大学不得不辍学。为此，这些大学生内心有着强烈的负罪感，也背负着巨大的心理压力，如果在学习或工作中表现不佳，就极易产生自责或自我怀疑的情绪。一般来说，家庭贫困的大学生为了减少日常花销，在生活中要节约缩食，尽可能不参加社交活动。与其他大学生相比，他们要面对更大的生活压力，要经历更多的心理挫折。有些大学生因此变得自卑、封闭，不愿与其他同学交往，也有些大学生受虚荣心的驱使，盲目与他人攀比，为了金钱置道德于不顾，还有些大学生为了金钱选择高薪工作，而主动放弃职业生涯的发展规划。

除了家庭贫困的学生，一些单亲或父母长期患病的大学生，除了担负着沉重的经济压力外，还长期承受着精神上的压力。他们在与同学交往时，不愿提及自己的身世，十分担心他人了解自己的家庭情况，对任何的轻视和偏见都十分敏感，极易产生心理挫折，并表现出一定的攻击性。

杨林在大学一年级上学期就加入了学生会，成为学生会外联部的一名干事。几个月后，杨林便担任了外联部副部长。为了锻炼自己，他还参加了很多校内外的培训和实践。刚开始的时候他还很满足于生活的充实和社会工作的出色，但随着各方面工作的展开，杨林的学习与工作开始出现了矛盾，工作与工作之间也发生了冲突。他感到十分苦恼，整天忙忙碌碌但情绪一直不佳，他对同学说："我每天比总理还忙。上午上课，中午去开会，下午有课，为了开展活动，还得逃课去布置会场，晚上六点后要去学生会值班，然后还得准备下周活动的计划书，还有作业没有完成……"巨大的学业和工作压力使他喘不过气来。在期末考试中，他的成绩很不理想，还有一门课程不及格。

杨林家境较贫寒，为了供他上学，父母外出打工，两个妹妹都没有继续读书，他为此非常自责，觉得无法面对自己的父母和两个妹妹。在情绪极其低落时，他开始沉迷于网络游戏，以暂时忘记压力和痛苦，而之后又会更加自责和内疚，他甚至想到过自杀。

心理启示：杨林的案例反映了当代大学生遇到的学习挫折问题。一方面，许多大学生希望通过社会工作来锻炼自己，为今后的发展打下良好的基础；另一方面，随着大学学习的难度增大，社会工作花费时间过多难免会影响学习。如何在社会工作与学习之间找到平衡，成为当代许多大学生必须解决的一个问题。

第二节　挫折的应对

一、大学生的挫折应对方式

大学生面对挫折有多种应对的方式，总结起来有两大类：消极式应对方式和积极应对方式。采取积极应对方式的大学生在面对心理挫折时，表现出自信、进取的倾向，有助于战胜挫折；而采取消极应对方式的大学生大多表现出退缩、冷漠、逃避的倾向，虽然能暂时缓解内心冲突，但从长远来看，会阻碍个体面对现实及正确运用心理防御机制，更影响人生的健康发展。

（一）积极应对方式

这种应对方式是正视挫折、承认挫折、正确分析挫折产生的主客观原因，总结经验教训，争取积极的行为方式，最后战胜挫折，主要表现为以下几个方面。

1.坚持。坚持是指个体发现目标难以达到，要求自己加倍努力，并要求通过个体不断的努力，使目标最终实现。正如有的学者所说：成功就在最后的坚持之中。

2.表同。表同是指个体在现实生活中无法获得成功时，将自己比拟为某一成功者，借以在心里减弱挫折产生的痛苦；或者迎合能满足自己需要的人，按照他们的希望去支配自己的思想、行为，来冲淡自己的挫折感，并以此求得内心的满足。当一个人在没有获得成功与满足而遭遇挫折时，将自己想象为某一成功者，效仿其优良品质和其获得成功的经验和方法，能够使自己的思想、信仰、目标和言行更加适应环境和社会的要求，从而增强自信心，减少挫折感。

3.补偿。补偿是指当个体行为受挫时，或因个人某方面的缺陷而使目标无法实现时，往往以新的目标代替原有目标，以其他方面的成功来补偿因失败而丧失的自尊与自信。这就是人们常说的"失之东隅，收之桑榆"。例如，某大学生没有当上班干部，无机会表现自己的能力，于是便努力使自己的成绩名列前茅。又如，某位大学生失恋了，便积极参加文体活动，用成功来抵消失恋的痛苦。

4.升华。升华是指用一种比较崇高的具有创造性和建设性的目标作为替代，来弥补因受挫而丧失的自尊与自信，减轻痛苦。升华是最积极的行为反应，从古至今演绎出许多佳话。如屈原放逐赋《离骚》；左丘失明写《左传》；司马迁受辱著《史记》等。不仅如此，升华还是一种富有建设性的行为反应。它使人在遭受挫折后，将不为社会认可的动机和不良的情绪转移到有益的活动中去，使其转化为有利于社会并为他人认可的行为。如一些貌不惊人的大学生最初在社交活动中受到制约，于是他们在学问、个体思想道德修养上下功夫，学习成绩出类拔萃，品德优秀，终为同学所瞩目。

5.幽默。这种积极的行为反应，不是所有人都能达到，必须有积极的生活态度，表现出睿智和从容。例如，有人失恋了，自嘲地说"只谈过一次恋爱的小子，不要羡慕他"，就是采取幽默的表现方式化解自己失恋的痛苦。

（二）消极应对方式

这种应对方式是指当代大学生遭受挫折后表现出带有强烈情绪色彩的非理性行为。常见的情绪行为方式有以下几种。

1.逆反。逆反用通俗的语言来说就是"你要我向东我偏朝西"。一般来说，个人的行为方向和他的动机应该是一致的。但是，当个体遭到挫折时，不仅一意孤行，而且对正确的方面盲目地持反抗、抵制或者排斥态度，这种行为便是逆反。例如，某位大学生因为上课时受到教师的批评，他便采取逃课或不理睬教师的行为方式来表现自己的不满。持逆反心理的人为了排除内心的不满，往往会采取一些不符合社会规范、不被允许的行为，产生一些反社会性行为。

2.求得注意。求得注意即想方设法引起别人对自己的注意，如以大声喧哗、寻衅滋事、恶作剧来显示自己。

3.合理化作用。合理化作用即自我安慰，指无法达到追求的目标时，给自己一个好的借口来解释，而用来解释的借口往往是不真实的、不合逻辑的，但受挫者本人却认为能借此说服自己，从而感到心安理得。

4.文饰。当个体遇到挫折之后，往往表面上不动声色，把心理上的烦恼、焦虑、苦闷统统埋藏在内心深处，只显示自己的长处，提高别人对自己的评价，从而减轻心理压力，以弥补失败所带来的自尊心的挫折。这种行为反应往往起着自我欺骗和自我麻痹作用。例如在《伊索寓言》中的狐狸吃不到葡萄就说葡萄酸的行为其实就是这种方式。

5.投射。投射是指以己度人，认为自己具有某种特征，他人也一定会有与自己相同的特性，把自己的感情、意志、特性投射到他人身上并强加于他人的一种认知障碍。即在人际交往过程中，人们常常假设他人与自己具有相同的爱好或倾向等，常常认为别人理所当然地知道自己心中的想法。当个体遭到挫折后，不是从本身的缺点、弱点方面加以分析，而是把责任推给他人、埋怨他人，以减轻自己的焦虑与不安。

总的来说，积极的挫折行为反应有助于大学生适应挫折、化解困境，有利于他们成长；而消极的挫折行为反应只能起暂时平衡心理的作用，不能真正解决问题，有时会使当事人在一种自我欺骗中与现实环境脱节，降低适应能力，形成一些恶习，埋下心理病患的种子，影响其身心健康和全面发展。大学生应该树立积极的心理防卫机制，增强自己应对挫折的能力，以适应社会的发展。

二、大学生应对挫折的方法与技巧

（一）树立正确的挫折观

正确认识挫折，是大学生战胜挫折的先导和前提。人的生活和工作不可能一帆风顺，人生遇到各种挫折是不可避免的，挫折是我们生活的重要组成部分。因此，大学生应该充分做好面对挫折的心理准备，一旦遇到挫折，就不会惊惶失措、痛苦绝望，而能够正视现实，敢于面对挫折的挑战。同时，也应该看到，挫折也并不是时时发生的，生活中还有很多快乐、幸运和幸福的事情。所以，大学生在遇到挫折时，不应只看到挫折带来的损失和痛苦，还应该看到自己的优点和已取得的成绩，不应始终停留在挫折产生的不良情绪之中，而应尽快从痛苦中解脱出来，以理智面对挫折。

（二）积极投身实践活动，不断磨炼自己和积累经验

挫折具有两面性，生活中的挫折和磨难并不都是坏事。平静、安逸、舒适的生活，往往使人安于现状；挫折和磨难，却使人受到磨炼和考验，变得更加成熟和坚强。因此，大学生应积极投身实践活动，在实践中不断磨炼自己，提高自己的意志力，培养坚强的意志品质。在实践过程中，不要惧怕失败，要善于从失败中总结经验教训，化消极因素为积极因素，使挫折向积极方向转化，不断提高自己解决困难、战胜挫折的能力。在总结经验教训时，应着重考虑确定的奋斗目标是否恰当、实施的途径和方法是否正确、造成挫折的原因来自何处、转败为胜的方法在哪里等。

（三）改变不合理的认识观念

研究表明，引起强烈挫折感的与其说是挫折、冲突，不如说是受挫者对所受挫折的看法，以及所采取的态度。也就是说，挫折带来的真正威胁，不在于发生的、不可挽回的挫折本身，而在于对挫折如何认识、如何承受和行为。大学生因挫折陷入困境，很大程度上是因为认识方面的偏差。常见的不合理观念有以下几种。

1.此事不该发生。有些大学生把生活中的不顺利，以及学习和交往中的挫折和失败看作是不应该发生的。他们认为，生活应该是愉快的、丰富的，人际关系应该是和谐的、互助的。一旦生活中出现诸如人际关系的冲突、成绩滑坡、好友负心、评不上优秀等事件，就认为它不应该发生，而变得烦躁易怒、束手无策、痛苦不堪、失去信心。

2.以偏概全。有些大学生常常以片面的思维方式看待事物，简单地以个别事件来断言全部生活，一叶障目。例如，有人对自己不友好，就得出结论说自己人缘不好或缺交往能力；一次考试不如意，就认为自己彻底失败，不是读书的料；一次失恋就认为自己对异性没有吸引力等，从而自责自怨、自卑自弃。以偏概全不仅表现在对自己的认识上，也表现在对他人、对社会的认识中。例如，因一事有错而对他人全盘否定；因社会的某些方面有所缺陷，存在一些阴暗面，就看不到阳光，而彻底丧失信心。

3.无限夸大后果。有些人遇到的是一些小挫折，却把后果想象得非常糟糕、可怕。夸大后果的结果是使人越想越消沉，情绪越来越恶劣，最后难以自拔。例如，一门功课考试不及格，就认为自己能力不行，学不下去，毕不了业，找不到工作，人生没前途，生命没价值。这实际上是一种自己吓唬自己，给自己施加压力的做法。

除此之外，还有许多其他不合理的认知，比如极端思维，即看问题的方式非黑即白，没有中间色彩；任意推断，即在证据不充分或缺乏时草率下结论。这些不合理的、歪曲的认识使人心理挫折加重，只有改变这些不良的认知方式，纠正错误的观念，才能实事求是地评价挫折带来的后果，从困难中看到希望，走出困境。这在心理治疗中被称之为"认识转变法"。

（四）优化自身人格品质

挫折承受力与人格特征有关，以下几种人格类型的人常常容易引起挫折感。1.性情急躁的人。他们情绪变化大，易动怒，火爆脾气一点就着，常常因为一点芝麻绿豆的事而引起挫折感。2.心胸狭窄的人。他们气量小、好猜疑，喜欢斤斤计较，容易产生消极的情感。3.意志薄弱的人。他们做事缺乏耐力和持久性，患得患失，害怕困难，只看眼前利益，经不起打击和挫折。4.自我偏颇的人。他们缺乏自知之明，或者自高自大、目空一切，或者自卑自贱、畏首畏尾。

为了提高挫折承受能力，大学生应主动培养自己良好的人格品质，改变那些不适应发展的不良的人格品质，培养自信乐观、自强不息、宽容豁达、开拓创新等品质。自信才能乐观，乐观才能自信，两者相辅相成。当遇到挫折时，如果相信自己一定能取胜，那就会积极地去改变现实，克服困难，战胜挫折，这是自信的作用。乐观者在面临挫折、困境时，不会被眼前的困难吓倒，而是能够透过表面的不利看到蕴藏在背后的希望，相信明天是美好的，从而信心十足地去战胜困难。

（五）学习心理调适方法，主动寻求社会支持和专业帮助

学习一些自我心理调适方法可以有效化解因挫折而产生的焦虑、紧张等不良情绪，从而提高挫折承受力。常用的自我心理调适方法有自我暗示法、放松调节法、想象脱敏法、想象调节法和呼吸调节法等。

提高挫折承受力，还应建立和谐的人际关系，打造自己的情感社会支持系统。当人遇到挫折时，一般都伴有强烈的情绪反应，处于焦虑和痛苦之中，这时，如果有几个亲朋好友给予安慰、关心、支持、鼓励和信任，将能有效缓解心理压力和降低情绪反应，从而增强对挫折的承受力。所以，大学生在遇到挫折时，不应将自己封闭起来，而应尽快找自己的好朋友和家人进行沟通，寻求他们的支持和帮助。

当一个人受到挫折后陷入不良情绪中不能自拔时，还可以寻求心理咨询师系统专业地疏导和帮助。通过心理咨询，化解不良情绪和行为反应，校正主观认识，发挥内在潜力，消除心理障碍，明确前进方向，最终获得心理上的成长，提高挫折承受力。

总之，大学生的学习生活不是一帆风顺的，挫折是多种多样的，应对挫折的方法也是灵活多变的。大学生应该学习挫折理论，掌握应对方法，培养健全人格，提高抗挫折能力，增强心理健康水平，使自己在战胜挫折的过程中得到更充分更全面的发展。

第三节　压力管理

大学生所体验的压力是不可忽视的，如考试压力、学习压力、就业压力、人

际压力等。大学生承受的压力越来越重，可能会导致一系列的心理健康问题。压力，已经成为危害大学生健康的第一杀手。近年来由各种压力导致的大学生自杀事件以及违法犯罪事件，让人触目惊心。为此，大学生必须学会管理和释放自己的心理压力，才能拥有快乐和健康的生活。

一、压力概述

（一）压力的定义和种类

1. 压力的定义

压力是指人们在社会适应过程中，对各种刺激做出的生理和行为反应时所产生的一种紧张的心理体验和感受。压力在西方文献中也称为应激，压力是一般意义上使用的概念，应激则是临床使用的概念。

2. 压力的种类

（1）一般单一性生活压力

在日常生活中，不可避免地会遭遇到各类生活事件，这些事件，是人们在生存和发展过程中无法回避的。如入学考试、完成困难的任务、遭遇从未经历的事情、恋爱、婚姻、就业、失业、亲人亡故、迁居、旅游等。

如果我们在生活的某一时间段内，经历着某一事件并努力去适应它，而且其强度不足以使我们崩溃，那么我们称这时候体验到的压力为一般单一性生活压力。

经历一般单一性生活压力，对于承受人来说，其不完全是负面的。将自幼受到压力的成人与自幼处处受到保护的成人相比较，其结果显示，前者的身高比后者平均高出 6.6 厘米，认知的发展也获得了更多的强化。自幼处境困难的人，成人之后，更能吃苦耐劳，应对压力的能力相对较强。

（2）叠加性压力

叠加性压力包括同时性叠加压力和继时性叠加压力。前者是指在同一时间里，有若干构成压力的事件发生，这时，当事者所体验到的压力称为同时性叠加压力，俗称"四面楚歌"。后者指两个以上能构成压力的事件相继发生，后继的压力恰恰发生在第一个压力的第二阶段或者第三阶段，这时，当事者体验到的压力称为继时性叠加压力，俗称"祸不单行"。

叠加压力，是极为严重和难以应对的压力，它给人造成的危害很大。有的人可能在"四面楚歌"中倒下，有的人或许在衰竭阶段被第二组压力冲垮。

（3）破坏性压力

破坏性压力又称极端压力，包括战争、大地震、空难、遭受攻击、被绑架、被强暴等。在实际生活中，此类压力并不罕见。

（二）压力的作用及反应阶段

1. 压力的作用

压力对人的作用具有双重性。

（1）压力对健康的积极作用

一般单一性生活压力有益于健康，它使人生活得到充实，人生变得有意义，我们将这类压力称为良性压力。事实上完全没有压力的生活是不可想象的，也是不真实的。

心理学研究表明，早年的心理压力是促进儿童成长和发展的必要条件。经受过生活压力的青少年在以后的生活和工作中更容易适应环境，更容易取得成功；反之，早年生活条件太好，没经历过挫折和压力，有如温室里成长的花朵，经不起生活的风吹雨打。对于大学生而言，适度的压力是维护正常身心功能活动，激发积极性和主动性，锻炼和培养良好意志力品质的必要条件。

（2）压力对健康的消极影响

继时性压力和破坏性压力，会成为人们健康的杀手。继时性压力使人处于慢性心理应激状态，时间一久便容易引发一系列症状。病人会产生呼吸困难、易疲劳、心悸和胸痛等生理症状。此外，还有紧张性头痛、焦虑、抑郁、强迫行为等心理症状，是为慢性应激障碍。

破坏性压力则容易使人患上创伤后压力失调，或创伤后应激障碍，造成感知、情绪、行为等方面的系列问题，是为急性应激障碍。比如女性被强暴后会变得呆滞、记忆丧失、回避社会活动、推卸安全感等。遭受自然灾害的心理反应，则比创伤后压力失调更为严重，产生灾难症候群。

2. 压力反应的阶段

压力作用于个体之后，会引发一系列的变化，如心跳加快，血液循环加快，血压升高；内脏血管收缩，骨骼肌血管舒张，血流量重新分布；呼吸加深加快，肺通气量增多，汗腺分泌迅速；代谢活动加强，为肌肉活动提供充分的能量等。这一系列活动均有利于机体内部各器官的贮备力，尽力应对环境的变化。根据内分泌学和生化学家塞利的研究，在适应压力的过程中，个体的生理、心理及行为特点分为三个不同的阶段。

（1）警觉阶段

警觉阶段又叫唤醒或准备期。发现事件并引起警觉，同时准备应付。交感神经支配肾上腺分泌肾上腺素和副肾上腺素，这些激素促进人体的新陈代谢，释放储存的能量，于是主要器官的活动处于兴奋状态，包括呼吸、心跳加速，汗腺加速分泌，骨骼肌紧张，血压、体温升高等。

（2）搏斗阶段

搏斗阶段又叫战斗期或反抗期。继警觉之后，人体全身心投入战斗，或消除压力，或适应压力，或退却。这一阶段人体会出现以下生理、心理或行为特征。

①警觉阶段的生理生化指标表面恢复正常，外在行为平复，实则处于意识控制之下的抵制状态。

②个体内部的生理和心理资源以及能量，被大量耗费。

③由于调控压力而大量消耗能量，此时个体变得极为敏感和脆弱，即便是日常微小的刺激，也能引发个体强烈的情绪反应。比如，孩子的哭闹、家里来客人、接听电话、家庭成员的小小意见分歧，都会使其大发雷霆，找对方出气。

3.衰竭阶段

衰竭阶段又叫枯竭期或倦怠期。由于抗击压力的能量已经消耗殆尽，此时个体在短时间内难以继续承受压力。如果一个压力反应周期之后，外在的压力消失了，经过调理休息，个体很快就能恢复正常体征。如果压力源持续存在，个体仍不能适应，那么一个能量已经消耗殆尽的人，就必然会发生危险，此时，疾病、死亡都是极有可能的。有两种压力可能使肌体调节失常，一是突如其来的过大压力，二是持续不变的压力。前一种压力使人压力调节机制瓦解，后一种压力可能逃避正常的肌体反应，造成压力的蓄积。长期处于叠加性压力和破坏性压力状态下容易出现身心疾病，就是这个道理。

二、大学生心理压力的来源

不同阶段有不同的压力，大学生的心理压力来自多个方面，包括学习、人际关系、恋爱情感、生涯规划、日常生活事件、个人成长、家庭、身体健康等，甚至情绪本身也会带来压力，如怀疑或认定自己情绪异常时便产生心理压力。有时候一个人的压力是来自多个方面的，当然也有时候是比较单一的压力。大学生的压力主要来自以下五个方面。

1.学习方面，主要包括专业认同感弱、课业重、作业多、考试挂科、成绩不如其他同学、学习困难等问题，如高等数学听不懂、跟不上、学不进去，社团活动与学习时间冲突，英语或计算机等级考试未过等。

2.人际交往方面，主要包括缺少知心朋友、与人交往有困难、朋友关系出现矛盾以及宿舍关系紧张等问题。

3.恋爱情感方面，主要包括找不到男 / 女朋友、恋爱感情不稳定、失恋、单恋、暗恋、想念亲人、想家、内心寂寞、怀念高中生活等问题。

4.生涯规划方面，主要包括是否转专业、毕业后因为专业问题找不到工作的担忧、对未来的迷茫、找不到努力的方向和明确的目标等问题。

5.生活管理方面，主要因时间安排、经济压力、生活不充实、孤独空虚、不知如何打发时间、睡眠过多或睡眠不足、现实与理想差距过大、没有展示自己的舞台、参加各种比赛、寝室打扫卫生、早起占座位、开会过多等而产生心理压力。

三、压力应对的方式

应对压力的关键在某种程度上依赖人的可塑性，即人们能够在多大范围内改变自己以及自己的生活。当大学生发现压力增加时，就应该考虑如何去应对它。当前大学生对压力的应对方式具有两种：一是消极的应对方式，二是积极的应对方式。

（一）消极的应对方式

1.防御应对

心理学中提到的防御行为中有两种消极的方式：一是压抑，二是否认。当否认时，我们只是拒绝接受某些事实的存在，而压抑是把那些威胁自身的东西排除在意识之外，或使这些东西不能接近意识。拒绝不是说不记得了，而是坚持某些事情并不是真实的，尽管所有证据都表明它的真实性。有些大学生为了避免面对就业压力，会选择继续留在学校里读书，比如继续深造。虽然这些防御行为使得我们当时能够应对压力情境，但实际上只是一个缓兵之计。如果过分运用防御机制，可能会让我们陷入一种恶性循环的怪圈。

2.药物滥用

有些人面对压力会产生头痛、失眠的症状，于是就吃一些能够使人镇定的药物，如安眠药。这种做法忽视了我们的身体发出的警讯，我们可能需要的不是药物而是减压或休息。另外，还有人会采用吸烟、酗酒或者摄取过量的咖啡因（如可乐、茶、巧克力等）来试图缓解当下的压力，但其实这些都是自欺欺人的做法。

3.自我破坏及对别人发泄

女性面对压力有两个典型且独特的反应：一个是情绪化地吃东西，另一个是逛街购物。就好像把钱砸出去就能痛快了，或者把压力吞进肚子里就是排解了。但实际上很多人反映这种做法并不奏效。还有人说心情不好就对心爱的人发脾气，这显然也不是一个好方法，反而会带来人际关系的阴影，说不定还会成为另一个压力源，产生新的压力。

（二）积极的应对方式

1. 加强自我生活管理

大学生的压力源有相当一部分来自对自己的生活缺乏合理有效的管理，尤其是在时间和金钱这一部分。由于没有很好地利用时间和金钱，反而变成了时间和金钱的奴隶。

在时间管理中，大学生容易陷入被动局面，忙碌地迎接紧急事务，而延误对自己来说更加重要的事情。所以大学生首先需要学会的应是明白什么对自己是当下最重要的、急的事情，并牢记以下几点：把重要且紧急的事情排在首要位置去做，然后再去做那些重要但不急的事情；对于那些紧急却不重要的事情可暂缓做，或者不必亲为，授权别人去做；放弃这些不重要且不紧急的事情。

在金钱管理方面，对于大学生来说重要的是确保不要超支甚至透支。恰当管理财务的基本处方是：第一步，分析你如何使用自己的金钱；第二步，给你的开支做优先排序；第三，制订一个理财计划。

2. 调控自己的情绪，学会暂时性应对

有一些压力是我们无端强加给自己的，这主要是由于大家不合理的信念与认知。我们可以常常告诉自己"我可以避免或消除压力"，问问自己"如果不能消除压力，自己能减少压力吗，你可以休息一会，或者是放弃这件事吗？"如果不能改变给自己带来压力的事情，不妨改变一下自己对这件事情的认知，让思维更加开放，也让自己的生活更富有弹性，不被压力所困扰。

3. 生理放松

在应激情境中，大家可以通过缓慢的深呼吸或简单的放松技巧，将心跳与呼吸调整到正常水平；而在日常生活中更要加强生理储备，如健康的饮食、定期足量的锻炼、充足的休息与适当的闲暇。有研究表明，音乐、艺术或宠物也能带给人慰藉。有时只是冲个热水澡或者大笑都会让自己精神抖擞，压力消除。

4. 建立良好的人际支持系统

大学生应该建立一个强有力的人际支持系统。不要把自己的支持系统放在远方（如只能通过电话或网络才能获得）而不使用，当人处于压力下，特别是遭遇逆境时，亲朋好友的关心、安慰、支持和鼓励将是有效缓解压力的良方。常与他们保持联系，让他们了解自己的生活、分担自己的痛苦。当自己遇到困难和挫折、压力的时候，向他们倾诉，寻求理解和帮助以提升自己的自尊与自信。

第十章　大学生生命教育

第一节　生命概述

一、生命的概念

关于生命，《不列颠百科全书》是这样定义的：生命是一种物质复合体或个体的状态，主要特征为能执行某些功能活动，包括代谢、生长、生殖以及某些类型的答应性和适应性活动。从生物学角度看，生命是动植物的存续状态，是蛋白质的存在方式，也可以说，是有生物质的存活状态。

生命特别是人的生命，应当有三个因素构成，即生理（自然属性）、心理（社会属性）和灵性（精神属性）。人的生命从三个层面理解。

第一，人的生命前提和基础是自然生命。人的生命首先是自然存在物，例如，山川、河流、星辰。

第二，人的生命不仅具有自然属性，还具有社会属性。马克思认为，人是社会存在物，人本质是"一切社会关系的总和"。

第三，人的生命也是自然生命与价值生命的统一体。人的自然存在是人一切存在的基础，但人的生命不仅仅满足于生存，还需要追求高于自然生命的精神生命。

生命可分为自然生命、精神生命、价值生命和智能生命，自然生命是人生命的根本，是生命存在的物质载体和本能的存在方式；精神生命是人的生命的升华；价值生命是对人生命的取向。自然生命、精神生命、价值生命和智能生命共同构成了人的完美生命。

生命是一个发展过程。大学生已经经历的人生早期发展的几个阶段：新生儿期（0～1个月）、乳儿期（1个月～1岁）、婴儿期（1～3岁）、幼儿期（3～6、7岁）、童年期（6、7～11、12岁）、少年期（11、12～14、15岁）、正在经历青年期（14、15～27、28岁），此后还要经历成年期、老年期，走过人生不同阶段，体验不同年龄阶段的人生，最终走向死亡，这是自然规律。而人生的最初 20 年，是人生发展变化最迅速、最重要的 20 年，我们需要学习生活的自理能力，学习走向社会的自立技能，学习做人的品格，即学会做人、学会做事、学会生活，为今后人生的后几个 20 年打下基础。

二、生命的特征

（1）生命的肉身性与精神性。
（2）生命的共同性与独特性。
（3）生命的有限性与无限性。
（4）生命的自我保存性与责任性。
（5）生命的实践性与反思性。
（6）生命的保守性与创造性。

三、生命的意义

（一）生命就是在平凡中了解自我

活着到底是为了什么？面对竞争日益激烈的现实社会，多少人不得不为了生计而疲于奔波；多少人饱受困苦的侵扰，尝尽了世间的酸甜苦辣。"你幸福吗？""幸福？""我离百万富翁的距离还远着呢！"有人这样回答。于是，在他们眼里，富有成了生命的代名词，美味珍馐、豪华别墅、精品名车成了生命价值的体现和象征。事实上，每个人或大或小都有着自己的梦想，只是有的人得偿所愿，有的人折戟沉沙；有的人梦想成真，有的人功败垂成。不可能人人都成为商界巨头、文人骚客、名流学者、伟大领袖……有一对年迈的夫妇，丈夫瘫痪在床，大小便失禁，生活不能自理，不幸晚年丧子，更是贫困交加，孤苦无依，可谓困难之极。年近 80 的老奶奶仍然不屈不挠，靠捡垃圾和村民的帮助度过风烛残年，直至生命的最后时刻，始终悉心照料自己的丈夫，不离不弃。也许我们的一生都将平平凡凡，但能够将看似平凡的事坚持做一辈子则是伟大。平凡本身就是一种伟大。

每个人都有自己的使命。无论我们是家喻户晓的名人还是默默无闻的普通人，只要我们在生命的历程中找到了自己的价值，生命就会有意义。生活不是一种负担，无论成败得失，无论悲欢离合，无论精彩平淡，无论贫富骄奢，只有热爱生活，才能享受其中的乐趣，我们拥有的是过程的精彩而不是结果的短暂。不要羡慕别人，不要怨天尤人，更不要自暴自弃。幸福就是一种生活的感受，只要我们向往明天的美好，热爱生活的点点滴滴，珍惜今天所拥有的一切，就可以幸福快乐。

（二）生命就是在拼搏中实现自我

心理学家马斯洛认为，我们人的最高需求是自我实现。人活着到底能干什么事？如果明天你将老去，今天又该做什么？你会毫不犹豫地做自己最想做的一直没有做的事情，因为不想带着遗憾离去！可为什么今天不做呢？活着，就要时时刻刻表明自己的存在。"生命犹可贵，千金亦难买。"当一个人失去生命的时候，其所拥有的金银珠宝、名车豪宅，都将人去楼空，成为过眼云烟，毫无意义。人的一生当中，许许多多的事情并不是仅仅为了生存，"人吃饭是为了活着，但人活着不仅仅是为了吃饭"，人最终的目的是完成自己的理想，实现一种人生价值追求。人的价值的实现即是自我的实现，通俗地讲，就是事业的归宿，为社会贡献自己的微薄之力。只要有理想做支撑，生命就会有源源不断的动力，永不衰竭！

人生在得与失、苦与乐中，不断地轮回徘徊，坚信"在一切失去时，希望依然存在"的人具备一种精神，一种敢于斗争，不怕苦、不怕累、不怕流血的大无畏精神；拥有勇往直前、百折不挠、坚持拼搏的信念。一切酸甜苦辣，一切艰难痛苦，一切风风雨雨，一切成败得失，都是一种历练、一种享受。我们的生命将因此上升到一个新的阶段，从此没有所谓的"苦"与"痛"、"得"与"失"和"成"与"败"。我们只有不断地努力拼搏，才能实现自我的价值。

（三）生命就是在追求中超越自我

生是偶然，死是必然。生与死，除了几声欢呼、几声痛哭外，就没有什么别的了。那么，在生与死之间的生命，你注意到了吗？打开报纸：洪灾、地震、海啸、疾病、谋杀……满眼是痛苦挣扎的生命。五彩缤纷的社会、变化万千的信息，让太多太多的人整天忙于学习、工作、研究，人人都陷入世俗的旋涡，浮躁、不安、无奈。人人渴望宣泄内心的不满，人人渴望内心的平衡。年轻人迷恋上了虚拟的网络世界；中年人承受着生存的压力；老年人沉浸在往日的回忆中，忍受着麻木生活的苦痛。大家似乎都忘记了应该尊重生命、珍爱生命、善待生命。

生命是人生的一笔宝贵财富，也是唯一的财富。拥有生命，就可以拥有人生的一切。巴金说："生命的意义在于付出，在于给予，而不在于接受，也不在于索取。"爱因斯坦说过："一个人的价值应该看他贡献了什么，而不是看他取得了什么。"没有对社会的奉献，生命的存在就没有多大的意义。所以，我们说，真正的生命就是活出一种境界———一种为人处世的境界，一种奋斗努力的境界，一种超越自我的境界。

（四）生命是一种责任

古人云：身体发肤受之父母，不可弃之。意思是说，我们每个人的生命都是从父母那里继承来的，一旦来到这个世上，你的生命就不再仅仅属于你自己，在更大程度上属于家庭和社会。生命只有一次，生命承载着希望，生命是一种责任，一种与生俱来或后天萌发的责任。承担和履行责任的过程是探索和实现生命价值的过程。人的一生不可能一帆风顺，没有哪一个人不经过努力就能够成功的。活着，不仅为了自己而活，还是为了每一个爱着你的人而活，因为每个人承载着亲人、朋友和国家的期望，承载着所有人的爱。

人需要责任，需要对自己负责，更重要的是，对你的父母、对这个社会负责。人从呱呱坠地，就不断接受别人的给予。人生是波折的，也许前途茫茫，也许灰心丧气，无论遇到什么困难，都要寻找乐观的方式解决，让自己的每一天都充满阳光，让自己每一天都快乐充实。

（五）生命是一种过程

生命是一种过程，你无法超越。在他人的笑声中开始生命的旅程，在他人的哭声中走完生命的里程，注定了我们每个人的生命都不仅仅属于自己。我们为了自己而活着，也为了他人而活着，每个人都承担着责任。每一个人在生命的过程中都扮演着不同的角色，生命属于亲人，属于朋友，属于社会。生命不是我们每个人的囊中之物，我们成长的每个脚印都伴随着他人的喜怒哀乐，但过程可以使我们的生命变得充实。

生命的意义就在于你自己赋予你生命的一种希望，享受在生命的过程中实现希望的快乐。每天早上醒来，感觉到自己今天还需要努力做点儿什么；感觉到自己在某些地方还需要进一步改善；感觉到自己在什么地方还需要创新；感觉到自己可以采取一种什么方式使生活变得愉悦，生命的过程就会变得丰富多彩。

人生的道路无法预测。因此，我们只需实实在在地生活，用思想生活，用心灵生活，人生就没有失败。成功的人生应该是对生活细节的体验和享受，成功就是一种境界，它蕴涵着一个完整的过程。起点是生，终点是死，这样的结果谁也改变不了。重要的是生与死之间的过程，能在这样的一个过程中得到享受，这就是成功的人生，有意义的人生。

生命是一种无法预期的过程。在这个过程中，无论发生什么，你都得直面相对。正是这世事难料，才使得人生充满了玄机，充满了挑战和机遇。如果对以后发生的事情都了如指掌，生活无疑将变得令人窒息与枯燥。也许这个过程会让我们面临更多的是困难，但是坚信一句话：办法总比困难多。当你投入生活，拥有克服困难的意志并坚持活下去的时候，这不也是一种享受吗？享受没有高低贵贱之分，只要拥有一份执着的信念，在生活中活得洒脱自如，你就是一个强者。

"逝者如斯夫，不舍昼夜。"古人的感叹似乎刚刚发出，时间却已经越过千年。这让我们不得不感叹，人生的时光如此短暂！我们不是上帝，无法决定自己生命的长短，但是我们可以主宰自己的生命过程，尽情地经历人生，享受生活。在这样一个过程中，给予期待和厚望，我们就可以不断寻找生活的寄托点和支柱点，为爱活着，为情活着，为美好的回忆活着，为拥有成就活着。

生命的过程属于自己。走在生命的过程之中，回首自己走过的路，只要在心中说一句：我努力过，奋斗过，无怨无悔。从这个意义上说，过程比结果重要得多。

四、生命的价值

案例一：在一次讨论会上，一位著名演说家没有讲一句开场白，手里却高举着一张 20 美元的钞票。面对会议室里的 200 个人，他问："谁要这 20 美元？"一只只手举了起来。他接着说："我打算把这 20 美元送给你们中的一位，但在这之前，请准许我做一件事。"他说着将钞票揉成一团，然后问："谁还要？"仍有人举起手来。他又说："那么，假如我这样做又会怎么样呢？"他把钞票扔到地上，又踏上一只脚，并且用脚碾它。然后他拾起钞票，钞票已变得又脏又皱。"现在谁还要？"还是有人举起手来。"朋友们，你们已经上了一堂很有意义的课。无论我如何对待那张钞票，你们还是想要它，因为它并没贬值，它依旧值 20 美元。人生路上，我们会无数次被自己的决定或碰到的逆境击倒、欺凌甚至碾得粉身碎骨。我们觉得自己似乎一文不值。但无论发生什么，或将要发生什么，在上帝的眼中，我们永远不会丧失价值。在他看来，肮脏或洁净，衣着齐整或不齐整，我们依然是无价之宝。"

分析：生命具有有限性、独特性、不可逆性和不可再生性，人应该珍惜这仅有的一次生命，遇到困难绝不退缩，遇到挫折决不气馁，以自己的行动来确定自己的价值。不要被困难和挫折打倒，因为我们自身还有价值，我们还可以实现自己的价值。

一般年龄在 20 岁左右的大学生，因为年轻，往往感觉不到生命的可贵，总觉得生命还很漫长，由于学习、娱乐生活的精彩，以致没有时间去认真考虑生死之间的问题和生命的价值。

首先，生命价值包含了自我价值和社会价值两个方面。

生命的自我价值，是个体的人生活动对自己的生存和发展所具有的价值，主要表现为对自身物质和精神需要的满足程度。

生命的社会价值，是个体人生对社会、对他人所具有的价值。衡量生命的社会价值的标准，是个体对社会和他人所做的贡献。

我们人是社会的人，所以，生命的自我价值和社会价值，既相互区别，又密切联系、相互依存，共同构成人生价值的矛盾统一体。

一方面，生命的自我价值是个体生存和发展的必要条件。我们每个独立的个体提高自我价值的过程，就是通过努力完善以实现全面发展的过程。

另一方面，生命的社会价值是实现人生价值的基础，没有社会价值，生命的自我价值就无法存在。不论是人，还是其他的生灵，都是生活在特定的社会中的，个体是不可能脱离社会而存在的。

因此，我们每个人都必须要面对的一个问题，就是生命价值的标准和评价。生命价值评价的根本尺度是看一个个体的人生活动，是否符合社会发展的客观规律，是否通过实践促进了历史的进步。对我们人来说，在我们今天所处的社会主义社会中，衡量人生的价值，标准就在于劳动，以及通过劳动为自己带来的满足感和对社会的贡献。

所以，在实现我们个人自我价值、不断完善自己的同时，我们也要尽可能地体现自己的社会价值。让我们的生命在不断地提升完善中绽放光彩，在每一分每一秒中，都觉得自己不枉此生，觉得自己的存在是有价值的。

1. 生命是无价之宝

生命受之受精卵，承之父母，采天地之灵气，集日月之精华。黑格尔认为："生命是无价之宝"，每个人的生命只有一次，在无限时空中，再也不会有同样的机会，一旦失去了生命，没有人能够活第二次。因此，对于每个人来说，生命是最珍贵的。

生命自大自然中孕育而生，是艰难危险的，其中任何一个微小的环境变化，都会使生命夭折。看看许多物种的消亡，就可以知道生命是何等的脆弱。就生命个体来说，更显得弱小单薄，很容易受到伤害，不必说人类面临疾病、横祸等威胁，小生物在自然中活得更为艰难。生命的力量又是令人震惊的，即使弱小的动植物也不例外，细小的种子珍惜上天的赐予，不断努力，根拼命往下钻，芽使劲往上挤，就是在坚硬的石堆中也毫不畏惧，只为了接受轻风的吹拂，阳光的沐浴；一只小小的蚂蚁为了难得的生命不白白消磨，勤勤恳恳，忙忙碌碌；墙角的壁虎为了延续自己的生命，可以毫不犹豫地舍弃自己的尾巴，这些毫不起眼的动植物不忍生命的白白消逝，努力争取享受生命的乐趣，进行了不屈的抗争。我们，自诩万物灵长的人类，又岂能漠视生命的存在！

生命是伟大的，生命是崇高的，没有人可以轻易放弃生命。每个人心中都饱含着对生命的渴望，身体健全的人如此，身体不便的人同样如此。健康的人为父母给予的一副好身体而努力，残缺的人为了对生命的执着而努力。当我们欣赏满天繁星，体验宇宙的神奇时，霍金正用他仅能活动的双指探索着宇宙中的未知物质；当我们泛舟湖上，在碧波清风中流连的时候，哈森迈尔正在幽深的湖底探寻地底的奥秘；当我们翻开手中的书本，欣赏一篇赏心悦目的文章时，张海迪也许正在床榻上吃力地挥写她对生命的渴望；当我们驻足树林，望着那瑟瑟秋风中的枯叶飘落时，史铁生也许正沉浸在对生的遐想中。这些残缺的生命为了生命，无悔而努力，因为他们知道生命不屈，生命可贵。

蒙田曾说："我们的生命受到自然的厚赐，它是优越无比的。"生命是宝贵的，失去了生命，我们将变得一无所有。生命是无价之宝，因为生命具有不可逆性。

2. 生命是立世之基

人之于世，赖之生命，生命不存，一切皆空。人生要有所作为，基础是要有健康鲜活的生命。珍惜生命的存在，是个人生存发展之首要。因此，善待生命，才会有精彩的人生。生命是"1"，没有了生命其他一切都是"0"。一个人的一生中可能有钱有势，有靓车豪宅，但是如果没有"1"，这一切都是"0"，唯有前面有"1"，后面的"0"越多，财富才能越多；否则，即便是有了再多的"0"，也是毫无意义的。生命是立世之基，没有生命，就失去了根基，再宏伟远大的理想只能化为泡影。

3. 生命是价值之本

创造有价值的人生，生命是价值之本。生命健康，才会有事业兴旺。没有这个"本"，一切价值都无从谈起。因此，固本、养本、强本，才会一本万利。生命的基础是健康，关注自己的身心健康，生命才有活力和能量，一个人才能发挥个人的最大价值。

五、树立正确的生命观

案例二：2008 年 5 月 12 日，汶川大地震，一时间天崩地裂，男孩薛枭被埋在一片黑暗之中，耳边传来呜咽的哭声，哭声让他的心里很慌乱。"我是龙锐，还有谁在？"一个声音从头顶传来，"我是李春阳！""我是肖行！"……十几个声音陆续响起，熟悉的声音让薛枭镇定下来，"我是薛枭！"在吼出这句话后，薛枭开始适应"新的环境":右手被一块预制板紧压着,薛枭用左手去推那块预制板,想把右手解脱出来,可沉重的预制板纹丝不动;而双腿也被两块水泥板挤压住,左腿稍微松动些,薛枭用力挣脱掉左脚的鞋,将左腿从水泥板的缝隙中抽了出来,这让他稍微感觉舒适了些,他动了动右腿,除了疼痛之外,他的右腿无法动弹。他最大的安慰和希望是来自头顶的一条缝隙,那里透出些微光,也让他能呼吸到外面的空气。

头上的微光渐渐消逝,黑夜来临。为了让大家都保持着清醒的头脑,埋在废墟里的同学们开始唱歌,定下的规矩是:一个人唱两句后,下一个人接着唱。轮到薛枭时,他忘记了歌词,接不上去,乱哼了几声,黑暗的废墟里竟然响起断断续续的轻笑声。第一个晚上,薛枭没有睡觉,身边的同学也让他没有一丝害怕,他坚信自己一定可以出去。

光线再次从缝隙中透进来,同时也带来了新的希望。2008年5月13日一早,外面的脚步声让同学们精神为之一振,十余个人在数了"1、2、3"后,一起大声呼救:"这里有人,快来救我。"救援人员发现了他们,救援正式开始了。5月13日的白天在期待中度过,他感到困倦了。他对身边的马小凤说:"我就睡两分钟,你记得叫醒我。"马小凤不同意,她使劲喊着薛枭的名字,不让他睡,于是同学们都开始互相喊着名字,薛枭答应着,强撑着没睡。

5月14日,头顶上挖出一条更大一点儿的缝隙后,一根管子伸进了废墟里面,那是救援人员递进来的葡萄糖水,薛枭喝了很多,其实,他更想喝矿泉水或者饮料,因为这糖水实在不合他的口味。薛枭埋在最下面,又不敢动用机器,怕引起危房垮塌,救援工作一度进展缓慢。

2008年5月14日晚上,薛枭没有支撑住,太累了,他睡着了。也不知睡了多久,他迷迷糊糊听见同学李春阳在大声叫喊他的名字,随后,又有一根棍子使劲捅到了他的身上,这下把薛枭捅醒了。李春阳说:"你把我吓死了,喊你半天都不说话,我以为,你不行了。"薛枭在黑暗中疲惫地笑了一下,只回了句:"我没事。"

2008年5月15日白天,又有同学被救了出去,救援人员开始接近薛枭,清理薛枭周边的杂物。由于有余震,救援人员只好退了出去,薛枭感觉不到余震,只是在救援人员再次进来时,他有点儿心慌地问:"叔叔,你们不会不救我了吧?""不会的,我们肯定救你出去!""那你们能不能搞快点儿把我弄出去?我要起不来了。"于是救援人员反问他:"出来后,你想干什么?"

"我想喝可乐,最好是冰的,太渴了。""好,你出来我给你买。""那你想要啥?我也给你买。""我给你买可乐,你出来后给我买根雪糕吧。""没问题。"可乐、雪糕,成了薛枭和救援叔叔之间的一个约定。

2008年5月15日晚7时，压在薛枭身上的预制板终于被移开，薛枭被拉出了废墟。抬上担架后，薛枭没有忘记那个约定，他说："叔叔，我要喝可乐，要冰冻的。"一听这话，抬担架的消防人员乐了。薛枭不知道外面正有电视直播，而他的这句话通过镜头，传遍了被悲伤笼罩的整个中国。

2008年5月16日他被转到了华西医院。由于右手臂伤情严重，同时感染了气性坏疽，必须截肢。当时薛枭的家人还没有赶到医院，爱好打篮球的薛枭自己做了决定：同意截肢，并用左手在手术书上按下了手印。

2009年2月18日，薛枭重新开始了自己的学业。"可乐男孩"薛枭最后被保送到上海财经大学。他在地震中失去了右臂。

薛枭在他的微博中写道："可乐男孩：可以乐观的男孩！"这是他对这个称号的理解，"经历过生死，让我对生命更珍惜"。

案例三：学生A正在给车里的音响换碟，突然听见"咚"的一声，感觉出事了，便下车察看。结果发现车后有一个女的侧躺在地上，发出呻吟声。他心里特别害怕、恐慌，害怕她以后无休止地来找他看病、索赔。于是，两三秒后，"一念之差"下，从随身带的包里取出一把单刃刀，向B连捅数刀，然后驾车逃跑。

开出一段路后，因为"心里发慌，手打战，脚也不听使唤"，A又撞上两名行人。这次，他没能跑掉，被赶来的路人堵住了。之后，肇事车辆被交警大队暂扣，A和父母赶往医院处理后来的两名伤者的治疗事宜。在经历了警方的两次询问后，A向父母说出实情，并向警方投案。

面对公诉人的指控，A表示对罪名与事实均"没有异议"，并在公诉人宣读完起诉书时，向受害人家属下跪表达歉意，同时称"愿和父母尽最大努力赔偿受害人"。

在一审最后陈述时，A边哭边说："我知道，我的行为深深伤害了两个家庭，我和我的家人将会尽最大的努力赔偿B的家人，希望B的家人、父母还有孩子能好过一些。"

最后A以故意杀人罪被判处死刑，剥夺政治权利终身，并处赔偿被害人家属经济损失45498.5元。

（1）可乐男孩能战胜困难的原因是什么？在他身上，你看到了什么？

（2）学生A为什么会犯法，如果你是他，你会怎么处理？

分析：生命观，指人们对生命的根本认识和看法。当代大学生要认识生命，感悟生命，树立正确的生命观。

1.生命是一种权利

我国《民法通则》在第五章"民事权利"的"人身权"一节中开宗明义地规定："公民享有生命健康权。"这就表明，生命权在各项人格权中居于首要地位。生命权的具体内容包括：

（1）生命享有权。即每个人都享有自己的生命利益权。人只有享有生命，才能作为一个主体，在社会中生存并与他人交往。追求自己存在的价值。

（2）生命维护权。包括每个人对生命利益享有的消极维护权，以及在遭受侵害时享有的积极防卫权。生命的性质决定了它不能被使用和处分，通常是生命受到侵害、妨碍或威胁时，权利人才能够行使此项权利，生命维护权还包括维护自卫的权利，当个人生命面对正在进行的危害或即将发生的危险时，权利人有权依法采取相应的保护措施，以排除侵害，维护自己的生命安全。这种自卫措施通常包括两种情形：一是正当防卫；二是紧急避险。

（3）生命利益的有限支配权。即个人对生命利益享有有限的支配权。这里的"支配"，并不是指权利人可以随意处分自己的生命，恰恰相反，权利人是不得随意处分自己的生命利益的，任何与他人订立合同，随意处分自己生命的行为，都是违反法律和公序良俗而无效的。

2.生命需要尊重

承认生命权，意味着我们不仅要尊重和保护自己的生命权，还要尊重和保护他人的生命权利。生命是平等的，每一种生命都有其存在的价值和理由，不能遭到漠视和践踏。要尊重每一个人存在的尊严，尊重其人格和个性。人人都希望自己的生命不要受到伤害，都希望别人尊重自己，这是人与生俱来的权利。生存的欲望和勇气，这是生命最起码的尊严。懂得关爱自己的身体，因而关爱别人的身体，是维护生命尊严最重要的内容，只有当我们具有生命尊严意识时，才会认识生命，理解生命的价值，从而珍惜生命、保护生命。

第二节　大学生的生命教育

一、当代大学生生命教育缺失的表现

1.戕害生命，"四端"不全

近年来，大学生戕害生命的现象越来越严重，已引起人们高度关注。有的动辄跳楼、上吊，还美其名曰"为情所困"、自命清高"看破红尘"、压力所迫"一了百了"等不一而足。有的把生命当器物，随意糟践，丝毫不珍视生命，更不用说敬畏生命！连世界上最宝贵的——人的生命都不看重，残害动植物更是随心所欲，毫不留情，校园内被公然破坏的花草树木也见证着大学生生命教育的缺失。这一切彰显"亚圣"孟子所说的人的"四端"——"恻隐""羞恶""辞让""是非"之心在他们身上之缺乏。

2. 漠视生命，慢性自杀

漠视生命，慢性自杀的现象在高校不容忽视。相当一部分大学生自以为精力充沛，年轻气盛，有资格享受青春：有的在卡拉 OK 狂吼乱叫，有的玩网络游戏如火如荼，晚上疯狂熬夜，早上则懒睡不起，错过早餐。有的抽烟、酗酒，时而烂醉如泥，有的不注意锻炼身体，抵抗力差得惊人，稍有不适就打点滴，殊不知滥用抗生素就是透支生命，保健养生意识奇缺……这种无所作为的不良生活习惯极不利于他们的身心健康，无异于慢性自杀。

3. 虚度生命，游戏人生

大多数学生一旦踏入大学校门便有松一口气之感觉，丧失了高考前那股拼劲和锐气，加上高校管理不同于中学那样精细和自身自控力差等原因，有的大学生逐渐养成惰性思想，甚至被它所左右。他们的心思容易被吃喝玩乐占领，自主学习往往成了形式。开学几周迟迟静不下心，忙于放松、购物、游玩，离期末还有一月就操心订票回家，真正学习时间太有限了。为了应付考试，不是设法作弊，就是花钱走关系"融通"。论文式作业中少有自己的语言和思想，网上粘贴拼缀应付了事，为学术腐败埋下了祸根。平时以言行轻率鲁莽为潇洒，以作风懒散为自由，以物质享受为时尚，以精神追求为古板。如此的自由和时尚就是虚度生命，游戏人生。

4. 娇生惯养，不经风雨

出生于 20 世纪 80 年代末 90 年代初的大学生，不少还是独生子女。在可怜天下父母"望子成龙，望女成凤"的殷切企盼之下，习惯了多年的"饭来张口，衣来伸手"的娇生惯养之后进入大学校园，他们在自理自立方面与自己的身份极不相称是自然而然的，表现在日常生活中就是面对生活时显得无力、无奈、脆弱不堪。磨难对他们来说自然很陌生，相对优越的生活环境使得部分大学生过于脆弱，成为不经风雨的温室花朵，难免辜负人们对"跨世纪的一代"的期望，于是会有"80 后、90 后"等标签性的偏见。有的盲目攀比，寅吃卯粮，家里债台高筑也无动于衷，有的被"消费文化"俘虏，这种非理性消费统领的生活方式其实是对他人生命的践踏。有的过早坠入爱河，不是因享受生活而荒废学业就是因情场失意导致恶性事件。如此以享乐、自我、时尚等为基准的追求"人生高峰体验"

的生活理念和模式只会使大学生在生理和心理上脆弱不堪，难当重任，反映在就业上的尴尬是重待遇而轻付出。

生命是无比宝贵的，我们有责任珍惜。自从你来到这个世界上你的生命属于你，但是也属于别人，你的生命背负着责任和承诺，活着是一种责任，你无权轻易放弃生命，将痛苦留给爱你的人和你爱的人。

二、大学生生命教育的意义

针对当代中国教育"对生命的疏离和对生命的遮蔽现象"，及青年自杀、他杀、残害动物的事件和漠视生命的心理倾向，南京师大的冯建军教授在《生命与教育》一书中，提出了"教育即生命"的命题。"点化人的精神生命，追求教育的艺术境界"，让教育在尊重人的自然生命生长规律的前提下，去培育和唤醒人的精神生命，提升人的生命存在的意义与价值。这就是素质教育思想创新——生命教育。

作为大学生，接受和认识生命的意义，尊重和珍惜生命的价值，热爱与发展每个人独特的生命，注重自身人文精神和人文素质的培养，并将自己的生命融入社会大潮之中，以实现自身的价值是最基本的素养。意大利教育家蒙台梭利曾深刻指出：教育的目的在于帮助生命力的正常发展，教育就是助长生命力发展的一切作为。生命教育理应成为教育中不可或缺的一部分。有了正确生命观的指导，大学生才会正确看待人生中的诸多问题，才能珍惜生命、尊重生命、懂得生命的价值和意义。

（一）生命教育促进大学生认识生命的完整性

生命的完整性可以从三个维度来理解。

第一，根据生命存在的不同层次，生命分为自然生命、精神生命和价值生命。目前，大学教育一直存在着重视精神生命和价值生命、忽视自然生命的现象。教育一般关注的是人的社会文化属性，强调个体的社会价值，当个体存在和社会价值之间产生冲突时，个体被要求牺牲自我，来实现社会的利益。而牺牲的对象包括个人利益之外的东西，甚至生命，这种做法的直接后果就是部分学生轻视自然生命，不珍爱自然生命。生命教育提倡在珍爱生命的前提下，对生命采取负责任的态度，在个人利益与精神自由、社会价值之间发生冲突时，提倡在保持生命完整性的前提下，谋求自然生命、精神生命和社会生命的和谐发展。

第二，生命一般的完整性，包括从生到死的整个过程。教育一般比较重视大学生在校的生命发展和完善，强调的是掌握知识，学习技术，训练技能，以便成为某一领域内的专才；忽视了对学生生命整体性的教育，特别是对生命中死亡的认识、理解和接受。由于传统思想的影响，一般教育很少对学生进行死亡方面的教育，学生在不了解死亡的真相和威胁的前提下，失去了生命存在的动力和紧迫感，失去了对生命的珍惜。生命教育关注人从生到死的整个过程，重视对学生进行有关死亡方面的教育，传授学生有关死亡的知识，培养学生正确对待死亡的态度，从而正确地认识死亡，珍惜生命。这有助于促进学生认识生命的完整性，追求完整的生命。

第三，生命的完整性，还包括认知、情感的统一。认知是人的智能的认识活动，情感是对客观事物是否满足自己需要的心理体验。认知与情感虽是不同的心理活动，但二者是紧密相连的。认知是情感产生的基础，没有人的认知活动，就不会产生喜怒哀乐的情感；而如果没有情感的推动，人的认知也就不可能发展和深入。认知与情感是相互影响、相互制约、协调发展的。生命教育使人们认识到情感在人的发展中特殊的价值。注重认知与情感的协调发展，在知识教学中，引导学生不断地感悟、体验，有助于知识的理解、掌握和运用。情感教育只有融入知识、智慧之中，才会成为理性的生命，真正提升生命的质量。

（二）生命教育唤醒大学生生命意识

现代社会对物质生活的过分追求，使部分大学生迷失了人生的坐标，忘却了人生目标，虽然学到了"何以为生"的本领，却忘记了思考"为何而生"。他们把物质财富、技术力量、科学知识作为生命追求的目标，对为什么活着、怎样活着等生命本身带有的实质性问题缺乏深刻的思考。不少大学生对生命感到彷徨、消沉，陷入了前所未有的困境，对生命的存在产生怀疑，甚至轻易放弃。因此，生命教育要帮助大学生认识生命的意义，因为只有正确认识了自己生命的意义，人才能更好地认识生命，珍爱生命。当一个人面对激烈的竞争、巨大的压力，以及人生中种种失落与痛苦时，才能正确而客观地面对困难，迎接挑战。反之，则容易造成个人的挫折感，一旦遇到困难，就可能选择向困难低头，甚至放弃自己的生命。

三、珍爱生命，实现人生价值

（一）大学生生命价值观现状

1.能较好地珍惜生命，并追求生命的价值

绝大多数大学生能够较好地珍爱生命，追求生命的价值。但也有部分大学生的生命观存在消极的一面。他们对生活的意义和目的缺少思考，缺乏人生目标和奋斗的动力。从表面上看，这反映了大学生内心世界的空虚和对大学生活的不满，从深层次看，反映了部分学生消极厌世的人生态度，缺少对生命本质的把握和深刻理解，不善于发现生活的意义和生活中美好的事物。

2.对人的价值取向的理解更加多元化，并带有功利色彩

当传统价值观受到冲击时大学生的信仰也发生了根本性的变化，不再是单纯的一种"信仰"，而是多元的存在。同时，当代大学生比较重视自我价值的实现，而对于自己的社会责任，却往往有所忽视。凡此种种，都说明了大学生迷失了生命的本质和创造性，是对生命的不负责任。

3.大学生对于自杀基本上有正确的认识，但部分大学生的生命观仍存在着较大的误区

相当一部分大学生缺少对生命真谛的正确理解，认识不到生命存在的基础性、唯一性和创造性，认识不到生命的至高无上性时，就表现出不珍惜和不热爱自己，及他人生命的行为，而这种行为的极端表现，就是去毁灭他人或自己的生命。大学生自杀事件，反映了大学生对自己生命的否定；而大学生杀人事件，则反映了大学生对他人生命的极端否定。因此，大学生要正确理解生命的含义，要爱惜生命，树立正确的生命观。

（二）珍爱生命、实现人生价值

1.永不放弃生的希望

无论遇到任何困难、何时何地都不能放弃生的希望。地球上有了绿树鲜花的摇曳，有了鸟的歌声、兽的吼声，才有了生机。而有了人类之后，人类更是用智慧与双手创造了地球上的一个个奇迹。恩格斯说：生命是地球上最美丽的花朵！世界是因生命而精彩，而在生命创造的精彩中，人类的生命更具有其独特的价值，我们要珍爱所有生命，更要珍爱我们人类的生命。

生命是珍贵的，生命也是脆弱的。在每一个人的人生旅途中，都会碰到许许多多威胁我们生命的事情，这些威胁可能会让我们的生命面临艰难的抉择或是严峻的考验。有些威胁来得那么突然，我们几乎没有任何准备，这时，我们最需要有对生的希望和顽强的求生意志，才能生存下来。

案例四：2004年2月23日，两名矿工王仁兴和张继发到井下进行检修，不料突遇矿井塌陷，被困井下。他们在井下仔细搜寻，也没找到出路。但身陷绝境的他们，并没有因此放弃生的希望。他们在井下互相打气，特别是王仁兴，一直坚守着绝不能放弃、一定要坚持下去的信念，并把这个信念传递给同伴，他说："现在，我们能做的就是利用一切机会等着外面的人来救我们。我相信，只要我们有

信心活着坚持下去，我们就一定能活着出去。没有吃没有喝的我们都不怕，怕的是我们自己没有信心。只要坚持就一定有希望。"9天8夜后，他们终于获救了，创造了生命的奇迹。

当我们遇到突如其来的威胁生命的事件时，我们要坚定生的信念，不断鼓励自己战胜困难，分析自己的处境，做出正确的抉择才能脱离危险。留得青山在，不愁没柴烧，只要生命存在，就有希望实现自己的理想，任何情况下不能放弃生的希望。

2. 增强自我保护意识和能力

我国每年因为交通事故、传染病、工伤、食物中毒、溺水、刑事案件、触电等意外事故死亡人数达三百多万。只有增强自我保护意识，提升防范隐患能力，远离危险情景，才能更好地保护自己的生命安全。

作为大学生要学习安全常识，比如，晚上尽量不要单独外出，走夜路要走大路，不要出入娱乐场所等。掌握一些常见事故防范能力，比如，地震逃生能力、安全用电能力、火灾逃生能力以及记住常用电话号码110、120、119等。

3. 增强法制观念，依法维护自己的生命健康权

我们的生命健康受到威胁、侵害时，一定要勇敢地拿起法律武器，依法维护生命健康权。一要及时、如实地向公安机关报案，不能让侵害者逍遥法外；二要采取合法手段，为自己讨回公道，不能以牙还牙，以恶制恶。我们一定要增强法制观念，依法维护自己的生命健康权，同样也要爱护、尊重他人的生命健康，决不实施侵犯和危害别人生命健康行为。"己所不欲，勿施于人。"伤害他人就是伤害自己，尊重他人就是尊重自己。我们要关爱生命，关爱他人的生命与健康，远离伤害、远离暴力，做一个遵纪守法又乐于助人的人。

4. 善待他人生命，当他人生命遭遇困境时，积极伸出援助之手

爱默生说；"人生最美丽的补偿之一，就是人们真诚地帮助别人之后，同时，也帮助了自己。"吴菊萍在坠楼女孩生死关头的瞬间，明知巨大的冲击力会造成伤害，她还是毫不犹豫地伸出手去，这样的牺牲精神让人感动，被称为"最美妈妈"。在之后的宣传、表彰，以及各类报道中，吴菊萍及其家人始终保持低调，她淡淡地说：'我是个普通人，终究还要回到普通的生活中去。"2011年"最美妈妈"吴菊萍入选"十大草根人物"。

当别人生命陷入困境时，我们都应该伸出援助之手，人类应该共同面对很多灾难才能生存。

5. 不断延伸生命的价值，在创造和奉献中实现人生价值

人具有社会属性。个人的一切活动离不开社会，大学生亦如此。从这个角度

上讲，大学生的价值是自我价值和社会价值的统一。人生的意义在于奋斗、在于创造、在于奉献。奋斗和创造的过程就是实现自我价值的过程。现实生活中，人们往往看重自身价值，片面追求自我价值的实现，忽略为社会创造价值这个重要的内容。有的人甚至错误地认为，人生的价值在于索取而不在于创造，索取得越多，价值就越大。这种观点极其荒谬，因为个人存在于社会之中，个人的需要离不开社会的供给。一个人只有把实现自我价值的过程和为社会创造价值的过程有机结合起来，才能真正实现自己的人生价值。这就是为什么有的人在平凡的岗位上做出了不平凡的事业，而有的人却碌碌无为一生甚至走向贪污腐败、违法犯罪的根本原因所在。

　　一个人追求的人生目标固然越高越好，但更重要的是要切合实际，要敢于和善于从基础做起，从一点一滴的小事做起，好高骛远往往一事无成。大学生在大学时代已经开始了实现自我价值的尝试。比如，学校组织的暑期志愿者活动、岗位实习活动等，虽然时间短暂，但对大学生毕业以后步入社会，选择人生价值的实现途径，意义重大。

参考文献

[1] 曾宪立. 网络时代的心理健康教育与安全行为管理——评《网络时代大学生心理健康理论与方法》[J]. 中国安全科学学报，2022，32(12):195.

[2] 胡黎香. 大学生心理健康教育与高校安全育人管理分析——评《安全行为心理学》[J]. 安全与环境学报，2022，22(05):2925-2926.

[3] 李响，赵立成. 大学生心理问题变化趋势中的教育管理策略探析 [J]. 锦州医科大学学报 (社会科学版)，2022，20(04):64-67.

[4] 李艾芳，赵宗涛. 移动互联网视域下大学生心理健康教育管理问题探究 [J]. 教育教学论坛，2022(29):177-180.

[5] 岳同辉. 心理教育对高校大学生管理的重要性探讨 [J]. 产业与科技论坛，2022，21(02):251-252.

[6] 王丹秋. 互联网时代高职大学生心理健康教育管理模式研究 [J]. 成才之路，2021(29):18-19.

[7] 雒森森，孙洁，党娜，张青. 常态化疫情防控下大学生心理健康教育与管理探索 [J]. 中国多媒体与网络教学学报 (中旬刊)，2021(08):219-221.

[8] 陈思雨. 应用型本科院校大学生心理健康教育管理分析 [J]. 黑龙江科学，2021，12(13):74-75.

[9] 马新玲. 大学生心理健康教育与高校安全管理措施分析——评《安全心理与行为管理》[J]. 中国安全生产科学技术，2021，17(05):196.

[10] 刘伟. "00 后" 高校大学生心理教育的管理研究 [J]. 才智，2020(27):161-162.

[11] 王菲. 新建本科院校大学生心理健康教育管理研究 [D]. 云南财经大学，2020.

[12] 张澜，张浩，赵航. 高校大学生心理健康教育与管理方法及路径研究 [J]. 兰州教育学院学报，2019，35(03):155-156+167.

[13] 洪岩. 大数据背景下高校大学生心理健康教育管理研究 [J]. 课程教育研究，2018(43):30.

[14] 黄玉峤. 某高校大学生心理教育及综合辅导管理信息系统的设计与实现

[D]. 西华大学，2018.

[15] 唐姝竹. 职业技术学院大学生心理素质教育管理研究 [J]. 现代职业教育，2017(32):228.

[16] 降彩虹. 心理教育机制在高校学生管理中的引入——评《大学生心理教育与发展》[J]. 新闻与写作，2017(09):123.

[17] 兰海洁. 基于政府职能视角的大学生心理健康教育管理研究 [D]. 南京航空航天大学，2017.

[18] 徐光辉，刘笑，郭孟. 浅谈大学生日常管理中的思想与心理教育 [J]. 课程教育研究，2016(08):79-80.

[19] 张瑞芳. 职业技术学院大学生心理素质教育管理研究 [J]. 中国教育学刊，2015(S2):354-355.

[20] 彭静静，陈世民. 大学生日常管理中的思想与心理教育难题探析 [J]. 莆田学院学报，2014，21(03):76-81.

[21] 吴豪伟，于成文，刘希汉. 新形势下大学生心理健康教育与管理模式的探索 [J]. 课程教育研究，2014(12):36-38.

[22] 扈瑜. 高校大学生心理教育及管理探析 [J]. 新西部 (理论版)，2013(08):137+123.

[23] 任一帆，丁俊杰，张亚君. 分层管理在独立学院大学生心理教育中的应用 [J]. 考试周刊，2013(16):165-166.

[24] 张晓. 加强大学生心理安全教育与管理的有效途径——基于山西省大学生心理安全现状的调查 [J]. 教育理论与实践，2011，31(36):41-43.

[25] 唐朝华，何洋. 论大学生管理工作中的日常心理教育 [J]. 零陵学院学报，2004(12):203-204.